联和金融
SAIL FINANCIAL

数字定义未来

经济新思想与竞争新战略

许余洁 肖馨 徐晋 著

中国发展出版社
CHINA DEVELOPMENT PRESS

图书在版编目（CIP）数据

数字定义未来：经济新思想与竞争新战略 / 许余洁，
肖馨，徐晋著. —北京：中国发展出版社，2024.6
ISBN 978-7-5177-1408-8

Ⅰ . ①数… Ⅱ . ①许… ②肖… ③徐… Ⅲ . ①信息经
济 Ⅳ . ① F49

中国国家版本馆 CIP 数据核字（2024）第 017817 号

书　　　名：数字定义未来：经济新思想与竞争新战略
著作责任者：许余洁　肖馨　徐晋
责 任 编 辑：杜君　沈海霞
出 版 发 行：中国发展出版社
联 系 地 址：北京经济技术开发区荣华中路 22 号亦城财富中心 1 号楼 8 层（100176）
标 准 书 号：ISBN 978-7-5177-1408-8
经　销　者：各地新华书店
印　刷　者：北京博海升彩色印刷有限公司
开　　　本：710mm×1000mm　1/16
印　　　张：15.5
字　　　数：254 千字
版　　　次：2024 年 6 月第 1 版
印　　　次：2024 年 6 月第 1 次印刷
定　　　价：58.00 元

联 系 电 话：（010）68990642　68360970
购 书 热 线：（010）68990682　68990686
网 络 订 购：http://zgfzcbs.tmall.com
网 购 电 话：（010）68990639　88333349
本 社 网 址：http://www.develpress.com
电 子 邮 件：121410231@qq.com

创新经济与元宇宙

近些年我国经济下行压力加大，尤其是新冠疫情暴发以来，工业生产者出厂价格指数出现了负增长，居民消费价格指数在低位运行。需求减弱是经济增速放缓的重要原因。只有通过创新发展带动需求扩张，才能使我国经济持续稳定增长。而这，还需要一段时间的蓄势。

创新是未来我国经济韧性的源泉

中央强调了需求和供给的互动，创新领域和新兴产业能够实现这种互动。人口结构、消费结构变化导致生产结构和金融结构不断变化，创新经济是适应这种变化的具有新的特征的经济业态。创新经济有多方面特征，比如说，创新经济的产品是差异化产品，而不是同质化产品。创新经济的产品在细分市场中实现了差异化。未来，我国经济的韧性来自哪里？来自创新活动，创新活动直接指向的是发展过程。创新是由谁来进行的？企业家是重要的创新主体，其创新主要包括科技创新、产品服务创新和商业模式创新。

创新经济的另一个特征，是供给创造需求，而不是需求创造供给。消费者具有某种潜在需求，而创新产品和服务使这种潜在需求转化为现实需求。数字经济领域，尤其是元宇宙产业，很快能够推动下一轮经济增长。数字经济涉及产业数字化、数字产业化的各方面，如计算机、互联网、云计算、区块链和人工智能等技术体系。数字经济不仅需要技术支持，还需要应用场景。例如，智慧云在能源、城市和绿色发展领域具有潜力，能提高服务质量并降低成本，从而推动经济增长。

具体到元宇宙赋能的文化产业，我们不妨以消费者的潜在需求为例来进行说明，文化产业体现的是马斯洛需求层次的更高阶段，包括文化需求、自尊需求等，这不是现实需求，文化产业是按照消费者的潜在需求设计产品的，我们做的文化数字产品都是为了满足上述需求。同时，工业互联网、消费互联网可以形成一个跨界的融合性互联网，"软件＋硬件＋应用＋服务"生态体系会成为企业、平台竞争的最高形态，而文化产业在这一生态中将扮演十分重要的角色。

元宇宙很火爆，但不能将其神化

2021年被认为是"元宇宙元年"，元宇宙概念与投资一度非常火爆。作为一个新兴的概念，元宇宙依托最新的科技进步，特别是数字技术。这一概念涉及不同层次，从底层区块链科技，到可穿戴设备、文化元素的提炼，以及销售和应用等。甚至可以通过发行数字货币等方式，在元宇宙领域开展经济活动。这就在传统文化产业产生了一个更加丰富的场景，发展的空间就更大。

元宇宙可以视作一个覆盖并扩展现实世界的虚拟空间，是"物理空间、社会空间、知识空间和数理空间"的相互融合和重叠。在这个交会点上，元宇宙揭示了一种变革性的人类行为模式，即"交换和博弈"，它们在数字空间得到了新的体现和演绎。人们总结出了元宇宙的八大关键词：身份、沉浸感、朋友（社交）、低延迟、大规模、创造性、经济、文明，但从本质上看，元宇宙是人类行为的基本范式（交换和博弈）在数字空间的体现。所有的交互和经济行为都通过数字货币、智能合约和其他加密技术来实现。用户在元宇宙中进行交换（如买卖虚拟物品、服务等）和博弈（如参与游戏、竞赛等），这些行为不仅影响其虚拟存在，而且影响并改变其工作、学习、社交和娱乐方式。

在全球互联网渗透率已达较高水平的情况下，移动互联网时代的用户红利或趋于瓶颈，元宇宙概念的出现成为人们对移动互联网继承者的展望——它是互联网的下一个阶段，是新时代的流量环境。互联网不再只是一个信息传递的工具，而是一个真正意义上的"生活空间"。在元宇宙这个虚拟与现实交织的世界中，时间和空间的界限被突破，人们可以身临其境地体验全新的数字生态。在这里，每一个用户都可以拥有自己的数字身份，与他人进行丰富多样的交互，甚至创造自己的虚拟经济体系。人们可以摆脱现实生活中的种种限制，拥有真正个性化、自由化的生活体验。元宇宙也为商业领域带来了巨大的机会。企业可以在元宇宙中建立自己的虚拟店铺、举办各种活动，与消费者进行更直接、更深入的互动。这不仅有助于提升品牌形象，还能为商业创新提供无限的可能性。

通过先进的数字技术创建的沉浸式虚拟环境，元宇宙为参与者提供了前所未有的交互体验和可能性。尽管如此，我们不能一味地将元宇宙概念神化。我们现在所谓的"虚拟世界"，在没有数字技术的年代其实就已经产生。自古以来，人类一直在创造和探索各种形式的"虚拟世界"。在数字技术出现之前，这些"虚拟世界"通过宗教、神话、文学、艺术等来构建。宗教、神话、文学、艺术等可用于传达知识、信仰、文化价值和社会规范，是人们认知体系和社会结构的重要组成部分。随着时间的推移和科技的进步，我们见证了一个新的"虚拟世界"——元宇宙的诞生。它是过去人类思想与现代科技融合的产物，延续着人类的精神和传统。正如文学作品或神话传说为人们提供了想象和逃避现实的空间，元宇宙也只是提供了数字化环境下新的生活方式。

从平台经济角度理解、管理与发展元宇宙

我们应该认识到，元宇宙并不意味着一个完全脱离现实的全新世界。尽管它能提供沉浸式的个人体验，但人们仍然需要认识到，这只是一个模拟现实世界的数字环境，人们的生活、工作、社交等方面仍需在现实世界中进行。此外，元宇宙目前还处于初期阶段，它面临着技术实现、隐私保护、数据安全、伦理、法律监管和经济模式等多方面的挑战。这些实际的障碍提示我们，元宇宙并不是一种全能的解决方案，而是一个需要我们谨慎理解、规划和改进的平台。

　　这本书是了解元宇宙经济学原理的一个非常好的学习材料。要了解元宇宙，就要熟悉以平台经济、大数据经济、人工智能经济为代表的经济生态系统。解决数字经济发展实践中面临的问题，是现代经济学理论创新的重要方向。元宇宙尤其需要经济学的理论创新支持。作者在书中提出一个问题，元宇宙构建了虚拟的平行世界，现在很多经济学家用"镜像"方式对应思考问题。比如，既然现实世界中的经济活动包含生产、分配、交换和消费四个方面，那么在元宇宙的映射中，原理也是一样的。从数字内容的生产到最终的消费，交换和分配两个环节是核心。为此，需要建立一系列制度来促进交换的顺利达成，并且将交换所获价值更公允地进行分配。作者则认为，在元宇宙这个平行世界中，不仅需要与现实生活类似的、"镜像"式的生活模式，也需要创新的、符合数字技术特点的崭新经济系统。比如，数字货币、金融／支付工具、交易平台、服务组织及区块链技术等一系列配套设施共同构成了元宇宙经济系统的"工具层"，帮助元宇宙中的数字产品实现价值创造和交换，并在这一过程中降低交易成本，同时保障数字资产和数字身份安全，这些可能导致经济中生产力／生产关系的改变，产生新的研究命题。总之，在新经济时代，我们需要经济学的理论创新，需要新经济理论体系。本书是作者对数字经济与元宇宙领域经济学理论创新的探讨与尝试。

　　我认同本书作者的核心观点——元宇宙经济本质上是平台经济，元宇宙竞争，本质上就是平台竞争。从平台经济角度来看，在技术架构、业务模式、盈利方式、商业模式以及竞争战略等多个层面，元宇宙都符合平台经济的特点，对此本书都有详细阐述。元宇宙经济属于平台经济的一个新的发展领域，实际上是各种平台经济的整合状态，很多元宇宙还是多种平台的重叠。元宇宙不但可以提供虚拟的平台和市场，还能推动现实经济向平台化转型。平台经济是我国目前数字经济的主要模式，并且对我国经济产生了巨大的影响。我国政府非常重视平台经济，特别关注平台经济产生的垄断行为。大多数科技企业具有创新垄断的特征。具有知识产权的科技产品，在一定时期享受垄断利润，但这不同于特许垄断和自然垄断。

　　回到我之前说到的创新与经济增长，我国经济需要通过创新推动经济增长，数字经济在其中扮演了重要角色，尤其是元宇宙产业有潜力推动形成一轮新的需求。然而，要真正创造需求并不能简单地将发展数字经济或者说元宇宙作为单一举措，而是要实现对整个生活方式的改变。需求的创造涉及改变人们的生活方式从而实现消费升级，而不是单纯地增加政府支出和推动产能的增长。我们应该思考元宇宙如何能够带动生活方式的改变。这种改变代表着巨大的需求，蕴藏着巨大潜力。我们要通过努力创造最终需求，引导生活方式的改变，为下一轮经济增长铺平道路。

高　坚

国家开发银行原常务副行长

联和金融数字经济研究所高级顾问

数字经济生态与元宇宙产业发展

数字经济最近成为大家耳熟能详的词语。2021 年 12 月 21 日，国务院印发《"十四五"数字经济发展规划》，指出数字经济是继农业经济、工业经济之后的主要经济形态，是以数据资源为关键要素，以现代信息网络为主要载体，以信息通信技术融合应用、全要素数字化转型为重要推动力，促进公平与效率更加统一的新经济形态。该规划非常恰当地将数字经济定义为以数据资源为关键要素的新经济形态。

数字经济的内涵与特征

数字经济的概念不是近一两年才出现的。20 世纪 90 年代，国际上就出现了相关的概念和类似的词语，比如知识经济、信息经济、网络经济、智慧经济等。随着技术的演变，数字经济的定义也一直在变化。和三十多年前出现时相比，现在提到的数字经济在概念上发生了巨大的变化，数据要素变得越来越重要。发生这种变化的原因是积累了海量的数据。过去的十年里，全球累计数据量一直保持着指数级增长，2020 年约为 50 ZB（泽字节），1ZB 约等于 10 万亿亿字节。

过去 10 年数据量的暴增，主要是由于物联网和移动互联网的普及。十多年前数据的主要来源是个人电脑，形式上多为信息文档，数据量较少。如今两个主要的数据源是物联网和智能手机，信息载体包括视频、音频、物流、文件和 App，它们产生的数据量远远超过个人电脑。未来，可穿戴设备和智能网联汽车产生的数据量将远远大于现在的电子设备。未来10年数据的膨胀速度会更快，规模也将远远超过现在。从数据总量来看，我国与世界主要经济体如美国、欧盟相比，目前差不多，预计在不久的将来，我国数据总量就会超过美国。不知不觉中，世界已经进入大数据时代。

数字经济有两大特征：第一，数据是主要的生产要素；第二，数据是新经济形态。结合本书重点介绍的元宇宙产业，我们主要讨论数字经济的第二个特征。经济形态的转变会体现在多个方面，从农业经济转向工业经济，能源体系、资本市场、产业生态、创新范式、社会治理、人们的生活方式都发生了翻天覆地的变化。工业革命的每次阶段跃迁，能源体系和资本市场都发生了根本性的变革。从工业经济到数字经济的转型，很可能也是这样的。

从技术创新到商业化落地的元宇宙产业

当前，国家非常重视数字经济的发展，但从技术创新到商业化落地，始终会受到技术体系、商业模式、金融服务三大重要因素的影响。我们以元宇宙产业为例来说明。

一是技术体系。元宇宙的构建涉及多种前沿技术，包括但不限于为用户提供沉浸式体验的虚拟现实（VR）和增强现实（AR）技术；用于实现虚拟环境中的智能交互和自然语言处理的人工智能（AI）技术；保障虚拟资产的所有权和交易，支持金融服务的透明化和去中心化的区块链及加密货币技术；提供元宇宙所需的超高速和低延时网络的5G及未来的通信技术。技术是元宇宙发展的基础，这些技术的发展和整合为元宇宙的构建提供了可能，也是吸引用户、创建新的虚拟体验的关键。

二是商业模式。商业模式决定了元宇宙产品与用户及市场的互动方式。有哪些市场参与者？他们各自的分工是什么？服务模式和盈利模式是什么？这样的模式是否可持续？这些都是以元宇宙为代表的新经济形态需要回答的问题。在元宇宙产业中，商业模式创新主要体现在收入模式、用户参与方式、合作伙伴关系以及平台治理等方面。从直接销售虚拟商品、NFT（非同质化通证）

等资产，到订阅制和接入广告，甚至包括各种服务收费、数据分析和盈利等，收入模式可谓五花八门。用户在元宇宙中不只是消费者，还可以是创造者、投资者和社群的一部分，通过UGC（用户生成内容）等方式深度参与，实现生产与消费的统一。元宇宙平台与内容创作者、品牌商、服务供应商等建立合作关系，共同创造价值，形成共同生态的全新合作伙伴关系。平台治理方面，部分元宇宙平台借助区块链的DAO（去中心化自治组织）模式，让用户参与平台的治理决策。

三是金融服务。商业模式能否形成和能否持续，与金融市场密切相关。数字经济的一个特点就是实体产业跟金融行业的高度融合。元宇宙的商业化进程中，金融服务关系到资金的流动和资产的价值。通过加密货币和虚拟钱包，元宇宙中的经济交易成为可能，用户可以用加密货币交易虚拟资产。通过DeFi（去中心化金融）提供借贷、交易、投资等方面的金融服务，并借助智能合约，元宇宙可实现自动化和透明化。通过NFT市场，元宇宙可保证数字资产的独特性和所有权，为创作者和收藏家提供市场。投资者对元宇宙企业和项目的投资意愿，决定了产业扩展和创新的空间、规模与程度。

总而言之，技术创新为新的商业模式提供了实现手段，商业模式创新激发了用户的参与热情和市场需求，而完善的金融服务则确保了资金的流动性和资产的可交易性，使元宇宙得以持续发展和扩张。这三大要素紧密融合，共同推动了元宇宙的商业化落地。

数字经济及元宇宙平台的发展

过去十多年来，联和金融数字经济研究所（以下简称"研究所"）的成员一直活跃在数字经济领域。这本由研究所学术所长、首席经济学家许余洁博士与业内专家合著的新书，是研究所对元宇宙产业的经济学原理、商业逻辑和发展趋势等方面的思考与探讨。本书基于产业进行研究，偏经济学原理与商业竞争战略分析，具有一定的创新性和理论价值。

研究所将数字经济发展划分为三个阶段，分别是数字经济1.0、数字经济

2.0 和数字经济 3.0。数字经济 1.0，是数据积累的阶段；数字经济 2.0，是数据价值提升的阶段；数字经济 3.0，才算真正形成了成熟的数字经济生态。目前全球绝大多数产业还处于数字经济 1.0 阶段的早期。

我们认为，数字经济发展路径有三条，分别是实体产业的数字化升级、转型和重组，金融市场的数字化升级、转型和重组，以及新经济形态的演变。在数字经济 1.0 和 2.0 阶段，实体产业和金融机构有明显的界线，进入数字经济 3.0 以后，实体产业和金融市场将高度融合，形成全新的产业生态。产业数字化不只是技术升级，进入 2.0 阶段，重点在于商业模式的转型和产业的重组。我们认为，这种分阶段理解，要比"数字产业化""产业数字化"更加严谨一些，对推动数字经济产业生态圈的逐步构建也很有意义。

数字经济的演变跟生物界的进化很像，是一个从渐变到跃迁的过程，一般呈螺旋式上升状态。数字经济的渐变通常是在分布模式下发生的，渐变积累到一定程度、条件成熟后会快速向集中式发展，接着新的创新又会在分布模式下产生，直到下一个集中式的跃迁。比如说，早期互联网就是从欧洲物理实验室发起的技术。大型物理实验项目需要全球很多国家合作完成，如果所有的信息都必须汇总到欧洲实验室，一方面早期的网络速度不够，另一方面实验室的存储容量有限，更新速度也跟不上。互联网的产生就是为了满足这个分布式的需求。人们发现，互联网早期要解决的这类问题其实很普遍，所以这项技术迅速从一个非常窄的高能物理实验领域传播到各行各业。创新往往是在分布式的环境中产生的，很少从顶层设计开始。

随着互联网节点的增加，全球几乎每个企业都创建了自己的网站。在这个时候，搜索引擎就变得越来越重要，它自然是集中式的。虽然早期有很多搜索引擎技术和理念出现，但大浪淘沙之后常用的搜索引擎仅留下几个。成熟的技术和商业模式通常会集中式发展，以提高效率、经济效益并扩大规模。搜索引擎的出现是分布式电子商务出现的重要条件。早期的电子商务模式大多是每家每户在自己的网站上卖东西，大家现在熟悉的大型购物平台曾经也是众多电子商务平台之一，而平台经济把电子商务个体化的状况给颠覆了。因为平台可以提供更好、更可靠的综合性服务，在支付、质量保证、物流规范性等方面具有松散的个体网站不可比拟的优势。

这是一个"分布式—集中式—分布式—集中式"的螺旋式上升循环，每一次的分布式发展都是一个创新的过程，而集中式发展则是成熟化、规模化的过程。这是互联网发展的过程，也是数字经济发展的普遍规律。如何用经济学理论探讨元宇宙与平台经济的发展规律，以及如何理解元宇宙技术布局的底层商业逻辑与竞争战略，本书提供了很多原理性与原创性的视角和典型案例，在此撰文作序推荐，以飨读者。

庞　阳

联和金融创始人

联和金融数字经济研究所学术顾问

共同探索新经济发展规律和未来趋势

在当前科技日新月异的发展背景下，元宇宙作为数字经济领域的最前沿，结合虚拟现实的人工智能技术，正以前所未有的方式重塑全球经济格局和人类社会生活。本书深入探讨了元宇宙经济系统的构建机制及其背后的创新商业模式，并分析了该领域的竞争态势以及对未来的影响。

我和本书作者徐晋相识比较早，认识有十多年。自2007年5月《平台经济学》第一版出版以来，他在平台经济理论、大数据经济学方面做了非常系统的原理性研究，我一直非常欣赏与赞同他提出的平台经济学理论。自2021年初清华大学互联网产业研究院平台经济学沙龙（第一期）成功举办以来，我们的交流变得更有深度，也更加频繁，目前沙龙已举办至第12期，徐晋带着许余洁博士参加沙龙也有过三五回。值得一提的一回是，第九期我邀请了本书作者徐晋和许余洁两位博士作为主讲嘉宾，徐晋在沙龙上系统阐述了他的数字经济"十大原理"，围绕数字经济逻辑内核、运行机制、发展原理等三大核心命题展开；许余洁博士则表示，高质量数据、深度学习算法模型、计算资源和人力资源的提升，是数字经济发展的关键。作为稿件的"第一读者"，我非常认真地阅读了书稿。以下为我的一些心得体会，给大家做个分享。

本书开篇为哲学原理，该部分旨在重构元宇宙的基本原理与思想，主要从新离散主义的本体论、元制度主义的认识论以及宏建构主义的方法论三方面，阐述元宇宙的三大哲学思想及内核、逻辑范式与存在前提。第二篇为经济学理论，主要将后古典经济学理论应用于解析元宇宙经济系统，尤其是解析离散主义的价值关联、量化理性的理性管控以及制度价值论的秩序规定这三大内核在实例分析中的应用。以脸书的元宇宙计划为例，其社交平台不仅打破了时空限制，实现了用户之间深度的价值联系，更通过算法操控和制度设计引导用户行为，维护了"虚拟世界"的稳定和秩序。书中还强调了制度设计对于维持元宇宙价值空间稳定性的重要性，指出其价值并非单纯来源于粉丝数量或数字产品的多少，而是依托于大数据支持下的精准匹配机制和高质量内容带来的流量转化。继续以脸书为例，平台通过量化理性的算法实现用户行为特征的精确识别和定向营销，以此创造离散个体间的强关联价值，并通过理性管控调整用户的集体理性分布，从而获取丰厚利润。

在哲学原理与经济学理论的基础上，本书进一步剖析元宇宙经济的内在逻辑，以及技术创新、市场规则制定、跨平台资源整合和价值创造等方面的实践与发展趋势，同时也为政策制定者提供了审视新兴经济形态、平衡科技创新与有效治理的思考框架。随着元宇宙生态的持续演化，我们亟须紧跟时代步伐，理解并掌握这一影响深远的新型经济体系，以期在全球数字化进程中寻找到更加公平、有序且可持续的发展路径。从技术布局来看，元宇宙产业涉及半导体、信息技术、通信技术和智能硬件等多个前沿领域，其中半导体芯片及核心软件是决定自主程度的关键环节。中美两国在此方面各有侧重，美国凭借强大的原创技术研发能力和跨国公司的领先地位，在功能性平台、基础接入平台、硬件入口及操作系统等方面占据优势；而中国则依托庞大的互联网用户群体、新基建能力及商业应用创新实验室的优势，尤其在5G建设、人工智能场景应用等领域展现出强劲增长潜力。

在元宇宙商业逻辑部分，本书指出其商业模式的核心在于构建一个开放、共享、可持续发展的生态系统，强调用户参与和消除地理、时间界限的特性，这不仅颠覆了传统商业模式，还预示着经济社会中的崭新机会与挑战。人机接口技术的发展，如虚拟现实（VR）、增强现实（AR）以及自然交互技术等，为用户提供了沉浸式体验和高效率的人机交互途径，推动了元宇宙从游戏领域走向更加成熟的应用场景，包括工业问题解决、服务业平台和共性服务平台等。元宇宙经济系统的价值创造机制依赖于严谨的制度设计，如脸书利用大数据实现精准匹配、鼓励高质量内容互动，从而形成基于数据的价值交换体系。此外，虚拟货币与现实货币的兑换机制，虽受到各国监管的严格审视，但通过规范化的制度和数据穿透技术，已逐渐在一些国家和地区内得到合法化并应用于虚拟地产交易等新型业务模式中。

本书将元宇宙视为平台经济的主要形态，无论是在社交软件、网络游戏还是操作系统层面，都体现了平台化的核心理念。元宇宙平台凭借双边或多边市场的网络外部性吸引买卖双方，形成互动效应，进一步拓展市场容量和丰富盈利模式，如区块链游戏、NFT交易平台等。这些平台通过收取中间费用、版税和其他增值服务费用来实现盈利，而在数字经济中，用户的数字资产和行为数据同样成为可变现的价值来源。

元宇宙的竞争实质上表现为平台竞争，它不仅整合了各种平台经济的特点，而且进一步推动实体经济向平台化转型。以游戏平台罗布乐思为例，它通过吸引玩家开发自建游戏，丰富游戏种类和功能，形成了双边市场的良性循环。这种双边或多边市场模式在元宇宙平台上表现突出，网络外部性使得参与者数量越多，平台吸引力越大，进而促进整个市场规模的扩大和多元化盈利模式的诞生。

在数字时代背景下，元宇宙作为新兴的数字经济赛道，正成为各国政府关注的战略焦点。其六大投资方向——底层架构、硬件与操作系统、协同方、内容与场景、人工智能以及后端基建，构成了构建元宇宙生态的核心要素，对区域经济发展和国际影响力具有深远影响。大国间的深度博弈在元宇宙领域表现得尤为显著，美国通过各种手段打压中国科技企业，旨在垄断关键领域的尖端技术，并在全球范围内挤压中国企业的市场空间和技术创新优势。随着元宇宙技术的日臻完善和应用场景的拓展，其将深刻重塑全球经济结构和社会治理方式，同时也带来关于虚拟实体权力制衡、虚拟国家身份认同等一系列新的法律、伦理和社会议题，亟待全球范围内的政策制定者与行业领导者共同面对与解决。

本书在元宇宙思想与商业战略方面的探讨，是非常具有创新意识与前瞻性的，希望读者能够在阅读中体会思维的乐趣，并加入我们清华互联网产业研究院组织的平台经济学沙龙交流活动中来，一起在数字经济的大浪潮之中遨游，探索新经济发展规律与未来趋势。

数字定义未来，一切皆有可能！

平庆忠

清华大学互联网产业研究院产业学者

中国招标投标公共服务平台原总经理、首席经济学家

目 录

第三篇　元宇宙商业逻辑

第四篇 元宇宙竞争战略

引 言

元宇宙思想前沿

普罗泰戈拉说过，人是万物的尺度。技术仅仅是实现人类欲望的手段。我们认为，元宇宙并不是诞生于以区块链（Blockchain）、交互（Interactivity）、电子游戏（Game）、人工智能（AI）、网络及运算（Network）、物联网（Internet of Things）^① 等为代表的不断进步的数字技术，而是诞生于以欲望（Desire）、幻象（Illusion）、规则（Rule）、通证（Token）和新生代（Yolo）^② 等为代表的人类基础欲望得以满足的底层逻辑。

因此，我们有必要认真思考一下，元宇宙到底是什么？元宇宙的创世方法是什么？元宇宙给我们带来了什么？元宇宙经济系统的运行原理是什么？元宇宙的组织结构和商业模式是什么？有哪些成熟的元宇宙案例可以分享？元宇宙对产业有什么影响？元宇宙给资本带来暴利，给老百姓带来了什么？诸如此类的问题，值得我们深入探讨。

元宇宙时代，我们可以通过数字化身释放自我。针对数字空间中的化身产生的"虚拟美容捏脸师"成为新的高收入职业，数字资产理财师和律师特别紧缺，玩游戏的同时还可以赚钱。

元宇宙给我们的生活带来巨大变化，推动数字经济发展进入一个崭新阶段，人类社会也从以满足人类物质消费为主，转向以满足人类精神消费为主。

元宇宙提示人类从崭新的哲学视角来重新审视这个世界。现实的生活，不能违背自然定理；而在元宇宙中，一切都基于定义，制度是价值的源泉。宏建

---

① 6个英文单词首字母正好是 BIGANT，简称"大蚂蚁"。

② 5个英文单词首字母正好是 DIRTY，意味着"肮脏"。

构主义告诉我们，元宇宙在定义未来。

元宇宙让全人类通过数字交互，第一次实现群体智能。在元宇宙中，人类不再依靠传统的体力、智力或者美貌等优势而生存，而需要依靠分泌多巴胺等情绪体液来工作，依靠生产情感的脏器而生存。有人提出，我们的理性正在被元宇宙数字化管控，我们正在走向新的"奴役"之路。这种说法虽有夸张成分，但也有一定可取之处。

元宇宙将带来生产力的极大释放。大数据平台正在掌控数字要素，并且反向"绑架"现实。元宇宙本质上是市场的具化。所有的社交平台、电商平台，都是市场具化的超额利润中心。元宇宙企业的核心商业模式，在于将公共权力私有化，一定程度上其有可能通过信息的全球垄断，实现企业霸权（虽然有点危言耸听，但有这种可能）。

本书分为四篇——元宇宙哲学原理、元宇宙经济学理论、元宇宙商业逻辑以及元宇宙竞争战略，以此打造了对元宇宙思想前沿的认识。

通过本书，我们将与读者一起，从全新的视角、全新的高度，开启元宇宙思想之旅。

第一篇

元宇宙哲学原理

尤瓦尔·赫拉利在《未来简史：从智人到智神》中说：智人"活在一种三重现实之中。除了树木、河流、恐惧和欲望，智人的世界还有各种关于金钱、神、国家和公司的虚构故事"。人类之所以成为地球的主宰，秘诀就是人类能够创造并相信他们共同"虚构"的故事。人类文明中的国家机构、法律制度、市场机制、金融系统以及宗教、文化、思想体系等，都是抽象与虚构基础上的秩序。可以说，文明是"虚构"的现实。在人类能够虚构故事的时候，文明就开始了。

第一章

元宇宙本源探讨

在当今的热门议题中，元宇宙作为一个极具潜力和争议的概念，不仅因其依托的尖端科技备受瞩目，更因其对现实世界及人类社会的潜在影响引人深思。公众热烈讨论着元宇宙与现实宇宙之间的关联：有人视其为与现实平行共存的虚拟天地，有人认为它是数字经济形态演进的必然产物，甚至有人提出元宇宙实质上是现实生活的一种数字镜像。我们需要回归本源，重新审视现实宇宙与元宇宙之间在数字层面的深层联系。

本章将以全新的视角，从现实宇宙与元宇宙的数字本源着手，抽丝剥茧般地揭示两者间的内在耦合与区别。我们将深入探讨元宇宙的本质构造、运行法则及其构建原理，试图揭开元宇宙诞生的真正奥秘。尤其值得关注的是，元宇宙不仅仅是一项技术应用，更是人类社会历史进程中一次前所未有的群体智能觉醒。在元宇宙中，人类通过数字化的方式重新定义自我和社会价值，构建出一个超越物理定律约束的全新世界。这一庞大而复杂的元宇宙体系，凭借人为设定的原则和规则，已然开创形成了一个由人类集体智慧塑造的数字新纪元。庞大的元宇宙基于定义而构建，未来已来！

一、从世界本源到宇宙本源

（一）万物皆数

2021 年 8 月，美国职业篮球联赛（NBA）巨星斯蒂芬·库里以 55 个以太坊（ETH）约合 18 万美元的价格购买了一个穿着粗花西装的"无聊猿"NFT 头像，作为其推特（Twitter）[①] 头像。

"无聊猿"究竟是什么？它是一个分辨率仅 24×24 像素的朋克风格作品，是 NFT 头像项目之一。无聊猿一共有 1 万个，2021 年 5 月的售价为每个 185 美元，一天即售罄。一年后，最便宜的无聊猿价格也已接近每个 10 万美元了。无聊猿的价格涨幅远远超过了同期的数字货币。

这些数字化头像，配套数字化的资格和福利，体现的是数字化社会的身份与地位，还可以享受"无聊猿游艇俱乐部"的各种福利。这个俱乐部是一个涂鸦社区，也是数字化的社交空间。在社区中进行涂鸦，是一种数字化的互动形式。

数字化权益是未来的趋势，通过数字化形式，人们把身份、地位等社会价值表达出来，类似于喜马拉雅平台的 VIP 会员权益，在一个 App 上形成闭环。未来元宇宙的数字权益应该是开环的，或者说将在更大空间内闭环。

有人认为元宇宙是对现实生活的数字化映射。元宇宙是不是可以无限提高分辨率、无限逼近现实，甚至最终直接形成现实社会呢？

现在，全世界都在讨论元宇宙。有人说它是现实宇宙的平行世界；有人说它是数字经济发展的趋势之一；有人说它将昙花一现；有人认为它仅仅是虚拟现实，将社交软件换了一个包装而已；甚至有人觉得它就是个噱头，是一场骗局。大家各有各的观点，莫衷一是。

[①]　2023 年 7 月，推特更名为 X。为保证阅读流畅性，以下推特统称为 X。

我们不妨从现实宇宙与元宇宙的数字本源上来分析它们之间的关系问题。

从数学角度看，元宇宙在根组成上是 0 和 1 的代码。元宇宙是数字化的空间、数字化的服务和数字化的应用，是一种数字化的综合体。现实世界是可以触摸的、感知的，说得更直白一点，可以吃饱、穿暖。通过数字化软件呈现的音乐视听或者幻觉世界，完全不同于可以吃饱穿暖的现实世界。所以关于元宇宙就有了虚拟的说法，有了平行世界的说法，以及有了元宇宙与现实世界虚实相生的说法。

支持"元宇宙"的数字技术集群主要包括五个方面：网络及运算技术、人工智能技术、电子游戏技术、交互技术以及区块链技术。以"硬技术"为基础的元宇宙，形成了包括微纳加工、高端制造、高精度地图、光学制造以及相关软件的产业链条。最后，所有元宇宙的业态都会完全表现为数字形态。

我们的现实生活与世界是数字化的吗？

我们认为[1]，至少在当前的科学认知范围内，现实世界本质上也是数字化的。只是现实世界过于复杂，我们作为世界的一部分，当下还不能完全用数字表达作为整体的世界而已。

我们认为，本质上，现实世界也可以用 0 和 1 表达——万物皆数。万物皆数，是古希腊的毕达哥拉斯学派的一句名言。它的本意是，现实宇宙的一切世界都可以用数学来表达、呈现甚至控制。我们的存在，在更深的哲学层面上，都是数的存在。既然现实世界都是数的存在，那么元宇宙与现实宇宙的关系，就不再是简单的虚实关系。未来的元宇宙将逐步扩大，直至将现实宇宙融入其中[2]。

毕达哥拉斯学派提出并坚持万物皆数的认识论，这是将数学和自然哲学结合在一起的理念。数学家们几乎异口同声，认为数是世界的本源。毕达哥拉斯认为，数统治着宇宙，数是万物的本源；雅可比认为，奥林匹斯山上的上帝，乃是永恒的数；笛卡儿认为，数是客观存在的，上帝必以数建造宇宙。

万物皆数的观点，认为现实中万物之间的关系，都可以归结为数与数的关系。毕达哥拉斯从数的认识，深入到事物现象背后的规定性，形成了"形式"

---

[1] 本书中所有观点和表述，仅代表作者本人，不表示出版方也认同，特此说明。——编者注

[2] 这不禁让我们想到，很多科幻作家甚至思想家把人类看成高级生物或者神的试验品，甚至仅仅是基于 DNA 的程序而已。他们认为，人类社会乃至整个宇宙空间，都是更高级生物的计算机模拟。

的概念，由此开启了希腊哲学的两个分支——自然哲学与形而上学。

注意，毕达哥拉斯说过，"万物皆数"。但是，他没有说，"数皆万物"。很多人误解了毕达哥拉斯。万物皆数，最核心的认识在于：数，是现实的抽象与外延，数的概念未必有现实中的对应。这种区别就像有理数和无理数，后者在现实中是不存在的，现实世界里的数量关系只能用有理数表达，而无法用无理数和虚数表达。

从当代物理学角度看，或者说基于目前的科技水平，任何事物都是不可能被无限分割的，最小的尺度叫普朗克长度，最小的时间单位叫普朗克时间。即就目前而言，自然界是有最基本的单位的。

那存不存在比普朗克长度更小的尺度单位？根据人类现有的知识推断，低于普朗克长度则无法测量，就是不存在或者说虚无。低于这个尺度的存在，其最直接的表达，就是真空中存在量子涨落（quantum fluctuation）现象，这是从维尔纳·海森堡的不确定性原理可以推导出的结论，即空间任何位置的能量的相对位移可能在真空中突然发生，真空中凭空出现大量正反粒子对，又在极短时间内湮灭。因此，在普朗克长度之下，元宇宙或者说数字经济涉及的哲学领域与哲学问题，就从世界是离散的还是连续的问题转变为存在与虚无的问题，即 0 与 1 的问题。而 0 和 1 的本质表述，正和当前元宇宙的离散基础达到极大契合。在人类目前的认知范围内，乃至未来可预期的一段时间内，我们可以认为世界的本质是离散的[①]。

◆ **专栏链接**

万物皆数，意味着我们可以用自然数来构建万物。

（1）元宇宙工作模式：多款元宇宙办公程序上线，助力"虚拟世界"办公越来越高效，在 VR（虚拟现实）世界里的工作更加便捷、高效，脸书

[①]　关于宇宙的本质是离散的还是连续的，目前争论不一。本书作者认为宇宙是离散的，仅代表其个人观点，供读者参考。如有不同看法，可与作者进一步讨论。——编者注

（Facebook[①]）在社交的功能外添加了办公空间的功能，人们可以自定义工作空间，协同办公。

（2）元宇宙游戏项目：多款元宇宙游戏将上线，未来游戏的边界将进一步扩大。元宇宙各项功能的实现还处于早期阶段，但游戏无疑是目前最能被普通消费者理解和接受的切入口。

（3）元宇宙建造服务：如总部设立在新加坡的全球知名元宇宙建筑及商业服务商 MetaEstate（元筑科技），专注提供元宇宙建筑及商业服务，致力于丰富元宇宙内容建设，为中外元宇宙企业提供规划合理用地、搭建优秀建筑、引入知名 IP、开发使用场景、开展市场活动等服务。

（4）元宇宙品牌收藏品：包括另类资产和稀有或限量版物品的收集，无论是体育纪念品、数字艺术品还是品牌商品，元宇宙是人们可以通过积累和展示物品或配件来表达自己的又一个空间。

（二）用离散的思维看世界

很多人认为物体是无限可分的，我们对此并不认同。前文已说过，根据人类现有的知识推断，物体具有不可分的最小单位。在存在的前提下，我们可以认定，最小单位是宇宙的最小切分。这个单位本身的表达和元宇宙的表达一样，也就是 0 和 1。因此，我们认为元宇宙和真实宇宙本质上是相通的，都是 0 和 1 基础上构成的世界。

计算机本质上就是一个离散结构，计算机网络则是在单个计算机基础上构建的计算、存储、通信等功能离散式分布的网状关联结构，因此所有现代科技研究或者商业应用都必须把问题与模型离散化以利于计算机处理运算。

美国政府联合普林斯顿大学、罗格斯大学、美国电话电报公司等合作成立了离散数学及理论计算机科学中心。微软、IBM 等国际大型企业都有强大的离散数学研究机构或研究中心，每年从世界各地招募数学家参与各项合作研究。对信息与数据的认识，除了大数据这样的宏观理论分析，还有基础理论、算法

---

① 2021 年 Facebook 更名为 Meta。但这仅为 Facebook 所在集团更名，作为社交平台的 Facebook 未更名。本书中，当指代该集团时，用 Meta；当指代该子公司时，用 Facebook。

设计、数据挖掘、芯片研发等具体技术。离散数学遍及现代社会各个领域，构成了信息科学基础，进而也构成了整个元宇宙数字经济的基础。

以元宇宙为代表的数字经济，就是人类社会的离散化表达空间，既可数可分，又无边无界。一方面，这样的无边无界包括了数字劳动与数字分配，这与元宇宙中的个体生产劳动的有限性产生直接矛盾。矛盾的解决还需要从哲学层面寻找突破口。我们认为价值作为效用的载体或者劳动的产物，应该在元宇宙数字经济空间中找到离散化存在形式。另一方面，人类在现实社会中存在无法实现的自我价值和无法达到的精神需求，这些自我价值和精神需求完全可以通过元宇宙数字产品的无限供给得以满足。但是这样就存在理性是否可以数字化解构，以及理性如何数字化仿真或者逼近的问题。

个体在现实空间与元宇宙虚拟空间的效用与行为离散化，以及个人信用离散分布、虚拟身份相互叠加等，是否会导致元宇宙个体理性的自组织结果背离公共预期理性？人类个体通过元宇宙虚拟网络空间的高度离散化，是否会构成新的社会智能？现在看来，元宇宙的产生，本身就是人类全体智能的直接表现。

因此，元宇宙的产生，完全可以刻画我们现实生活的一切，包括以前难以想象的对人类理性的刻画。当我们在哲学层面上论证了万物皆数、认识到了万物皆数的时候，我们对元宇宙的认知理应更深入一层。

从宏观上看，离散主义的哲学方法论可以让我们更好地理解资本投资元宇宙的动机，我们可以深刻地理解为什么国家严格执行反垄断法以对数字经济企业、平台企业的经营行为进行规范，要求数字经济企业严格保护个人隐私数据。从微观来说，我们也可以想象出元宇宙带来社会离散化之后，加上强大的算力、算法支持，我们的生活将更加便捷、个人理想将更加饱满、社交合作将更加顺畅。

因此，认识到万物皆数、认识到宇宙是离散的，并且习惯于从离散角度考虑问题，将成为 Z 世代人重要的思维模式。

（三）元宇宙的本质构成、运行规律与构建方法

元宇宙这么热门，我们怎么去认识它呢？该如何建设一个元宇宙空间呢？针对元宇宙的设计与建设，有没有什么思想和方法可以用来指导实践呢？

针对这些问题，我们认为，在研究元宇宙与现实宇宙的时候，要从哲学高度去认识和思考，有三个哲学问题需要我们去解决：元宇宙的本体论是什么？认识论是什么？方法论是什么？

◆ **专栏链接**

什么是本体论？本体论研究存在的本质和实体，即研究现实世界的基本结构、实体属性及其相互关系等。它主要关注的问题有：什么是存在？存在是怎样组织的？存在的实体有哪些特质和属性？本体论主要解决研究对象和研究领域方面的问题，探讨存在的本源、本质和本体之间的关系。

什么是认识论？认识论研究人类知识的本质、来源和范围，涉及知识的起源、真理性、可靠性以及人类知识的限制等。它关注的问题包括：我们如何认识世界？知识是如何获得的？我们如何知道一件事情是真实的？认识论主要探讨我们如何理解和认识这个研究对象，认识主体和客体之间的关系，以及我们如何形成、验证和应用知识。

什么是方法论？方法论研究科学研究的方法和逻辑，即研究如何通过回答问题、收集数据、进行观测、实验和推理等来获取知识。它关注的问题包括：我们如何设计研究方法？我们如何进行实证研究和推理？我们如何确保研究的准确性和可靠性？方法论提供一套研究工具、方法和逻辑规范，帮助我们进行有效和可靠的研究。

这有点像著名的灵魂三问——"你是谁？""你从哪里来？""你要到哪去？"。针对元宇宙的本体论、认识论和方法论，我们分别对应提出了新离散主义（Discretism）、元制度主义（Meta Institutionalism）和宏建构主义（Macro-constructivism）[①]。

首先，对应于元宇宙的本体论，需要思考元宇宙的特质、属性以及与我们所知宇宙的关系。新离散主义哲学世界观指出，宇宙万物（包括元宇宙），本源是数。宇宙本质上是离散的，任何现象和事物都是离散的个体的集合。离散是

---

① 作者基于这三个"主义"，对元宇宙理论进行了重构，具体见本书第二章。

绝对的，连续是相对的。

其次，从认识论角度看，元宇宙是人类了解和认识外部世界的一种新的方式。通过元宇宙，人们可以沉浸式地体验和探索"虚拟世界"，获取新的知识和信息。同时，元宇宙也提出了人类认识和理解外部世界的新挑战和新问题。元制度主义哲学指的是，与人相关的宇宙万物都是制度的表达。离散万物之间是存在的关系，这是制度决定的；制度是存在的展开，制度给出规则，规定了稀缺性和价值的测度，制度是价值的源泉。

最后，从方法论角度看，由于元宇宙是超越我们所知宇宙的存在，需要用全新的研究方法和逻辑来探索。我们需要思考如何设计实验、收集数据、进行观测等，以及如何建立理论框架和推理规则来推断和验证关于元宇宙的假设。宏建构主义哲学认为，构建实体经济体系需要遵循基本定理，而构建数字经济体系需要依赖全局定义。元宇宙与数字经济体系的构建，应在全局定义的基础上进行制度设计与博弈。

从上述三大哲学思想角度，批判与分析数字经济与元宇宙，就可以对数字经济与元宇宙的本质构成、运行规律和建构方法有根本性的认识。

所以，当我们直面当下一些明星企业时，如果只局限于技术研究，就会陷入困境，然而，一旦我们从哲学思维的高度回顾科技的发展，就能明白科技的发展方向，知道所有的科技都是为人类服务的。

元宇宙带来的数字化解构、表达与重构，能赋予人类更高层面的社会价值。我们可以通过元宇宙开展数字医疗，特别是远程、及时、多专家的综合诊断治疗，医生和专家甚至可以远程操作医疗器械，进行远程大型手术或者精密手术。我们可以把自己的身体状态数字化，在元宇宙的数字空间中由虚拟数字医生及时诊断。这样看来，构建基于数字平台的元宇宙世界，是实现人类进化的必然阶段。人类通过数字身份进行互动交流，甚至进行数字化繁衍，最终实现的是人类自身的多元化、生活体验的丰富化。

从宏观角度来说，新离散主义统领了元制度主义与宏建构主义，是元宇宙创世哲学的基础。这三大哲学思想，有助于我们从更全面、更有高度、更有概括性的视角去认识和建设元宇宙。

二、元宇宙的本质是群体智能

（一）元宇宙等于虚拟现实吗？

元宇宙很火，很多专家谈元宇宙经常谈到这些技术和应用：人工智能、区块链、大数据、云计算，以及 AR 和 VR 产品、数字货币、数字资产、脑机接口、游戏、传媒等。很多人还给出了"本质"的定义。有人说元宇宙本质上就是数字共生，有人说元宇宙本质上就是沉浸式体验，还有人说元宇宙本质上就是人机交互。以下列举一些经典的元宇宙定义。

坎贝尔·哈维尔（Cambell Harvey）认为，元宇宙是一个包含多种互联的"虚拟世界"的网络。这些"虚拟世界"可以提供各种不同的体验，例如游戏、社交、交易和学习等。乔纳森·斯凯波（Jonathan Schaeffer）将元宇宙定义为具有现实世界的缩影和模拟，但在计算机模型中进行的交互式、多用户和分布式的虚拟环境。马修·鲍尔（Matthew Ball）认为，元宇宙是一个三维的图形、视频、音频和社交模拟系统，它可以扮演一个拥有自己的经济结构、政治结构和社会结构，可用于居住、工作、娱乐和学习的新世界。蒂姆·斯维尼（Tim Sweeney）将元宇宙定义为一个集体的、互联的"虚拟世界"，其中每个人都可以自主表现和控制其虚拟形象，创造和分享内容，以及在虚拟和现实世界之间进行交互。

从以上定义可以看出，元宇宙的本质是一个多功能且广泛开放的虚拟环境，它基于虚拟现实、人工智能和区块链技术，可以为用户提供各种不同的体验和服务。

从技术实现的角度来看，上述关于元宇宙的定义，说的都没错。一般认为，元宇宙是一个基于虚拟现实技术、人工智能和区块链技术的三维"虚拟世界"，是一个开放的、分布式的、可自主运营的多用户共享平台。元宇宙可以让人们在"虚拟世界"中尽情地发挥自己的想象和创造力，同时也可以为人们提供社交、游戏、购物、教育、娱乐、医疗等方面的多种服务。

我们进一步认为，元宇宙是人类社会发展过程中的一种社会现象。技术仅仅是手段，场景仅仅是应用。我们可以考虑从人类社会发展角度来定义元宇宙——一个符合社会潮流的定义。虽然元宇宙的技术基础是数字科技，但是其本质是人类发展。就像抖音一样，技术基础是算法，本质是社交空间。我们不能说抖音本质是云服务器、是各种编程、是各种版权的音乐片段、是人们的个人创意产品展示、是信息传达的算法，这些都是形而下的描述，不是本质。因为我们都知道，抖音的本质是社交平台。

所以，我们认为元宇宙是人类的社会学现象。

（二）人类学意义上的第一次群体智能

2021 年下半年，元宇宙的概念开始受到广泛讨论。2021 年 11 月，中国电信官方微博显示其正在全面布局元宇宙。中国电信通过 2022 年的"盘古计划"，对自己做了明确定位，就是成为元宇宙新型基础设施建设者，具体包括元宇宙的算力建设与整合、元宇宙的软件及应用集成、元宇宙的生态及内容创新。

这个脱胎于现实又与现实相互影响的平行"虚拟世界"，已经吸引了大量资本的关注。《堡垒之夜》《罗布乐思》《动物森友会》等游戏被认为已经包含了元宇宙的元素，并且因此获得了多轮巨额投资。很多机构都在布局元宇宙。原来做网络通信的、做社交的、做游戏的、做区块链的、做人工智能的、做虚拟现实的都积极投身于元宇宙产业中。

元宇宙是什么？从形而下的角度来讲，元宇宙就是一个数字社会。至于这个数字社会里面会发生什么、出现什么，都是与技术和想象力相关联的事情。元宇宙的思想本质是人类学意义上的第一次群体智能。至于它的表现形式，就是各种数字经济形态的融合。

◆ 专栏链接

什么是群体智能？具有独立意识的个体，通过社会协同形成的群体意识，这种群体意识的表达与变化就是群体智能。在动物界，我们可以看到一些例子。比如蚁群根据既定的路线来寻找和运送食物，蜂群协同合作筑成结构精巧的巢穴，候鸟在迁徙途中稳定队列，这些群居动物表现出来的类似的智能行为，是动物在自然演变中理性的融合。而人类理性的融合，是人类进化的必然结果，会产生超级理性。

群体智能不是个体智能的简单叠加，而是多个个体智能之间的竞合、适应所形成的新的智能表现。群体智能可以表现为一系列新的行为、决策、思考、学习等形式，这些都是单个个体无法实现的。群体智能可以出现在许多领域，包括生物学、社会学、经济学、计算机科学等。在生物学中，大型群体的一些行为与生理进化相融合，形成了生物群体智能。在人类社会中，群体智能体现为协作行为、集体决策和智慧集市等。在计算机科学中，群体智能表现为分布式计算、人工智能集群、互联网搜索引擎等。总而言之，群体智能是多个个体之间相互作用、汇聚而成的新的智能表现，能够在不同领域发挥巨大的作用，有望引领新的科技革命。

那么，玩游戏和群体智能有没有关系呢？有。游戏和社交软件都是人类群体智能的社会实验。2021年10月，有一条"让5000人共用一个账号玩'原神'"的新闻登上了热搜，一名科技UP主设计了一个弹幕文本识别和按键映射的程序，他邀请直播间上万名观众利用弹幕发送指令操作，并完成一系列高难度挑战，最终竟然由5000名玩家合力消灭了"原神"。按常理，5000个人各有各的想法，比较难拧成一股绳，可是事实正好相反，在UP主的实践下，这一次活动相当于一场现代直播版的"群体智慧实验"，体现了群体智能的优越性。

同时，因为移动社交网络的出现，人类空前紧密地联系在一起，虽然目前只限于信息传播的层面，但已经极大地加速了人脑的进化。人脑智慧连接起来所产生的群体效应，是构建社交网络的巨大意义所在。具体而言，社交网络可以让人们更轻松地找到志同道合者从而建立合作关系、进行知识和信息的共享；可以更好地开展良性的交流和讨论，丰富个体的知识结构、拓宽视野；可以刺激思想的碰撞，产生创新的想法，发现潜在的商业价值，提高个体和集体绩效。只不过，群体智能的作用不如人工智能那么明显和直接，即使它正在发生，我们也无从察觉，但它终究是不容忽视的。

元宇宙概念的诞生，正式宣告了人类从个体智能时代，迈向群体智能时代。因为在元宇宙时代，人与人之间的需求关系、供给关系、社会关系、问题提炼和解决关系都发生了本质的变化。人类智能的充分激发是需要前提条件的。只有在元宇宙时代，才可能通过不同场景，高频、高效地刺激问题产生，并借助智力激荡效用从量的积累向质的飞跃的转变，让问题得到解决。

现在的离散化生产、数字化工业合作、工业互联网的爆炸式发展，都是元宇宙的游戏引擎相关技术驱动的结果。因为我们需要算力、需要联合、需要零时滞，这些既是游戏需要，也是工业需要，即通过设备的智能化管理和不断优化，实现更高效的生产和运作。元宇宙可通过构建脱离物理定律的空间，解决零时滞的问题，进而提升协作效率。元宇宙技术也可以实现工业设备和人员的互动、协作，提高生产效率和质量。与此同时，人与人之间的关系会更加密切，生产的效率也会显著提高。技术与离散化生产、工业合作以及工业互联网的结合，带来了更广泛的应用场景和更高的价值。

（三）人类智能通过数字社会首次融合

乔·拉多夫（Jon Radoff）指出，元宇宙价值链包括七个层面：从低到高依次为基础设施（Infrastructure）、人机交互（Human Interface）、去中心化（Decentralization）、空间计算（Spatial Computing）、创作者经济（Creator Economy）、发现（Discovery）和体验（Experience）。在这七个层面上，元宇宙依赖于芯片技术、网络通信技术、虚拟现实技术、游戏技术、人工智能技术、区块链技术等的进步取得越来越大的发展，也会给社会各个领域带来颠覆和新的价值（见图1-1）。这就是乔·拉多夫提出的元宇宙价值链模型——由创作者支撑、建立在去中心化基础上的未来元宇宙愿景。

◆ 专栏链接

扎克伯格认为，元宇宙不应仅局限于VR体验，所有平台都应该与元宇宙相连，包括虚拟现实和增强现实、个人电脑、移动设备和游戏机。这将是一个同步的环境，包含现有的2D社交平台形式，同时也能让用户以

3D 形式置身其中。

扎克伯格宣布，计划打造一个终极版的脸书，涵盖社交、工作和娱乐。在这个元宇宙平台上，每一个人都可以根据自己的偏好，自己定义空间与虚拟形象，选择合适的伙伴，进行虚拟的面对面交流。所有场景都可以根据自己的偏好设计，比如把聚会空间设计成游艇，把自己的虚拟形象设计成外星人。这就是定义自己的未来、定义自己的形象，包括自己的行为，不是根据客观的自然定理，而是根据自己的偏好。这就是我们说的数字定义未来。

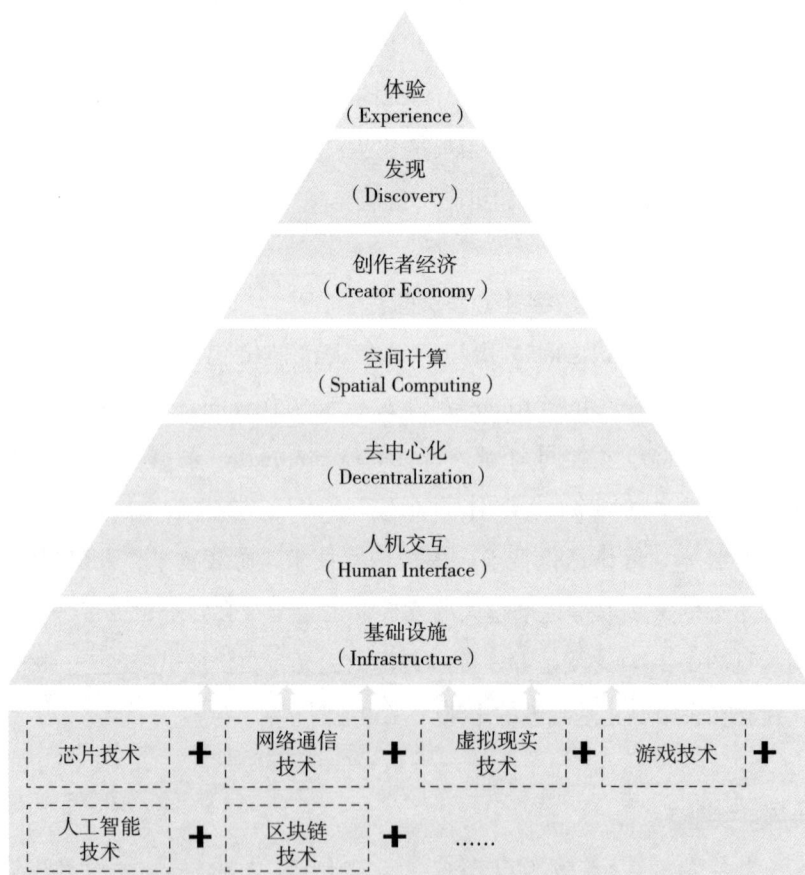

图 1-1 乔·拉多夫的元宇宙价值链模型

资料来源：作者绘制。

文明的传承，不在于自然技术，而在于社会规则。我们可以定义世界，定义生活，定义交往，核心就是定义社会价值。社会价值不再是硬科技和自然定理，而是社会生活方式。元宇宙的产生与成长，不是因为有了需要科技解决的问题，而是有了需要科技去实现的社会价值。

我们在设计社会关系的过程中，产生了社交平台、信息平台以及交互平台，然后发展成为元宇宙。因此，元宇宙不仅是科技发展的产物，更是社会发展的产物。科技形成了元宇宙的骨架，社会价值彰显了元宇宙的本质。

正如组成人体的是蛋白质，但人不是一堆蛋白质的简单堆积，人类和猪的基因组相似度超过 80%，但基因也不能成为人的本质——只有社会属性才能成为人的本质。人是自然界进化之后具有智慧的社会性动物。对元宇宙的认识也是一样，社会属性才是元宇宙的本质。而这个社会属性，就是群体智能。

元宇宙是在人类社会复杂化过程中诞生的。元宇宙的诞生，是人类智能通过数字社会的第一次巨大融合。可以说，科技作为一种手段，促进了全人类的融合，推动了人类文明的进一步发展。

（四）被定义的未来正在走向现实

1. 直观意义上的定义未来

当很多人还在讨论元宇宙是不是昙花一现时，当很多人还在争论元宇宙的具体技术细节时，当很多人还在为元宇宙到底是什么而争论不休时，我们只想告诉大家，赶紧行动起来，不要总是讨论，而要抓住机会。因为元宇宙正在定义未来。

为什么说是"定义未来"？因为我们的现实宇宙，是一个被定理约束的宇宙，而元宇宙则完全不同于现实世界，也绝对不是平行宇宙。

我们以一个例子，来简单描述一下"定义未来"的概念。社交游戏《罗布乐思》是世界最大的多人在线创作游戏。目前，有几千万玩家在使用《罗布乐思》开发的 3D、VR 等数字内容。2021 年 11 月 9 日，玩家对《罗布乐思》游戏的需求直接推动罗布乐思公司股价大涨 33%，营收同比增长 102%、增加 5.093 亿美元。2021 年三季度，所有游戏玩家总共花费了 112 亿小时用于《罗布乐思》

的在线娱乐和社交。《罗布乐思》是一个典型的社交平台，因为游戏开发出来的数字内容不仅是自娱自乐，更多的是社交活动，甚至交易。在《罗布乐思》游戏中，你自己定义游戏、设计游戏规则、进行数字创作。玩家可以在游戏中自己设置创意内容，并且可以通过游戏赚取虚拟货币。

为了让玩家的收入看得见，鼓励玩家长时间在线开展数字创作，同时为了保证游戏的趣味性，《罗布乐思》持续升级各种创作工具，提供强大的创意编辑功能和更加丰富的创意资源及素材。显然这里的素材库是《罗布乐思》定义的，工具是《罗布乐思》定义的，也就是说，你开发的游戏模块是游戏预先定义好的，你在游戏中的初始层级以及未来可能达到的层级，或者未来你可能花钱买到的最高层级，也是《罗布乐思》定义的。

这就是本书一直强调的，数字定义未来。

作为玩家，在一个定义好的社交游戏平台上用一个定义好的身份，定义自己的游戏场景和游戏规则，以期待产生符合《罗布乐思》定义规则的交易，乃至符合《罗布乐思》交易规定的未来收入，这个未来收入也是定义中的数字货币。从这个意义上说，元宇宙可以定义未来。

2. 本质意义上的定义未来

我们再看一下本质意义上的、复杂的定义未来的概念。复杂，是因为我们要引入比较。只有通过比较，才能使认识更加全面和具体。

在元宇宙中，我们可以说通过定义给定了平台和应用场景。那么，我们与真实宇宙比较一下，真实宇宙是被定义的吗？

举一个水杯装水的例子。请问，在现实生活中一个杯子能装多少水是由物理定律决定的吗？物理学知识告诉我们，一个杯子能装多少水是简单的容器原理和势能原理决定的。水倒多了会溢出来，水面不可能高于杯子。更复杂一点儿，一架波音787飞机能飞多高、飞多远，是由空气动力学和燃油储量决定的。因此，在真实宇宙中，事物只有符合科学基本原理，才能存在。我们跳多高、跑多远、活多久，都是自然界的基本科学原理所决定的。我们不能违背自然原理而臆想，就像永动机不存在一样，这是由能量守恒定理决定的。

但是，在元宇宙中，一个杯子装多少水是谁决定的？元宇宙中一个杯子是由计算机软件通过图形界面、用色彩像素在屏幕上画出来的像素排列，请问它能装多少水是物理定律决定的吗？显然不是。它能装多少水是根据计算机程序中的函数定义的。定义为哪一类函数，决定了杯子能装多少水。而且，这里的水也是计算机定义的符号和表示方法而已。在元宇宙中，飞机可以无限飞，破损了，也可以根据定义一键恢复。在《头号玩家》游戏中，虚拟人可以跳多高、跑多远、活多久，甚至车祸之后可以活过来几次，都是元宇宙定义的。永动机？没问题，在元宇宙中想怎么干就怎么干，永远做功是可以定义的！至于能量是否守恒，我们可以在元宇宙中给予规定，能量可以守恒也可以不守恒。

真实宇宙是基于科学定理存在并运行的，元宇宙是基于数字定义的。在真实宇宙中，我们依靠定理来生活、工作和学习。在现实生活里，我们开车，不能违背定理，否则容易车毁人亡。在元宇宙中，我们依靠定义来生活、工作和学习。我们在元宇宙中开车，依靠的是虚拟定义，电影《失控玩家》中的车毁人亡，也是定义出来的，可以随时满血复活——因为满血复活也是基于定义的，而不是基于定理。

那么元宇宙如何给真实宇宙定义未来？

我们必须承认，人是万物的尺度。我们不会认为拥有美丽外貌的木星是一个美丽的世界，因为那里没有人的存在。人的存在是定义元宇宙的核心前提。

但是，当我们的社交方法、行为习惯、经济运行都被脸书之类的元宇宙定义并强化的时候，我们在实体宇宙中的行为和交易就必然要通过脸书开展，所以我们要购买脸书的流量，我们要借助脸书平台完成支付。我们现在用抖音展示自己、用虚拟头像进行社交、用虚拟货币进行支付，我们的现实生活已经被元宇宙渗透并且定义。

当我们把体力生产交给现代科技或者机器人，那么情感生产与消费就成为主流。这时候，这个主流所在的元宇宙就成了人类创造与毁灭的主要空间。我们的未来，即便再真实的实体宇宙，也一样有可能被元宇宙定义。

◆ 专栏链接

目前，元宇宙定义的未来已经走在了世界经济的风口浪尖，最典型的就是元宇宙正在定义城市。

元宇宙借助虚拟现实、增强现实、混合现实技术来优化城市运营，元宇宙定义的城市将是"智慧城市"的进化版。2021年5月，韩国科学技术信息通信部就联合现代集团、SK集团、LG集团等发起成立"元宇宙联盟"，其目的是通过向社会提供公共虚拟服务打造元宇宙。韩国政府从2022年开始实施《元宇宙首尔五年计划》，分三个阶段在经济、文化、旅游、教育等领域开展元宇宙服务生态建设。如果计划顺利，首尔居民能在元宇宙中创建自己的3D虚拟形象，参加音乐会、参观名胜古迹；还能在叫作"元宇宙120中心"的虚拟市政厅办理业务，避免现实中的拥堵和排队。

定义了城市，以此类推就可以定义整个社会，甚至定义一个新的宇宙。

尽管元宇宙被描绘得自由开放，但本质上参与者仍然受制于开发元宇宙的公司。

归根结底，元宇宙中的一切是由超级管理员定义的。对超级管理员的管理，或者对去中心化后面的资本的管理，是一个绕不开的话题。这是一个可怕的现实。

总之，无论是定义宏变量，还是定义人性，我们见到的所有庞大的元宇宙都是基于定义而建构的，未来的元宇宙集群也必然基于定义。现实情况是，元宇宙定义了数字经济的基本制度（数字价值的测度），定义了交易规则和交易秩序，这也意味着，它可能垄断和攫取社会价值。

第二章

元宇宙理论重构

　　元宇宙作为一种超乎寻常的想象力载体，不仅拓宽了人们对未来的认知边界，更引发了有关虚拟现实与现实世界交叠的深刻思索。有人比喻元宇宙为一种足以引发奇妙幻觉的数字魔术箱，透过诸如《异次元骇客》《失控玩家》《黑客帝国》等影视作品，我们窥见了一个充满可能性的"虚拟世界"蓝本。面对这样一个完全数字化构建的空间，我们必须转变思维方式，从数字维度重新审视和解析这个世界。

　　本章的核心任务即基于数字化的视角，对元宇宙的基本原理进行开创性地重构。我们将借鉴新离散主义的本体论，探讨世界在数字层面呈现出的离散本质，以及如何将现实世界拆解为离散单元并重新组合；进一步运用元制度主义的认识论，剖析这些离散单元如何通过关系网络和映射规则在元宇宙中形成有序结构；并通过宏建构主义的方法论，研究如何在离散要素之间巧妙地构建价值关联，这种在计算机语言中对应于"宏"操作的构建方式，恰恰构成了元宇宙复杂而有序的哲学思想基础。通过图2-1所示的元宇宙三大哲学思想内核，我们将全面、深入地对元宇宙理论框架进行重建和升华。

新离散主义

离散是绝对的，连续是相对的
世界本质是离散的

元宇宙 ＝ 离散化解构 → 网络经济
数字化表达 → 大数据经济
平台化重构 → 平台经济

宏建构主义

元宇宙的一切都是基于定义的
元宇宙的核心是建构而来的

社会价值属性 → 数量关系结构
序数关系结构
自然价值属性 → 拓扑关系结构
数字孪生

元制度主义

制度是存在的展开
良好的制度可以让价值合理分配

劳动价值论 → 劳动是价值创造的重要途径
制度价值论 → 制度规定稀缺性、制度规定价值测度
效用价值论 → 效用是价值的表现形式

本体论　方法论　认识论

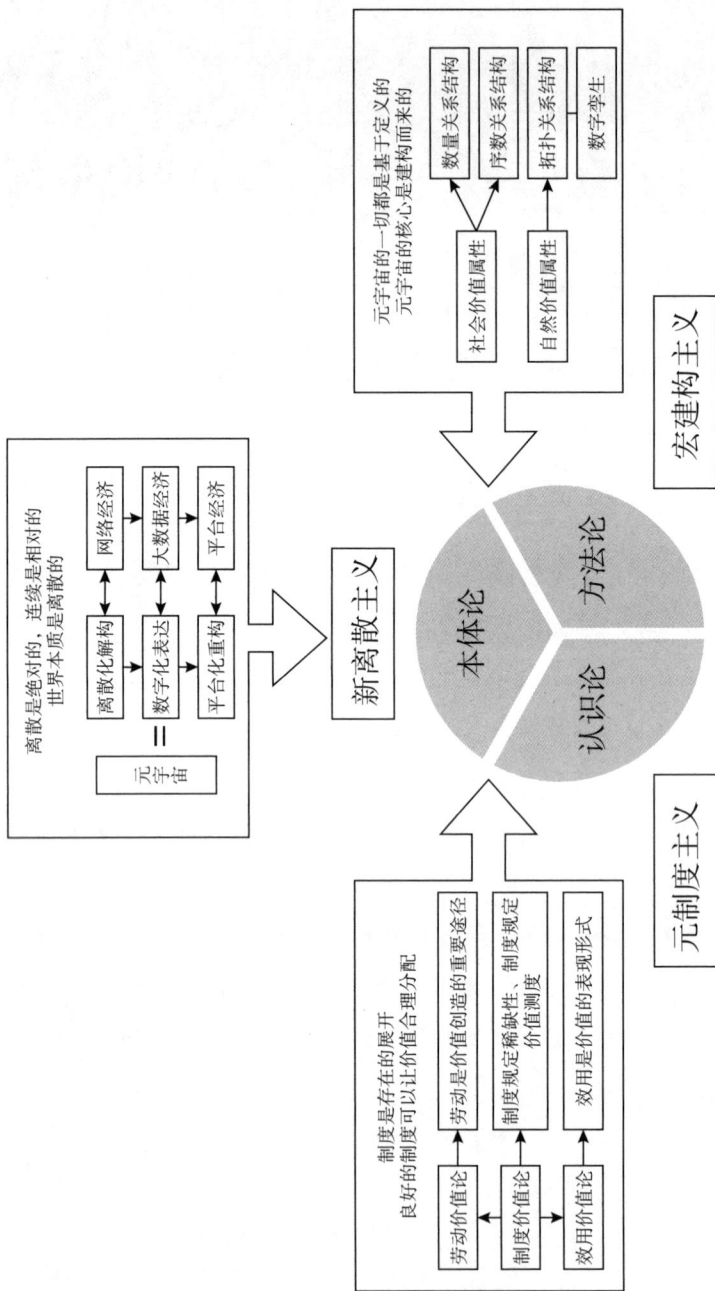

图 2-1　元宇宙三大哲学思想及内核

一、元宇宙的本体论：新离散主义

（一）何为新离散主义？

新离散主义是面向数字经济，特别是元宇宙而形成的认识世界和改造世界的本体论、认识论和方法论体系。新离散主义，主要解决数字视角下世界存在的本源性问题，重点从数字社会新经验特征和现代人类社会科学发展历史演进事实出发，对主客观世界存在的本源、如何认识客观世界和改造客观世界的基础性哲学问题给予符合当代数字社会发展的批判性回答。

本体论认为客观世界可数可分，认识论强调可分要素之间的关系与映射，方法论把要素及要素集合之间的价值关联作为改造世界的路径。新离散主义是对现实宇宙进行经济分析的基本思想，也是元宇宙创世哲学的基础。如果说现实宇宙是离散的，还需要一个论证过程，那么说元宇宙是离散的，基本就是常识，因为元宇宙都已经离散到抽象数字了。从宏观角度来说，新离散主义基本思想强调一切连续并归于离散。新离散主义奠定了元制度主义与宏建构主义的理论基础，元制度主义与宏建构主义是新离散主义的直接应用。从微观角度来说，新离散主义主要侧重于离散空间的表达与测度。

新离散主义建构的数理方法基于离散数学。经验事实基于消费性再生产定理与消费生产同一性定理。新离散主义从解构、表达与重构三大基本范式的角度，分析离散空间中各要素之间的结构关系与基本规律，阐释数字经济的形成逻辑与产业发展范式。新离散主义的基本范式与数学领域的分解、逼近、变换三大基本思想极为契合。通过对离散空间要素分布的数学表达，新离散主义构建了分布效用分析法，可对离散空间的经济行为特征与典型效用分布进行积分分析与多目标优化。

至于离散的颗粒度，在宏观层面上可以是国家或者地区，在中观层面上可以是行业，在微观层面上可以是企业与个人，在数字经济或元宇宙领域，那就是数字或虚拟的数字人。当前的数字经济，就是基于离散化的社会个体，以网络为渠道、以数据为形式、以平台为载体，具备跨界融合、数据表达、价值关联等离散化特征的新经济形态与现象。

（二）元宇宙思维的逻辑出发点

新离散主义的提出是对传统连续与整体思维的辩证提升，表现在研究对象的表达形式无限数字化上。新离散主义在哲学上关注离散与连续的对立统一关系，离散是绝对的，连续是相对的。这也是我们提出新离散主义的认知前提。离散数学作为新离散主义的源头思想内核，在经济生活中已经被较多应用并产生广泛影响。比如逻辑的概念可以用于网络行为分析、集合论可以用于大数据分析、组合数学可以用于产品配比、拓扑学可以用于网络结构分析、运筹学与博弈论可以用于效用分析、关系理论则用于社交网络等。另外，在物流方面的最短路径问题，就要用到离散数学中的图论知识等。可以说，凡是涉及计算机、数值分析的地方就少不了离散数学。

人类经济社会本身就处于离散状态，因为经济社会是由独立的个体组成的。独立个体在空间中离散化分布，通过对伦理、经济与政治关系的构建，形成人类社会。新离散主义思想就是使社会经济的思考从整体回归到个体，把对连续性的研究转化为对离散化的研究。概括地说，新离散主义的逻辑内核就是离散数学，功能上表现为对整体的解构，从而展示为独立的个体，然后通过汇总个体情况来把握整体。

新离散主义本体论进一步认为客观对象可以有限可数可分，也就是说客观实体或者概念都可以被表达或分离为有限小却可以计数的有限单元，这些单元的所有属性都可以通过数的形式进行刻画、表达。世界可数可分，意味着世界经济在当前阶段的发展趋势具有内在历史逻辑和理性规律。新离散主义本体论为基于新离散主义视角认识经济学提供了哲学依据，给出了研究数字经济的基本认知前提。

离散化个体的存在，构成了制度性人类社会的客观存在。客观世界中可数可分的有限单元之间通过关联构成运行体系，离散的个体理性以网络关联的形式与社会理性映射，并且在映射关系上体现了整体与个体的统一、对象与表达的统一、解构与重构的统一。对世界的认识体现在对其表达形式的观察上，也就是世界最终可表达为离散可数可分要素之间的各种关系与映射。基于此，我们给出新离散主义的认识论：世界表达为离散要素的关系与映射。当关系与映射以制度的形式表达的时候，可以进一步深化为元制度主义。

新离散主义认识论给出了人类认识社会和改造社会的前提，即人类社会具有制度性关联感知、认识和表达主客观世界的能力。数字经济时代，世界离散化之后的数据要素之间因为数据使用与挖掘，存在状态扩散化、关系结构网络化以及生态环境平台化等现象。所有应用型数据处理行为一般取决于行为人的动机，而人类行为动机一般是基于个体或群体的价值导向的。在工具层面对离散要素的处理，表现为数据处理器高速化与冗余化、存储空间的海量化与分布化、应用软件的交互化与个性化、对象表达的数字化与图像化等。新离散主义对世界的改造与创造，就是离散化要素之间价值关联的构建。新离散主义方法论就是在离散化要素之间构建价值关联。这种构建在计算机软件构成的元宇宙世界里，基于类的定义，用计算机语言来说就是宏。经过理论深化，我们将其称为宏建构主义。

在数字经济时代，人类改造客观世界主要通过网络化离散、数字化表达和制度化重构展开。离散化个体通过制度性结构关联构成社会存在，社会存在被数字化解构和表达为数字社会，数字社会则通过制度化重构而递进式发展。新离散主义思想强调经济社会从过去形象化的模拟表达方式，转变为当今数字时代的离散表达方式；经济与社会空间进行离散化表达后，形成可以重构的离散空间；在离散空间中，经济社会的信息壁垒以大数据的形式转换为数据壁垒与数据不对称；大数据之间的价值关联，形成了新经济的主要增长点。

元宇宙的互联网分布式和互联特征映射到经济层面就是分布和协调，但这在传统的经济学公理体系找不到根据。如果将新离散主义的万物皆数作为本体论，将要素分布和空间效用当作认识论，将空间分布的协调、理性分布的控制以及分布效用分析作为方法论，再基于新离散主义的基本思想内核，那么我们可以给出数字经济时代的经济学研究方法论用以分析与解释新经济现象，元宇宙则是最直接的应用。

世界是离散的，如何在这个基础上改变我们的认知？也就是说，当我们找到逻辑出发点之后，我们的逻辑范式应该是什么？通俗点儿说，互联网思维或者元宇宙思维应该是什么样子的？

（三）元宇宙思维的逻辑范式

本书提出的元宇宙思维的逻辑范式，主要从哲学方法论层面讨论如何认识数字经济和元宇宙，而非仅聚焦技术层面。新离散主义的三大范式包括解构、表达和重构。通俗地说，就是把现实打碎、重新分类，再糅合在一起。社会经济对象通过网络等现代信息技术进行离散化解构，对应的是网络经济；解构之后以大数据或海量数据等数字化信息的形式进行表达，对应的是大数据经济；数字化信息之间通过平台等价值关联形式进行重构，对应的是平台经济（见图2-2）。

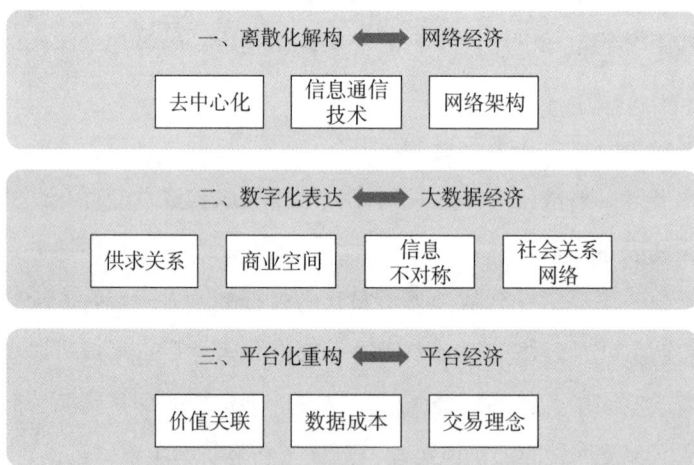

一、离散化解构 ⟷ 网络经济

| 去中心化 | 信息通信技术 | 网络架构 |

二、数字化表达 ⟷ 大数据经济

| 供求关系 | 商业空间 | 信息不对称 | 社会关系网络 |

三、平台化重构 ⟷ 平台经济

| 价值关联 | 数据成本 | 交易理念 |

图2-2 元宇宙思维的逻辑范式

1. 离散化解构与网络经济

在新离散主义哲学思想中，离散化解构是一切现象的开始。解构主义（Deconstructivism）是哲学家雅克·德里达（Jacques Derrida）1966年率先提出的一种方法论，旨在揭示和剖析传统哲学观念中存在的假设、矛盾和限制。除了哲学领域本身，解构主义的哲学思考被应用于社会发展的各个领域。解构主义最突出的特点是反中心化和对二元对立性的批判，非常吻合当前社会的离散化特征，特别符合元宇宙的去中心化诉求。

社会解构的前提条件是对社会进行合理梳理：结构的获取或者构建。在新经济背景下，更多表现为对经济结构的主动构建与匹配。通过对社会关系网络的建设，包括直接拓取或重新构建，形成对社会进行解构的框架基础。技术上会涉及通过数学语言表达社会经济现象的网络结构，以及与网络结构的关联运算与矩阵运算，包括网络关系的抽取、节点属性的归纳、节点关系的演绎、网络与网络的拓扑、解构方式与导向、向量与标量关系等各个层面。

对网络可以从狭义和广义两个角度来理解。狭义方面，网络专门指信息网络，包括互联网、电视网、物联网等，是以信息和通信技术为基础的产业。在许多多人线上游戏中，人们都花现实中的钱买游戏装备。对硅谷的梦想家们来说，这个可以让人身临其境、互联网化的三维元宇宙世界，最终会取代现存的二维网络。广义方面，网络指各种具有物质与信息通道特点的所有网状经济现象，比如铁路网（人与物质的通道）、电力网（能量通道）、关系网（人际交流通道）。无论是交通网、通信网还是信息网，都在对人类社会关系进行网络化构建。构建之后的网络能对人类社会可能的活动和行为进行解构——形象地说，就是以网格形式将社会空间区分为不同微观空间。这里，社会空间可以是实体城市空间，也可以是虚拟的网络空间。区分的方法可以是基于实体物理技术的空间划分，例如交通安全监控网络；也可以是基于数据处理技术的虚拟空间归类，例如网络交友平台的兴趣团体。我们把这种基于实体技术或虚拟技术的网络划分，称为网络化解构。

数字经济的物质基础是网络架构，包括互联网、物联网、移动通信网等。基于网络的新经济形态被称为网络经济，其在逻辑上是数字经济领域内的基础性产业经济分支。

2. 数字化表达与大数据经济

数字化表达的哲学渊源可以追溯到符号主义（Symbolism），符号运算的实现基础是艾伦·纽厄尔（Allen Newell）和赫伯特·西蒙（Herbert Simon）1976年提出的关于人本质是物理符号系统的假设。符号主义哲学认为人类对结构的认知和解构过程最终必须通过符号予以表达，基于符号表达之上的再次运算形成重构。随着通信技术和互联网的发展，近年来符号主义和联结主义被广泛应用于人工智能领域。

人工智能时代的到来预示着数字化分析与表达已经成为趋势。数字化表达在技术上可以规范事物的运行规律与运行法则：表达内容包括时间、空间、属性关系、分类与测算等；表达方式包括直观的位图、二进制与算符标识等；表达手段包括软硬件、数据库、交互与仿真、网络与云端等；表达界面包括数字信息输出与获取、数字信号处理的衍生与创造等。

现代经济的数字化表达包含以下四个方面。

一是对供求关系的数字化表达。信息化时代各个行业海量数据以井喷式产生、传播和进行价值互联的时候，供求关系的发生已经不再受到实际交易双方所在时间、空间的局限。供求双方的商业信息以数字化形式表达出来，并通过信息传播网络进行扩散。

二是对商业空间的数字化表达。在数字化基础网络的支撑下，网络空间本质上成为现实经济世界的一个离散化虚拟映射体，形成了全面数字化的新经济格局。

三是对信息不对称的数字化表达。大数据时代的市场信息海量喷涌，对数据的掌控显得至关重要。信息不对称的基本属性已经发生变化，表现在人类对信息资源不对称的拥有和管理，表现在基于数据壁垒和数据不对称的主动商业利用。

四是对社会关系网络的数字化表达。与网络化解构相呼应，经济社会的利益格局将被数字化表达。以数字化的利益诉求为基础，通过网络进行即时性、零成本、跨区域的分类和汇总，形成崭新的社会关系拓扑图景。

基于此，我们认为数字化表达是指由于数字技术在社会经济领域的全面应用，客观上对经济要素系统的数字化再现。

数字化表达还具有逆向选择的功能意义，也就是社会经济的离散化趋势会反向影响现实社会的发展，不符合数字化趋势的事物将面临被淘汰的可能。我们称之为数字化表达的逆向选择，即指数字化表达可以反向规范经济社会的事物发展模式，使其向有利于数字技术表达的方向演化。

3. 平台化重构与平台经济

整个社会被离散化解构、进行数字化表达以后，还需要在价值基础上对离散化的数据进行全息化重构，进而发现新的价值和商机。

重构主义指出了社会发展从结构到解构，再到更新和协调的必然。西方哲学发展史本身就是一个哲学范围内的重构过程：哲学认知系统的构建、瓦解到理论更新和协调就是一个典型的"结构—解构—重构"范式。重构主义与结构主义和解构主义不同，它更注重个体与整体的协调。哲学上的价值重构强调个体感性认知、欲望与整体理性需求相协调，将之推演到数字经济领域，则价值重构将主要表现为离散要素之间关联价值的发现与构建。

在数学意义上，重构可以理解为对解构的逆运算。重构模式包括模块重构、跨界重构、动态重构和静态重构等，也包括矢量有向重构以及标量无向重构。重构的价值导向包括工业导向、商业导向、学术认识导向和政府公益导向等。数字经济重构的基础是价值关联，涉及关系运算、聚类分析、数据挖掘等。数字经济重构之后的具体表达包括交易平台、应用软件平台、电子支付平台、社交平台、基于数字信用的比特币等，具体应用包括数字地图、数字医疗、数字音乐以及 3D 数字打印等。

如果说网络构成了数字经济的离散化解构基础，大数据是解构之后的主要表达形式，那么平台就是重要的重构模式。元宇宙基本上都是平台。平台的出现在某种程度上就是传统经济学所讨论的"市场"。当代表交易双方行为博弈的"市场"这只"看不见的手"能够被平台——包括淘宝、亚马逊等取代，消费者行为和动机就可以通过大数据获取，而且当消费者都可以被定向广告引导时，我们认为这只"看不见的手"已经制度化地显性表达为现代"平台经济"。谷歌、阿里巴巴、百度、微软等知名公司的运行技术内核是大数据，也就是基础要素的信息化解构结果；但是这些知名公司所展示的经济内核是市场制度，也就是说它们把传统交易双方的市场空间通过线下或线上形式显性化重构了。市场的制度化重构——我们称为具象市场，将意味着市场行为的变革。

平台的本质是价值关联，这是数字经济带来的重要经济形态。元宇宙平台模式根植在大数据的基础上，通过平台可以把大数据按自然逻辑和社会逻辑联系起来，释放潜在的经济和社会价值。平台经济就是基于数字经济的离散化要素，发现与挖掘要素之间的关联价值并依此进行模式重构的经济现象。平台化重构基于社会经济的网络化解构与数字化表达，企业出于趋利动机对价值关联的发现与构建，在客观上形成了对社会经济系统的数字化再造。

平台化重构的基本原则主要基于以下几点：一是价值关联，基于平台的数据价值关联属性使通过数据共享、交叉复用后获取最大的新价值成为可能；二是数据成本，交易成本从传统要素成本转变为数据成本，传统商业模式重构为基于数据成本的平台模式；三是交易理念，基于大数据的平台重构，可以将具有相同交易理念和价值判断的社会人在一个现实或虚拟空间重构。

总之，新离散主义给出的三大基本范式与产业形态，表达了社会经济与产业发展的必然规律。这就是形而上意义的元宇宙思维范式。

◆ 专栏链接

元宇宙是网络经济、大数据经济和平台经济的综合体。比如，脸书是社会交往平台，这体现了其平台属性；把客户画像通过大数据进行表达，这体现了其大数据属性；通过离散化的移动通信网络进行信息传输，这体现了其网络属性。为什么会产生解构、表达、重构这三大逻辑范式呢？我们认为，是因为数字经济发展符合人类发展的基本逻辑。

由于社会经济离散化程度的迅速提高，数字经济不仅体现在对现实世界的直接模拟与刻画，更体现在基于现实需求与技术创新基础上对精神世界的创造与体验。数字经济的大发展，也是服务业的大发展，而服务业发展的前提是工业的极大发展以及农业的稳定发展。科技进步代表着人类向更高阶段进化，有的传统产业从被视为经济支柱到逐步转变为需要政府提供支持，例如现在世界许多国家对农业生产提供了大量的补助。

产业发展与人类需求满足的逻辑关系如下：第一产业满足的是人类的

基本生存需求；第二产业提升了人类改造世界、创造工业产品的能力，满足的是人类发展的空间需求；第三产业是服务业，特别是现在蓬勃发展的数字经济产业，通过理性逼近与理性超越等方式提供精神消费，满足的是人类自我价值实现的需要（见图 2-3）。

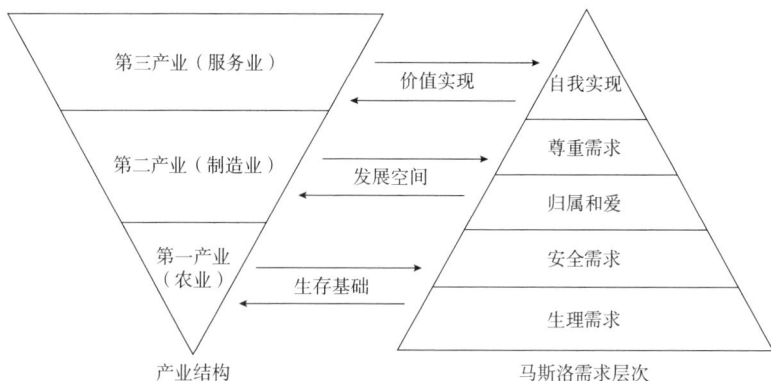

图 2-3　产业发展与人类需求满足的逻辑关系

继续分析一下三大产业的未来发展趋势，我们可以发现：第一产业的未来发展空间是有限的，因为受制于人的生理功能；第二产业的发展空间是相对有限的，虽然人有开拓与扩张的需要，但是家庭伦理等社会存在限制了行为边界；只有第三产业，特别是数字经济的发展空间是无限的，因为人类的精神世界不仅可以映射无限的客观物质世界，还可以创造无限的"虚拟世界"。2020 年，美国加州大学伯克利分校因疫情原因无法现场举行毕业典礼。于是学校决定在《我的世界》这个游戏中搭建一座和真实校园一致的"虚拟校园"，学生们通过相应的设备，以"虚拟分身"来到"虚拟校园"参加毕业典礼。

当前以元宇宙为代表的数字经济的发展基本验证了上述判断。微软、谷歌、腾讯、百度等国内外企业，从对现实与虚拟空间的网络化细分，到云空间的大数据存储，以及各种应用平台软件的开发，在各个方面影响了几乎所有人，并且它们提供的数字产品与数字服务已经变得必不可少。它们从业态形式上完全符合新离散主义思想的基本内核，也就是解构、表达与重构，完全符合数字经济的逻辑范式。2022 年 9 月 3 日某著名歌星举办线上虚拟演唱会，3 小时观看人数突破 4 亿。这在线下是很难想象的。群体性社会活动数字化，带来了难以估量的社会价值，数字化平台重构了社交网络。

（四）基于离散空间和离散要素的效用分析

作为数字经济基础的信息科技的发展，使得新离散主义范畴的解构范围扩大、表达细微精准、重构组合功能强化，进而推动数字经济的发展呈现指数化扩张的趋势。当数字经济扩张的时候，对数字经济的效用测算就成了头等大事。数字生产与数字消费，完全不同于传统的物质生产与物质消费，传统的效用分析方法不再适用。我们究竟该如何测算元宇宙的效用呢？

元宇宙的形态是数字化的，企业边界无界化，客户分布于全世界，所以人与人之间的交互完全基于互联网。元宇宙的收入来源主要是基于客户群的直接收费或者间接收费。客户零散分布在全网、全世界，该如何管理？如何收费？如何测算收益？监管者又该基于什么样的法理和数据基础，对元宇宙企业进行管理和征税呢？

元宇宙时代，政府、组织和个体的行为在实体空间可以被数字化表达和离散化标识，在虚拟空间中可以被无界化扩散与无限化重构。这样的数字表达与离散分布，就意味着需要对管理对象进行统计管理，需要对实体空间离散化分布与离散化空间虚拟化进行深度统计分析。

宏观的数量与质量分析，就是基于虚拟空间的统计分析，就是对管理对象的分布效用分析。分布效用分析法的提出，也是对边际分析法在数字经济领域的挑战。元宇宙企业形态虚拟化，数字内容日趋丰富，数字产品的再生产成本与运输成本接近于零，甚至出现消费与生产共生等新现象。这些已经突破了传统的企业边界理论，突破了基于单位产品再生产的边际分析法，以及市场出清理论的解释范畴。对管理者而言，需要考虑的不再是单位成本与收益问题，而是空间中离散分布的各类管理对象对管理目标的贡献预期。把这些分布在空间中的各个要素的价值共享汇总起来，就要用到分布效用分析法。

1. 离散空间的数学特征

数字经济经过离散化解构之后形成数字化的离散经济要素，这些要素按照不同属性属于相应的集合，并形成要素空间。基于集合，我们可以规定要素的关系、函数和等价等运算规则，利用要素空间的代数理论（比如有限群和有限域）来深化当前的数字经济研究。

新离散主义的基本范式（解构、表达与重构）和数学领域三大基本思想（分解、逼近与变换）极为契合。分解包括如下三个步骤。第一步，把一个一般对象分解成简单对象的组合；第二步，对每个简单对象分别加以分析和处理；第三步，把结果合成为对于原对象的结果，不同数学分支中的分解形式并不一样。概率分布的分解是关于要素空间的测度理论，而它的基础则是关于集合的西格玛代数。逼近是指构造简单对象的序列趋近一般对象，并通过这些简单对象的处理和分析结果来逼近一般对象的结果。有时候需要某种形式的一致性来保证结果的正确，比如拓扑学里的一致收敛定理，测度理论中的单调收敛定理和控制收敛定理，概率论中的大数定律和分布收敛方面的定理。变换则是指通过表达形式的变化揭示出一个数学构造的本征形式，或者使它更适合于某种处理。在概率论中，分布分析工具就是对分布函数的傅里叶变换。

2. 离散要素的典型分布

关于数字经济的离散化要素空间，可以先作一个简化的设定：把每一个离散经济要素抽象成一个点，简称要素点。离散空间中的要素点没有实体形状，仅用位置、属性和整体数目进行刻画。根据中心极限定理，经济要素在离散空间中服从于正态分布。而正态分布的均值和方差决定了整体分布曲线的位置和形状，随着均值的增大或减小，正态分布的曲线会出现相应的右移或者左移，随着方差的增大或者减小，分布曲线会相应变得更分散或更集中。对离散空间中的经济要素进行独立计数，属于空间点过程。由于各种各样的原因，离散空间中离散要素的分布可能随着时间变化而发生变化。即使同一个区域，里面包含的离散要素数目也可能是不确定的随机变量。

一般认为，离散空间中经济要素是满足一致稀疏条件的相互独立随机点过程，其叠加符合泊松分布[①]。也就是说，在元宇宙或数字经济的任意空间区域，离散要素的数目服从泊松分布。上述任意区域，均考虑到实际常见所有空间里，几乎所有集合都是可测的，而不可测的集合一般只存在数学的理论构造中。另外，对于离散经济空间的具体区域，假定里面的经济要素服从泊松分布（假设均值为 c），经济要素在这个区域为空的概率（要素点数量为零）是 e^{-c}。据此，我们可以得出结论：对于一个经济要素的空间点过程，如果离散区域为空的概率随区域的大小（测度）以指数方式衰减，那么这个过程是一个空间泊松过程。

经济因素或者它们之间的结构关系（想象成用线、面这样的几何图形表示）在离散的空间中怎样随意散布，以及这些情况发生的可能性问题，都属于随机几何的学术范畴。对应地，我们还可以进一步创造出描述线、面以及随机分权树等的模型，并可以变化为特定流形上的点过程。值得一提的是，在客服系统、交通调度和信息科技等领域，点过程已经得到了广泛应用。

3. 分布分析法

既然给出了元宇宙或数字经济的空间要素分布，那么这些分布与空间中的要素点对信息的反应（比如支付费用的意愿和实际支付的可能性）汇总在一起就是一个空间概率分布的统计问题。这样的统计问题的求解方法是基于要素分布的效用积分的分析方法，我们将其称为分布积分分析法，也称分布效应分析法，简称分布分析法。该方法针对数字产品的可能性分布，使用积分的方法对数字产品的效益进行测算，根据积分后得到的效益再对数字产品的投入进行分析。

使用分布分析法的出发点如下。

一是产品再生产的成本为零。现代经济发展的重点从传统的物质资料生产，发展为物质与数字并重，而且数字产品的比重越来越大。数字产品，比如软件或电影，具有零成本复制的重要属性，其基本价值（比如稀缺性）需要通过国家制度予以维持。当产品再生产的成本为零时，传统的边际分析法就不再有效。

二是市场效益需要累积。由于现代经济的发展，特别是网络经济的发展，

---

① 泊松分布是统计与概率学中一种常见的离散概率分布。

长尾效应逐步突显。传统物质资料生产状态下，产品的获取具有不可规避的固定成本。但是，随着数字经济的发展，许多产品特别是数字产品的生产、搜索、使用和转移具有了零成本的特点，而客户的范围具有了离散化、跨界化的特点。这些离散的、跨界的经济消费所贡献的企业利润，把传统产品生产所无法顾及的长尾区域完全包括其中。因此，对产品经济效益进行分析时，应该把这些效益完全考虑进去。计算这些区域所代表的效益的方法，对应于概率分布与区域积分等数学工具。

在以元宇宙为代表的数字经济时代，社会、组织和个体的具体理性可能会因为网络空间的膨胀、信息的潮涌、大数据的泛滥而迷失。分布效用分析法特别适用于元宇宙的经济系统管理，能够引导理性的全流程决策从而促进管理目标的实现。当然，在具体测算过程中，会涉及总量、权重、时间、强度等各种变量，这些变量对管理目标在空间中的离散化分布产生重要影响。现在很多基于数字经济而产生的新服务、新产品，只有对其分布进行认真分析，才能在市场竞争中找到正确的战略目标、发展模式和技术手段。

拼多多、优酷、哔哩哔哩等网络消费平台之所以能够成功，就是基于对网络社群的正确判断、对未来分布收益做出了合理预期。对共享单车而言，从中心城市扩张到二线城市就是一个典型的空间分布扩散的过程，更是一个消费习惯培养的过程。如何形成对共享经济的"正确判断"，如何学会"正确使用"共享经济，在共享经济出现问题之后管理者如何"正确对待"，这样的判断、使用和对待，就是典型的基于分布分析法的对消费者进行理性管理的表现[1]。

---

[1]　关于分布分析法我们将在第五章中结合元宇宙收益测算进行深入阐述。

二、元宇宙的认识论：元制度主义

现在，我们知道了元宇宙的离散内核以及逻辑范式，并且知道了如何追求数字时代的效用最大化，那么元宇宙的价值来源是什么呢？只有找到了价值来源，才可以对其加以应用。

（一）制度是元宇宙运行的基础

现在谈到元宇宙，就要谈区块链，谈自由社会，谈去中心化。这些似是而非的概念和说法，本质上还是为资本引流服务。我们不妨反过来思考，元宇宙作为资本的集中投向，需要相对完备的投资回收通道，需要元宇宙项目的运行可控并且有各种交易秩序。也就是说，不以制度为基础的元宇宙，是无法形成完备的数字经济活动和数字收益分配秩序的。这是元制度主义（Meta Institutionalism）的根本观点。

1. 制度价值论

制度价值论旨在使价值测度从劳动手段、效用表象回归到社会制度属性。有些商品既具有自然属性也具有社会属性，因此其价值就由两种稀缺性同时决定。不同制度与不同环境下，价值的主要属性会发生根本变化。决定稀缺属性的是制度（包括自然制度与社会制度），这是制度价值论的核心观点。

元宇宙中数字产品的属性，应该分为自然属性与社会属性两个部分，对应的是自然价值与社会价值。自然价值体现人与物的自然关系；社会价值体现人与人的社会关系。社会关系的内核是制度关系，经济价值是制度关系的表现形式。比如，游戏《罗布乐思》中引入了社交功能，鼓励玩家分享游戏体验，并邀请朋友加入"虚拟世界"，可以在《罗布乐思》里举办生日派对。对于玩家而言，这其实是一种社交货币的激励，不仅为《罗布乐思》带来了新的流量，还进一步提高了玩家黏性。随着《罗布乐思》里玩家的不断增加，游戏也越来越好玩，更多的消费促进更高价值的分配。这就是典型的社交制度设计，它创造了社会关系，形成了社会价值，也就是"好玩"。

制度的直接应用是规定价值的测度空间。制度规定了稀缺序列，对空间的秩序构建形成价值或信用。例如在当前信息技术背景下，应用软件、影视剧、文学作品等精神产品的价值依附手段已经不再局限于具体物质，产品供给在理论上可以近乎零成本复制、无限供给。国家只能通过制度对虚拟产品进行形态与价值保护，依靠法律手段避免其被无限复制，确保其稀缺性。在元宇宙内部，同样需要通过制度规定稀缺序列和稀缺范式，赋予数字商品在元宇宙环境中的自然属性与社会属性。元宇宙通过制度确定虚拟社会结构，从而确定社会需求，同时避免元宇宙经济系统出现通货膨胀、货币贬值等现象。

2. 制度对稀缺性的规定

在元宇宙经济系统设计中，如何通过制度对数字产品的稀缺性进行规范呢？稀缺性是经济学研究的起点。稀缺二元性是后古典经济学的逻辑起点，也是数字经济的逻辑起点。稀缺二元性给出了稀缺性的自然属性边界与社会属性边界。稀缺二元性把稀缺性解构为以下两个方面：第一，自然物质资源的稀缺性是相对的，可以通过生产力的发展来解决，因为自然物质资源具有可获得性与非排他性；第二，社会资源的稀缺性是绝对的，与科技无关，只能通过社会的逐步进化来相对解决。社会资源的稀缺性是一种人为规定，比如博士学位、医疗资源、住宅土地资源甚至金融资源等，是选拔性与排他性的资源，不具备群体范围的可获得性。

制度规定了稀缺性，就必须规定对稀缺性及其交易的测度，也就是规定价值的测度空间。所有价值作为一种测度结构，必然存在于一定的测度空间——也就是制度。劳动是形成价值的手段，也就是说在测度空间中所测度的对象必然包括自然产物与社会产物，而人类劳动则是改造自然、创造社会财富的手段。效用是价值表现的形式，也就是说任何对象的价值大小都可以通过对社会或个人需求的满足而体现出来。自然价值由其自然制度或者自然属性主导，社会价值由其社会制度或者社会属性决定，但是所有属性的稀缺序列与价值测度都来源于制度。制度规定了稀缺序列，并通过对价值空间的秩序构建形成价值体系或信用体系。

社会生产不是简单地以技术为基础的"商品"生产,更多的是以制度为基础的"关系"生产。制度规定了社会资源绝对稀缺的序列,我们称之为制度决定的稀缺序列。例如对于影响制度自身稳定的稀缺资源,如武装力量等,制度的维护者会确保其处于严格稀缺状态,进而保证制度本身的稳定;而对于精神产品,国家则通过制度化来避免其被无限复制。可见制度决定稀缺序列,即便对不稀缺的资源也可通过管制使其达到稀缺。

制度不仅规定稀缺序列和稀缺范式,赋予商品自然属性与社会属性,同时还确立管理机制与交易规则。这样的规定实质上就是对测度空间的规定。任何价值只要是测度的结果,就必然受到一定测度空间的约束。基于解构的视角,可以看出制度规定了价值的度量单位、起点与边界、属性与方向、维度与层级,确定了价值、价值的集合与计算方法,从而构成价值空间。制度通过规定稀缺序列和测度空间,为劳动创造了目标,为效用表达找到了载体。

我们来看一个例子。在元宇宙网络社区中,我们可以通过所谓的去中心化自组织(DAO),构建一个不受硅谷垄断的网络,与每一个手机终端联网,为每个人提供足够的化身,通过对稀缺性的规定,展示不同程度的财富、文化和信用。在元宇宙中,形成社会资本和信用的各种模式都在逐步建立。这些社会资本数字化后,形成参与者之间的联系,通过不同的形式,如入场券、会员身份以及财富标识等,体现不同的价值。

3. 制度对价值空间测度的规定

价值维度本质上是人或经济体的自由度,可以由市场形成,也可以由政府引导。对价值维度的解构,拓展了人类生存的自然空间与社会空间。一般来说,维度是指不可替代的价值方向,比如第一产业的粮食生产与第三产业的金融服务就不具备可替代性,因此分属两个不同维度(正交)。基于以上分析,元宇宙可以在更高维度继续解构,从而细分出更加微观的维度。一旦消费者依赖形成,元宇宙的收益来源也就形成了。

经济发展从单一维度发展为多维,而定义维度需要明确价值的分布以及价值所依附的产业关系是纵向的上下游产业关系,还是横向的产业关系,抑或没有直接关联的无关产业。因此，需要重新认识产业结构的测度。对这些价值维度形成的价值空间，需要明确其秩序、维度和标准正交基向量以及测度函数，要分析哪些产业维度是正交的以及哪些产业维度之间存在相关性。对价值空间及其结构测度，不能再局限于传统的线性思维。分析作为复杂系统的元宇宙经济现象，需要有制度的多维化思维。

价值空间是指元宇宙经济社会中所有可以表达为价值的货币、商品、服务与技术等的集合。根据价值空间中函数属性的限定条件，我们可以给出元宇宙的测度空间，也就可以对其中的元素进行测量。为了对元宇宙意义上的价值空间及其测度进行分析与建模，我们需要借助泛函分析等抽象测度论。

价值空间测度的解构，有利于我们深入认识当前元宇宙经济系统的各种不同价值空间的测度方法及其关系，还有利于对应用结果进行相应反馈分析，从而进一步完善价值空间的测度函数。通过价值测度的实现，可以维持价值空间特别是价值维度的比较优势。通过拥有更高维度的价值空间，可以进一步拥有元宇宙数字经济发展的主导权。以脸书布局数字货币领域为例，一旦获得数字货币的事实发行权，就等于掌握元宇宙的金融权，其他元宇宙企业就只能在低维度竞争。这种对元宇宙经济维度的打压，就是元宇宙的降维打击。

因此，元宇宙企业之间的竞争是多种维度下的制度竞争，制度的制定和输出意味着对价值空间的控制，意味着资本对元宇宙群体的控制。这就是元宇宙私权觉醒的体现，这意味着元宇宙不甘于仅以企业的形式存在，而产生了介入社会管理的冲动。

（二）私权觉醒与制度输出

1. 从宏观制度经济学角度理解元宇宙

理论与理想中，数字经济会带来信息的获取成本和存储成本逐渐降到零，最终达到信息完全对称，现实中却早已南辕北辙。我们发现，在元宇宙视角下，信息不对称被当成一种制度安排。这种制度安排，就是元宇宙权力的集中体现。

从经济学角度看，信息获取相关权限的制度安排，可以谋取信息不对称带来的垄断收益。正是因为信息可以零成本存储和传递，才要设置各种壁垒。各种加密算法的目的就是限制信息的对称性，增加信息获取的成本，提高信息持有者的收益。如何限制？在哪些状态下需要限制？实际上就是企业或者政府根据自身的发展需要，针对成本与收益的结构关系来给出制度规定。这种对成本与收益的制度规定，就是宏观制度经济学揭示的主要内容。

与信息相关的制度是元宇宙这个完全虚拟的数字世界赖以生存与发展的内核。在元宇宙中，成本与收益是相同价值测度的不同表达；你的成本必然是别人的收益。在现实经济中同样如此，新制度经济学家认为，良好的制度安排可以降低交易成本。但是，成本与收益是价值的两个方面。良好的制度，不是要降低成本，更不是要减少别人的收益，而是要使价值合理分配，也就是大家常说的激励社会将蛋糕做大的分配机制。

现代制度经济学把信息不对称视为制度的改革对象，把降低交易成本作为制度的主要任务。这样的观点仅仅在微观层面是相对正确的，在宏观层面则失去了讨论的基础。与之不同的是，本书所阐述的宏观制度经济学，核心在于价值空间的有效分配。在宏观制度经济学分析框架中，信息是基础要素纽带，对信息流动充分程度的掌握，是制度调整的重要内容。

在数字经济时代，通过制度安排来拓展价值空间，本质上是制度化构建信息不对称，这已经由一种普遍经济形态转化为主流商业模式。同时，制度本身的数字化重构，直接导致价值的跨界融合。

一方面，对信息壁垒的构建，以及基于此的信息服务催生了行业内垄断的元宇宙企业，例如 X、脸书和谷歌等。被新制度经济学视为企业成本来源的信息不对称，已经成为信息经济时代元宇宙商业模式的基础和收益的来源；另一方面，元宇宙的制度建设，还建立在要素层面的信息解构上。要素层面的价值空间的各种要素——包括个体、行为、对象等，都可以通过信息的形式进行表达。数字经济时代，随着计算机软硬件性能的飞速发展，信息处理能力呈几何级数增长。要素的信息表达往往通过数字形式展现、以比特形式存储与传播，这种对传统基础要素的离散化表达，将使价值测度维度增加，最终使整个行业制度或行业函数得以重构。

在元宇宙中，制度的作用在于规定价值空间的成本（同时也是收益）的结构，并选择或引导价值测度。现代信息科技的发展，使得过去信息资料的征集、处理与传播远远超出想象。元宇宙层面信息壁垒的构建方式、信息权限的释放途径，包括信息安全与权限管理，只能由制度规定。在元宇宙的企业制度与国家的政治制度联盟中，影响最深远的当属美国的"棱镜计划"，此处不再展开。显然，在元宇宙层面，构建宏观的信息不对称，具有国家层面的战略意义。

再举个生活中的例子。对传统的社区交友或婚恋中介而言，其构建的信息不对称壁垒来自对成员基本信息的掌握，其主要成本是对成员信息的收集与处理，其通过向会员提供匹配信息来收取费用以覆盖成本从而获得利润。但是，随着数字技术的发展，对微信、脸书或者 X 等交友平台而言，其成员的基本信息完全数字化，可以通过检索的形式一次查询或者发送上千条征友信息，而且这些成员的基本信息可随着成员的自动加入而滚动增加。这种数据自生成系统对应了一种制度安排：向成员库提供信息服务（可能免费），但主要采取新的测度方法，构建更宏观层面的信息不对称，如获得成员收入状况、无数个体行为形成的消费偏好、庞大的个体信息数据等，这些都是在元宇宙层面构建的不对称信息所派生的巨大收益或重要数字资产。

2. 私权觉醒

传统市场经过数字化解构之后，依据一定的价值关系重构形成交易空间。也就是说，在进行数字化解构和重构之后，元宇宙开始提供各种"社会化"价值，如为满足人类的虚荣心提供美颜后的虚拟头像，给社会地位低的人一个虚拟的高管身份等。

在从解构到重构的过程中，价值提供方就有了获利动机，市场也从看不见的"无形之手"变成了看得见的"有形之手"。作为市场的具体化形式，或者作为"政府—企业—消费者"之间突显出来、重构了三者界限的具象市场，特别是元宇宙，它已经不再是传统制度经济学探讨的对象，也完全不具备传统制度经济学将市场独立化、抽象化的研究前提了。在宏观制度经济学视角下，这是当代政治经济的基础要素解构与宏观制度重构的结果，它可以体现在宏观层面（例如上述的"棱镜计划"），也可以体现在域层面（例如易贝网或 X），当然也可以体现在基础要素层面（例如网红微博）。具象市场一经重构成功就在事实上具有了管制机制，意味着具象市场具备了私权诞生的条件。

随着元宇宙的市场自我权力意识觉醒，意识到协调各种市场参与方资源会带来价值和能力，这种自觉后的协调行为就具有了强烈的具象市场主观意图，具象市场的私权就此诞生。显然，具象市场的私权是对内部进行控制的力量展现，强调支配各方的利益、资源。例如，元宇宙平台对游戏开发商和游戏玩家具有强大的约束力，对平台参与方的违规行为有监督处罚权，因而网游平台很容易能够觉察到私权的作用和重要性。

一般而言，制度化重构之后的具象市场的私权机制表现为三种形式：一是价格控制，这是元宇宙私权运用的常用方式，通过价格管控或者经济补贴等方法来增大参与方收益，并促使参与方更大限度融合以繁荣市场；二是竞争策划，元宇宙可以通过鼓励参与方的竞争而提升吸引力；三是许可授权，元宇宙会运用私权筛选参与方，从而提升市场交易质量。

在计算机和互联网技术迅猛发展的今天，元宇宙正在以指数化的外部性效应扩张自己的势力范围。元宇宙对权力的支配和影响范围已经不仅仅局限于元宇宙内部的各个关键利益相关者，元宇宙的任意改动或变更都极有可能涉及公权问题，极易迅速扩展到所有社会成员身上。例如，在脸书等网络交易平台上，可以要求客户提供身份证、卡号、密码、电子账户等，出现纠纷时元宇宙还具备裁判权和制裁权。这种跨越政府机制而实施的行政管理行为，就是典型的公权私化现象。掌握了元宇宙就掌握了抽象市场，因此元宇宙的平台模式就是当前极其成功的盈利模式，因为控制了市场也就控制了利润空间。

3. 制度输出

在元宇宙制度重构过程中，出现了经济利益与行政权力的高度融合。

回顾国际贸易发展史，从最初以物为核心的简单商品交换，发展成为制度层面的对接，其内在原因就是价值的形式从实体的商品发展为作为制度的价值空间。从近现代世界史可以看出，某些国家通常借助文明输出的形式，在落后国家或地区建立基于自身制度的贸易体系或者贸易条约，实际上就是在新经济体创造新的价值空间，然后通过先发优势或军事讹诈等对新兴价值空间进行掠夺以获得回报。这种制度输出辅以政治或军事手段，就成了某些国家的所谓对外战略。在元宇宙制度重构过程中，原理也与之类似。

（三）元宇宙的心理学分析

在元宇宙经济系统中，为了让消费者达到预期的条件理性状态及分布状态，就需要对形成条件理性的人群心理和人群理性进行结构化分析。以抖音、快手、脸书等社交平台为例，针对消费者的行为分析和心理分析已经成为其后台算法的核心内容。元宇宙经济系统，如果以利益或者效用为导向，其管理过程就会以管理者与管理对象对利益判断或者效用判断的基本心理认知为前提，这就涉及经济学与心理学的结合。

1. 心理镜像

在元宇宙中，制度与制度规定的价值没有实体存在形式，只能存在于每一个社会成员的理性认同或者心理认同中，且被人们进行思辨与发展。当大部分人认识或接受这样的基本规范，实际上就是大部分人在给自己塑造行为规范和价值规范，并且通过代际传播，形成所谓的社会制度或社会价值。我们把社会制度或社会价值体系在个人心中的映射称为心理镜像。基于制度价值论与心理镜像的基本原理，我们就可以解释制度或者价值是如何通过人的理性或心理得以表达与实现的。从理性管理学派的视角出发，我们就可以认识到对理性的管理目标是要达到需要的条件理性，而其高级阶段就是对制度价值与心理镜像的管理。

将制度心理学应用于元宇宙，可以构建很多应用场景。例如《王者荣耀》将不同的皮肤设定为可以体现一个人的财富、能力和竞技技巧，运用用户的攀比心理刺激其氪金。元宇宙还运用现实宇宙中的镜像心理，让消费者形成对元宇宙社会中数字价值的追求。再如在元宇宙场景中设计责任分散效应，构造不同场合人们采取的不同援助行为。事实上，元宇宙的设计者或者超级管理员，宏观上可以对玩家的制度心理也就是价值测度空间进行设计与管理，微观上可以依托数字技术手段对每一个玩家的条件理性或条件感性进行精准管理，最终通过分布效应分析法对管理目标进行测度、分析与判断。

2. 理性阻断与心理折射

制度或者价值测度空间本身就是元宇宙进行条件理性管理的重要条件。一方面，在不同的制度环境下，理性判断会大不相同。例如，在元宇宙游戏中，或者在现实赌场中，人们非常容易受到蛊惑参与博彩，正常的理性人是不会豪赌的。另一方面，即便是相同的制度环境，如果测度空间不同，人们的理性判断也不一样。例如，让玩家点燃五十元纸币任其燃烧，看火焰发光，估计百分之百的玩家都觉得疯狂，但是让玩家在元宇宙中花五十元来买一个加能量的救护箱以继续游戏，估计很多玩家觉得很正常。

这说明，人们的心理与理性会因为制度与测度的变化产生判断偏差。在元宇宙中，数字商品形态变化的直接表现就是测度变化，这将直接产生心理判断或理性判断的隔断，也就是心理阻断或理性阻断。一旦消费者出现心理阻断或理性阻断，在元宇宙中就可以引导他们采取不同的行为策略。

在元宇宙中，心理镜像的一项重要应用就是进行心理折射，特别是数字化折射。我们将在元宇宙制度内化为消费者的内在理性之后，对消费者内在的心理或理性进行解构、表达与重构，从而以数字产品、数字服务或者软件服务等形式把消费者心理再次外化为可控的制度形式，这样的理性管控过程称为心理折射。简言之，元宇宙对消费者心理和理性进行了价值空间重构，同时在这个过程中又对应建构了新的制度要素。

传统的心理折射是影视作品或者热门歌曲中的文字描述，重构了人们的理性或心理，从而虚幻出人们的价值导向和条件理性。在数字经济时代，离散的个体在网络交往及信息交流中逐渐形成数字化生存的性格，逐渐适应数字经济社会中的生活与工作。在元宇宙中，对消费者的心理镜像进行数字化模拟与调整，就是以虚拟场景或建构场景来折射消费者的价值体验，从而管控消费者的条件理性分布。这意味着，元宇宙中的理性管控产品会越来越多。比如《刺激战场》游戏，虚构了战场和个人特种兵身份，战斗场面看起来令人惊叹，其实玩家仅仅是动了动手指。同样，微信、抖音等社交平台带来了全新的交友空间，人们在虚构环境中构建社交关系，进而通过信息交互直接影响现实交友。

3. 心理补偿与理性重构

目前个人的终极需求，也就是自我实现需求成为元宇宙中精神产品生产和供给的主要方向，也是理性管控的主要目标。大部分自我实现可以通过心理镜像折射进行数字化模拟，但是这样的理性管控实际上是一种精神慰藉。这样的精神慰藉建立在结构化镜像折射基础上，既要重构符合社会制度规范的价值观，又要构建新的制度价值从而派生更多具有溢出价值的相关服务或产品。我们把这样的基于产品与服务的价值重构与价值溢出定义为心理补偿。

元宇宙的网络镜像具有泛中心色彩，因为每个个体都可以通过元宇宙与世界任何一个其他个体零距离接触，这是在传统媒体时代难以想象、更难以实现的。每个人的心理镜像与他人的心理镜像，在现实或者虚拟空间中通过心理折射形成了自我与他我的博弈，从而形成了与现实不同的阶级划分。在这样的网络空间或者更广泛一点儿的数字空间里面，制度心理乃至条件理性会根据心理镜像的建构、心理折射的表达与心理补偿的互动等，而得到不断的迭代与重构。我们把这种制度心理与条件理性的重构过程定义为理性重构。

对组织理性的管控过程，类似于对个体理性的管控过程。群体中一样具有制度心理、条件理性、镜像心理和心理折射等现象，同样可以对群体理性进行管控乃至重构。这样的重构过程是元宇宙基于理性管控的重要手段，是提供数字产品的重要前提，也是设置或完善元宇宙组织目标的必然过程。

三、元宇宙的方法论：宏建构主义

我们了解了元宇宙对价值空间的控制、对人类理性和行为的管控，了解了这些管控手段的制度基础和心理学基础。在这些理论与经验基础上，我们如何构建一个符合组织需求或者说群体需求的元宇宙经济体呢？应该秉持什么样的基本方法论呢？

（一）宏建构主义与元宇宙的结构

什么是建构？简单地说，就是根据你的目的和已有的条件，人为设计、展现一个新的产品出来；既是人为的，又是具有目的性和价值导向的。生活中最常见的例子是各种美图软件。

从计算机语言角度来说，元宇宙本质上是一种程序给定的"类"。从技术层面上讲，元宇宙系统是建立在算法基础上的分布式数据处理平台。在计算机语言中，宏定义是确定全局变量类型的重要预处理指令。有了最基础的宏定义，整个元宇宙的构建才成为可能。我们把这样的基于宏定义的系统构建方法称为"宏建构主义"。

无论是实体经济结构，还是虚拟经济结构，最终传递的不仅是自然价值或者数字化的自然价值，更为重要的是社会价值，特别是数字化的社会价值。不是说《王者荣耀》里面某把刀多贵重，而是这把刀一定是特定人群才可以拥有，体现玩家的社会价值。自然价值与社会价值的融合形成了经济结构的不同特征，所以游戏用数字化的产品交易来满足玩家的社会价值获得感。

社会价值体现为对整个经济社会的秩序重构，具有内生性。所以玩家喜欢组队，喜欢和装备好的或水平高的人组队；当然，游戏系统中也会有机器人冒充玩家，让大家感觉自己有成就感。比如《和平精英》游戏中就有机器人玩家，目的是让玩家获得成就感。而自然价值体现为整个经济社会的原始物质属性，具有外生性。这样的自然价值，有时候用金钱衡量，看你买的装备；有时候用技能衡量，看你的层级；有时候用时间衡量，看你玩游戏的时间。

在现实宇宙中，自然属性要符合基本的自然规律，体现为各种科学原理和定理。但是在元宇宙中，这两种属性基本都是人为建构的。构建元宇宙时，在自然价值方面，为避免与人的直觉相悖，强调对现实宇宙基本定理的平行对应，也就是孪生，对应拓扑关系结构；在社会价值方面，强调建构主义的指导，强调经济体的主动性在建构元宇宙经济系统过程中的关键作用，从而构建新的主观价值与消费，这就是数量测度和顺序测度，也就是数量关系结构和序数关系结构。

要研究一个经济体的经济结构或者产业结构，首先需要确定所研究对象是什么，把对象进行高度概括乃至抽象为经济要素或符号等，从而构成一个集合。无论是明确的要素集合还是把要素集合作为隐含的前提，只有确定了集合才能进行建模分析。我们进行经济结构分析所参考的基本数学思想和具体数学工具，来自布尔巴基学派构建的现代数学，而现代数学就建立在集合论的基础之上。因此，在经济要素集合的基础上，我们把元宇宙的结构分为如下三大基本类型。

一是数量关系结构，也就是代数关系结构。数量关系结构用于刻画经济要素集合中各个经济要素之间关于时间、资本、生产、消费等各种数量及其关系，是代数结构的直接应用。一般代数结构有群、环、域、格、模、域代数和向量空间等。比如区块链就是典型的加密算法，应用到了一般代数结构。虽然区块链是开放的，其基本原理却是基于群理论的。通过这个非对称加密系统，我们可以在区块链上开发各种数字加密货币，包括原生币和代币。原生币包括比特币，拥有并使用自己的主链；代币则是依附于现有的区块链，使用智能合约来进行账本记录。代币又可分为同质化和非同质化两种，非同质化代币，即 NFT，我们可以通过算法确保这是唯一的、不可拆分的代币。但是，仅仅确定了货币的机制，就能确定元宇宙的社会经济系统了吗？显然还远远不够，因为所有社会经济系统，必然与人相关。只要与人相关，就会出现众口难调的现象。这就涉及人类的偏好，专业术语是序数关系结构。

二是序数关系结构。人们的经济活动不仅关乎自然价值，还关乎社会价值。有人的地方就有江湖，有江湖就要讲究江湖地位，这个地位就是排名问题。关乎社会价值的一般用序数关系表达，在社会管理层面上表现为对人们行为秩序的法律约束与行为规范，在微观层面上则表现为人们需要获得尊重、奖励与认可等。因此，序数关系结构可以用于刻画社会秩序和行为偏好。序数关系还可以刻画文化的经济内核，体现为文化对人们世界观与价值观的影响。文化引领消费者的价值取向，价值取向或者效用排序不同，最终消费者的经济行为也不同。这些都是元宇宙要做或者正在做的事。继续以 NFT 为例，腾讯音乐发行黑胶 NFT，路易威登引入 NFT 游戏等，都代表了典型的数字化消费潮流，都是基于品牌等偏好的序数关系结构。

三是拓扑关系结构。如果我们更多地关心经济要素之间的连接关系，而不考虑连接的距离和成本，主要研究结构是如何连续变化同时又保持性质不变（或者如何改变）的，就对应了拓扑问题。与数学中被称为瑰宝的"拓扑结构"相对应，我们称这样的经济结构是拓扑关系结构。它是在经济要素集合的基础上由要素集合及集合上的拓扑关系组成的，如拓扑经济空间、经济度量空间、要素紧致集等。20 世纪 30 年代以后，数学家提出了许多拓扑学概念，比如一致性结构、抽象距离和近似空间等，都可以作为元宇宙经济结构分析的重要工具。数字孪生就是现实世界在数字空间中的拓扑关系结构。最直接的一对一拓扑，就是元宇宙中具有稀缺性的 NFT 与现实世界中的产品之间建立起对应关系。元宇宙的很多宏观经济问题，本质上就是拓扑关系结构。例如，对于一个成熟的元宇宙创业团队来说，其成员可否基于原先的合作关系驾驭新元宇宙商业项目？如果不能保持原有合作关系（也就是拓扑变化时属性发生变化），就会导致原有组织结构或原有成员合作关系的破裂。这也是为什么有的企业多元化经营能够获得成功，有的企业多元化经营之后破产。同样的道理，如果元宇宙要进行并购或者拆分，或者要进行机制改革，就要充分考虑拓扑关系结构的稳定性问题。需要找到合适路径，达到拓扑变换、属性不变要求，也就是维持元宇宙经济生态和社会生态的稳定性。因此，通过拓扑关系结构，可以研究一个元宇宙组织的完备性、环境适应性和任务匹配性，也可以研究元宇宙规则变革在新形态下的适应性，以及研究元宇宙不同版本在不同环境、不同政策与不同数字产品方向下的组织应变能力。在元宇宙时代，网络交易、网络社交、网络舆情是典型的拓扑关系结构。互联网带来的空间零距离、信息零成本、社交跨国界，使人与人之间构建的经济关系、信息关系、社交关系成为典型的拓扑关系结构。在数字经济背景下，在考虑许多经济现象可能存在基于数字网络的拓扑关系结构的同时，还要充分考虑可能存在的数量关系结构、序数关系结构。

以上三大基本类型关系结构的变化、复合、交叉又可以形成各种各样的元宇宙经济结构。例如，在序数关系结构中，定义理想作为偏序关系集合的一个特殊子集，还可以把理想概念推广到数量关系结构中，称之为分式理想结构。同样，经济要素集合的序数关系结构可以变化导出一种拓扑关系结构。

目前元宇宙平台背后的各种生产函数、人工智能算法，特别是针对元宇宙的虚拟产品生产的各种拟合计量方程，处处体现着"定义—构造—验证—应用—修正"的宏建构主义思想方法。所有对元宇宙的构造，不是为其他生物服务的，而是为人类服务的，要以人为核心，构建良好的数字元宇宙社会与经济生态。人类自身也会随着元宇宙的发展而动态发展。因此，我们要用动态的思想去了解人类的需求，构建出符合时代需求的元宇宙经济体。随之而来的一个问题是，在元宇宙时代，人类自身发展会呈现什么重大变化呢？

（二）蚂蚁效应与人类群体智能涌现

我们看元宇宙，不要仅仅看到各种先进的技术门类和数字化产品。先进的技术门类和产品固然重要，但终究只是实现元宇宙的手段。我们认为，元宇宙在本质上是人类第一次拥有社会学意义上的群体智能。

1. 蚂蚁效应与群体智能涌现

对元宇宙经济系统的分析，离不开研究个体理性与集体理性之间的关系，这是行为经济学、组织行为学、博弈论等经济学科重要的研究范畴。从仿生学或者生态理性角度研究人类社会个体与群体之间行为关系比较知名的名词是羊群效应（Herd Effect），其核心观点是个体理性会因为从众行为形成群体无理性。

人们在决策过程中会因为信息有限与从众惯性而对他人行为盲目模仿。比如数字货币被炒作，很多人跟风行动，然后被强行平仓。

羊群效应仅仅刻画了个体理性导致群体无理性，也就是个体自以为理性的行为决策，结果导致了群体无理性的结果。但是，是不是还有一种可能，个体无理性导致群体理性呢？也就是个体的无理性决策行为，却产生了群体的理性结果呢？答案是，有的。蚂蚁效应（Ant Effect）就是群体智能的典型表现形式，是与羊群效应相对应的另一种群体心理表现，可以帮助揭示在个体理性有限存在的基础上如何构建群体理性，也是元宇宙管理中需要注意的一个重要方面。

在元宇宙时代，人类的个体行为更容易产生自发秩序。蚂蚁通过简单信号的传递与反馈自发集聚。在集聚过程中，传递的信号会在聚集度相对高的分布空间中得到附近蚂蚁的响应，从而产生信号的累加效应。信号越强，则信息反馈越强，汇聚的蚂蚁越多。因此，在信息正常传递、正反馈和有限区域的条件下，个体行为可以形成群体的集聚效应。以产业的集聚效应为例，最典型的当数美国硅谷，聚集了几十家全球IT巨头和数不清的中小型高科技公司。再比如浙江的小家电、制鞋、制衣、制扣等行业都聚集在特定的地区，形成一种地区集中化的制造业布局。除此之外，蚂蚁效应也可以用于企业内部的合作与分工，通过这种效应，我们可以在某种程度上对组织中知识的传播和共享进行一定的控制从而形成人力资源调配机制。当然，简单聚类还不足以构成蚂蚁社会的基础，蚂蚁通过简单信息反馈还可以形成处理复杂问题的能力，比如用以解决路径选择和优化问题的蚂蚁算法，完善了人类的运筹学理论。

蚂蚁效应，就是在社会化群体中个体相对简单的无意识或者无理性行为，可以通过交互协同形成相对复杂的群体意识或者群体理性。蚂蚁效应所代表的群体分类与群体智能，不仅描述了简单子系统与复杂系统之间的内在关系，而且给出了个体理性到群体理性的演化机理，特别是个体的无意识如何逐步演化为群体的有意识，形成诸如内部分工、外部扩张以及蚁群分居等群体理性行为。蚂蚁效应可以看成分析人类群体行为的解释性原理，也就是说人类个体的无意识行为完全可以形成包括群体分类、群体智能在内的群体意识或者群体理性。

我们把上述种种基于简单个体的交互作用而构成的群体意义上的行为能力称为群体智能涌现。

蚂蚁并不具有社会分工与协作等高级社会意识，更无法通过个体意志构建社会属性与社会职能。但蚂蚁社会中群体分工与协作客观存在，是无数个体之间无意识行为所形成的群体形态。因此，蚂蚁效应就是离散化个体有限意志通过结构化质变形成群体意识。这与当前人类的数字化生存状态极为相似：个体分散在世界各个角落，通过网络发生关联，信息在个人终端进行收发与处理，而且每个人几乎都蜗居或者"宅"在有限空间。

当人类的社会形态与蚂蚁社会在结构上深度趋同时，蚂蚁社会中的很多现象就在人类社会中出现。例如寻找稀缺资源，可以通过个体之间的信息接力与发散性传递而被迅速定位。对于社会性问题的认知，会在虚拟空间中形成基于不同观点的集聚效应，这种集聚也会随着群体的扩张而逐步分裂。同样，基于蚂蚁效应形成的群体流行趋势与群体消费理性，可以对日常消费品行业产生影响。另外，对一些重大疑难问题，诸如临床医疗和设备检测，可以通过跨区域协助等形式汇集个人力量，以集体智慧的形式予以解决。

2. 蚂蚁效应与数字经济

蚂蚁效应对现代经济发展具有极其重要的参考意义，特别是随着人的理性被现代科技智能逐步逼近与超越，蚂蚁效应所揭示的群体理性可以在新经济时代得到更加突出的体现与应用。基于互联网和大数据技术，信息、网络与社交自媒体的飞速发展，全球各个角落社会个体的不同声音得以分类、汇集和放大。这种信息表达在发展初期可能是无序的信号、微弱的反馈、有限的自媒体空间，然而可以迅速地形成蚂蚁效应，产生聚类并构成主流群体意识与一致行动。

蚂蚁效应的一种表现是可以通过个性诉求的网络行为来影响市场的有效供给。以手机或空调的网络定制为例，基于网络进行客户自定义的精准营销，通过用户个性化定制的形式汇总成为批量化订单，厂家避免了库存积压，后期渠道费用减少，可以达到降低成本的目的，最终利好消费者。对厂家而言，虽然客户的个性化需求杂乱无序或者与理性无关，但汇总聚类之后就成了生产的群体意志表达——订单数量、批量类型。

蚂蚁效应的另一种表现是社会个体的简单行为可以汇总，形成行业分类和宏观政策变革。以打车共享软件为例，原本简单的基于闲散社会资源的共享经济商业模式，使汽车服务行业产生巨大变革。由于打车共享软件调动了闲散车辆资源，逐步形成了庞大的社会个体聚类乃至产生了新的行业分工，给出租车行业带来了革命性挑战，国家在运营车辆管理方面也进行了调整。这样的行业分工和宏观政策调整，就是蚂蚁效应形成的群体理性结果。

此外，蚂蚁效应还可以解释社会个体的杂乱观点如何通过交互作用形成强大的社会舆论或社会影响力。例如抖音原本的出发点是个性化表达和展示，但很快就产生了集聚效应，例如产生了各种大V，由此带动了广告行业和微商群体，并由于利益逐步汇总而产生了粉丝经济，同时出现了基于层级联动与粉丝交易的市场规则。这样抖音就由大量播客群体的个体无理性行为——多样、随机、无序、反馈——形成了一个具有庞大生命力、市场影响力和社会影响力的群体理性结果（见图2-4）。

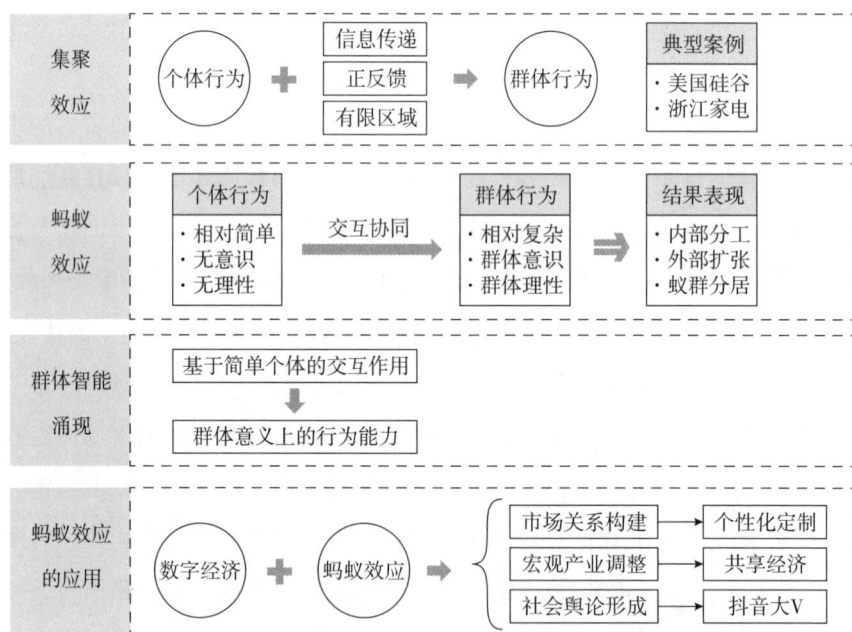

图2-4 蚂蚁效应与群体智能涌现的应用

以上讨论了数字经济下的蚂蚁效应及其应用，包括市场关系构建、宏观产业调整和社会舆论形成等一般不是先期有意识的行为安排。作为社会的个体在信息传播过程中对信息的选择、采取的作为以及行动的空间或许都是有限的、微不足道的，然而最终却形成了群体意识，这就是个体无意识形成的群体理性。群体理性形成后反过来再影响个体——强化原有共同认知、影响不同认知，反复多次反馈形成了群体性认知，从而成为群体理性的宏观表达。

（三）数字经济变革与理性管理学

元宇宙体量比较大，涉及游戏、办公、社交等很多领域。那么元宇宙有没有一些具体的共性呢？有没有什么每天都要思考、每天都要做的事呢？

一个元宇宙社会经济系统得以正常运行的首要前提是拥有一定的注册用户以及这些用户保持一定的活跃度。元宇宙需要鼓励新用户注册，激发已经注册用户提高交易频率与交易强度，实际上就是要了解这些用户的心理特征，必要的时候抓取他们的行为数据，进行精准投放，甚至通过不间断的特定信息推送，影响并管理用户的消费习惯。这些就是目前元宇宙每天要思考、每天要做的最重要的事。若是不了解注册用户的消费心理，元宇宙的收益就会受到重大影响。

但是，目前主流的经济学与心理学的理论前提，都认为人的理性是不可以干预的。实际上，人的理性是可以量化、管理和建构的。如何量化，量化之后如何建构以达到数字管理的目标，这就涉及理性管理学的研究内容。对个体理性与群体理性的理论构建，主要源于数字经济的变革。

1. 数字经济变革

元宇宙对经济和政策的影响，要比人们普遍认为得更深入、更广泛。元宇宙会影响当代每一个人的生活，特别是年轻一代的生活方式、消费方式、思维方式。数字网络空间成为各国政府监管的重要领域。但以社交平台、虚拟现实、5G 网络和超级算力为代表的数字科技发展超越了监管的发展，因此留下了一些空白，元宇宙则发展迅速，其对社会、组织和个体理性的管理能力达到甚至超越了传统行政力量的广度与深度，推动了通过政治手段达到组织目标的重大社会变革。最直接的表现就是元宇宙借助科技力量与数字趋势展开社会动员，而且其动员完全是低成本而高效率的。

元宇宙概念的兴起，代表人类彻底进入了二元世界，一个是侧重于物质的现实世界，一个是侧重于理性与精神的"虚拟世界"。而数字经济的不确定性，使人类进入了碎片化、充满不确定性的后真相时代。这就给元宇宙构建认知空间也就是理性空间创造了机会。因为在数字经济变革时代，我们无法判断对象和目标，甚至无法判断自己的理性是否是真的理性。根源就在于理性存在的前提——资料的占有、参考对象的选择、分析算法或者分析工具的使用等都是不确定的，而且是被元宇宙等大数据机构所控制的。这样的控制就是元宇宙泛政治化的重要表现，是前所未有的大变局，这对管理学构成了重大挑战。

元宇宙的去中心化导致的泛中心化，使传统权威的确立失去了标准，而新兴元宇宙构建的数据中心成了新权威机构。同时，由于个人偏见与网络推送形成的循环，导致个人偏见强化，结果造成了一定范围内真实与认知的背离。社会、组织与个人的理性失去了政府给定标准，对真相的判断失去了权威中心。如各种 App 影响个人用户或者机构用户对信息的收集，从而影响个人用户或者机构用户的决策。

元宇宙管理实践中突显的对个体理性和机构理性各个层面的影响和管理，是时代发展、科技发展的结果，也是我们提出理性管理学的事实基础。

2. 理性管理学的内涵与外延

在元宇宙的时代背景下，组织与机构管理将面对与传统管理完全不同的巨大变革：员工随机性、流动性强，可以分时办公，可以异地、跨区工作；项目分散化，主要载体数字化，收入来源互联网化；传统企业基于元宇宙开始的数字化转型，大量数字化企业应运而生；手机人或者信息人甚至元宇宙虚拟人将逐步成为社会主体。元宇宙导致了管理变革，这种管理变革既有积极的一面，也必然在人、领导、文化和组织模式上受到抵制。当前管理学的发展必须超越过去的对人的外在管理、对事物的过程管理、对技术的应用管理，乃至于超越对目标的管理。

理性管理学，旨在在社会经济离散化发展的背景下，通过对社会、组织与个体的量化理性进行全面解构、条件化管理与深度博弈，从而规定管理对象的条件理性与制度心理，最终通过对理性的解构、表达与重构实现管理目标，通过理性分工、理性协作提高理性活动效率。可以说，理性管理理论是建立在后古典经济学的量化理性的理论基础上，是结合元宇宙的具体实践，对当前理性管理行为进行的概括提炼与经验总结。

理性管理理论体现在对元宇宙所有参与方乃至潜在参与方的理性的全面管理，无论是个体理性还是机构理性，都是对传统管理学的重要变革。其核心在于对理性要素的全面管理，通过影响理性决策依据、过程与预期，实现管理目标。数字理性不仅管理员工，还管理客户、舆论，管理社会其他人员；管理所有直接与间接会员、直接与间接组织。

从乐观的角度来说，元宇宙通过对直接和间接会员的理性管理，可以解决当前的全球问题，包括处理社会问题、组织问题和个人发展问题，也包括新的全球问题，涉及数字经济、网络空间、虚拟金融、跨界资本、科技陷阱等。新加坡电子杂志《思想中国》认为，元宇宙提供了一个非常好的实验机会，以改善甚至彻底改变当前的全球治理体系，甚至会有基于去中心化自治组织（DAO）概念的"虚拟国家"出现。在元宇宙中的全球治理方法，也可能被借鉴到现实世界中。

从审慎的角度来说，元宇宙对直接和间接会员的理性管理，可能产生全新的、无法解决的全球性问题，元宇宙带来的这些全球性问题，只有在元宇宙世界才可以彻底解决。比如比特币，虽然成为个人和企业承认的交易等价物，但由于脱离法币管理，很快就会涉及税务、法规问题。更为审慎地说，元宇宙"虚拟政府"对会员的理性管理，一方面可能使人类理性受到极大约束，比如说决策数据和决策信息的平台垄断和歧视性、选择性公开，导致会员决策产生偏差；另一方面，会员理性的无序化发展可能会导致错误思想、偏见误解的扩散，最终使得社会非理性现象不断出现。当然，对元宇宙"虚拟政府"而言，非理性行为的不断出现，可以创造大量的商业机会。

第二篇

元宇宙经济学理论

元宇宙这一新兴领域为经济学带来了变革与创新内涵。元宇宙经济学不仅涵盖技术基础设施、资源配置机制、创新动力源泉以及文化属性等多个层面，更应探讨技术革新如何改写经济规则和社会结构，特别是在元宇宙这一特定环境下，技术与经济、社会之间的共生互动关系达到了前所未有的紧密程度。

科技创新在元宇宙中扮演着至关重要的角色，它不仅重塑了传统的经济形态，更是催生出一种全新的经济运行方式和人类生活方式。尤其值得注意的是，元宇宙经济的动力，很大程度上源自人类源源不断的创造力和创新潜力。因此，推动元宇宙经济向前发展，核心在于有效激发并利用这些创造力，以实现经济体系的升级和优化。元宇宙经济学的基本理论，应该包括其独特的资源配置方式、创新动力机制、文化属性影响及其对人类创造力的依赖与催化，为我们提供理解和驾驭这一新时代经济形态提供有力的理论支持与实践指南。

第三章

元宇宙经济学理论框架

在元宇宙的经济版图中,我们不禁要问:脸书、抖音等巨头企业如何借由元宇宙跃升为全球资本帝国,其成功秘诀是否只在于技术创新?现代经济学的传统理论框架在面对元宇宙经济现象时显得捉襟见肘,无法充分解读这些现象背后的深层逻辑,也无法为构建元宇宙经济系统的顶层设计提供有效的理论指导。因此,深入探索数字经济时代元宇宙经济活动的实际问题与解决方案,不仅是现代经济学理论体系亟待创新的紧迫课题,更是我国智慧输出、理论创新的重要窗口。

元宇宙时代的经济学研究已经跨越了单一的技术与手段层面,呼唤一套更加系统化、完整且内在一致的新理论框架。这一创新框架不仅应能够适应元宇宙经济活动中资源分配、价值创造、产权界定等全新特点,更要能够驾驭技术进步所带来的经济行为与社会关系的深刻变革,从而为理解和掌握元宇宙经济系统的运行规律、组织模式以及其对全球经济格局的深远影响提供有力的理论支持。

一、从古典、新古典到后古典的现代经济学

根据发展脉络，现代经济学可分为三个阶段。第一阶段是以研究农业和纺织业大生产为主、以满足温饱等人类基本需求为出发点的古典经济学；第二阶段是以研究工业化大生产为主、以拓展人类发展空间为出发点的新古典经济学；第三阶段是以研究数字信息为主、以实现人类自我价值为出发点的后古典经济学。三个阶段的经济学各有特点（见图 3-1）。

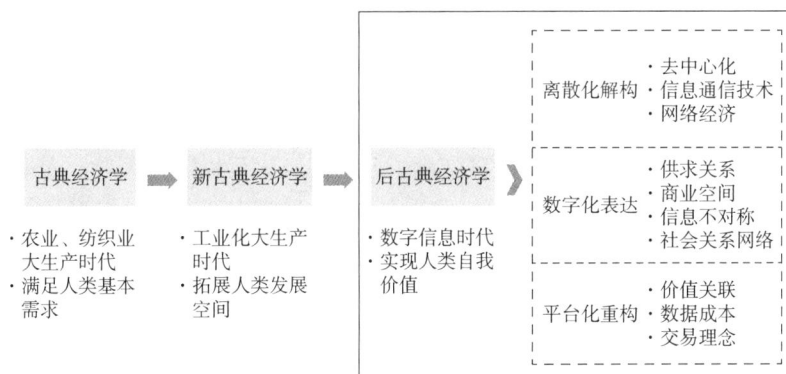

图 3-1 现代经济学发展三阶段

第一阶段的古典经济学，面对的是农业、纺织业大生产时代，这个时代的科技发展，解决了人类的基本生存问题，即温饱问题。在这个时代，经济学要考虑的主要是物质资源的稀缺性以及解决稀缺性的手段问题。由于没有认识到社会资源的稀缺性，所以经济学家只能在物质层面寻找答案。

第二阶段的新古典经济学，面对的是工业化大生产时代。这个时代的科技发展主要解决人类的发展空间问题。以电气化为特征，航空、航天、航海和汽车工业等方面的技术突飞猛进，人类的触角延伸到世界各个角落。物质资源的稀缺仍然是经济发展的主要问题。但是，这期间诞生了知识产权法，包括专利法、商标法等，社会资源的稀缺性已有了价值体现。专利或者版权等本质上是

世俗权力赋予的稀缺性，通过世俗暴力机关进行维护。对专利权等知识产权的冒犯，其实就是对社会资源的冒犯，最终就是对社会权力的冒犯。这是新古典经济学时代关于稀缺二元性的最直接的经济表现。可惜的是，虽然有很多人在进行这方面的研究，研究成果也可以说是汗牛充栋，但很少有经济学家意识到以稀缺性为出发点去探讨产权的内核在于一种社会规定。

当前的大学教科书里面，经济学是研究经济活动及规律的学科，研究的主要问题是如何利用稀缺资源生产有价值的商品。但元宇宙时代经济要素发生了变化，稀缺资源的前提假设发生了变化，从而导致经济活动和经济关系也发生了变化，甚至规定连稀缺性本身都是一种经济活动。

处于第三阶段的后古典经济学，面对的是数字社会的兴起。当前这个时代，发生了计算机科学革命，网络、大数据和物联网等引发了巨大的社会变革。这样的变革基于对社会的传统形态进行解构、表达与重构，形成了崭新的数字社会。在数字社会中，得益于信息技术的发展，生活更加便利，问题的解决更加快捷。后古典经济学给出了数字经济特别是元宇宙经济系统发展的三大范式，即离散化解构、数字化表达和平台化重构。首先，离散化解构对应网络经济学，通过互联网、物联网、移动通信等手段和工具，把整个经济社会的自然价值与社会价值进行细分，这是元宇宙对现实生活进行镜像映射的基础；其次，数字化表达对应大数据经济学，借助大数据、电子信息对传统经济要素进行重新描述，通过一定的数据结构进行各种应用方式的表达；最后，平台化重构对应平台经济学，通过新型的平台模式对传统的经济行为进行新的价值挖掘与模式构建。

数字经济时代同样带来了巨大的社会变革和思想变革。在这个时代，企业的边界不但模糊了，而且形态也从实体企业变成了手机界面上的数字图形。数字时代，我们需要认识这个世界的工具，最好是系统性的认知框架。当元宇宙汹涌而来时，人类甚至出现了某种程度上的认知空白，而填补认知空白的元宇宙知识又往往局限在技术支持手段分析上，缺乏从人自身或者从社会学、经济学角度的深度分析。

填补空白就是后古典经济学要做的事情，其理论体系可帮助我们更好地理解元宇宙的原型原理、组织模式和系统构建方法。

二、元宇宙需要后古典经济学的理论创新

（一）传统经济学无法从理论上解释元宇宙

平台是元宇宙经济系统的核心，它们原本以社交、电商、娱乐等形式潜伏在各个行业中，直到 2021 年突然被称为"元宇宙"，形成了统一的、具有强大影响力和典型平台特征的产业群。

获取利益是目的，平台是核心模式，技术则是达到目标的手段。从经济系统来看，元宇宙是多种现代高新技术（包括但不限于通信技术、信息技术、计算机技术、智能技术）相互促进、相互影响后形成的综合体，因此元宇宙的投资者已经涉及各个领域，特别是相关行业的头部企业都已经开始对元宇宙进行投资和布局。同时，元宇宙的平台上会寄生大量的元宇宙服务商。

因此，我们要了解元宇宙的经济学原理，首先要了解以平台经济、大数据经济、人工智能经济为代表的经济生态系统。

元宇宙构建了虚拟的平行世界，现在很多经济学家用镜像思想来思考问题。比如，他们会认为，既然现实世界中的经济活动包含生产、分配、交换和消费四个方面，那么在元宇宙的映射中，原理也应该是一样的。从数字内容的生产到最终的消费，交换和分配两个环节是核心。为此，需要建立一系列制度来促进交换的顺利完成，并且将交换所获的价值更公允地进行分配。比如数字货币、金融／支付工具、交易平台、服务组织及区块链技术等共同构成了元宇宙经济系统的"工具层"，帮助元宇宙中的数字产品实现价值发现和交换，并在此过程中降低交易成本，同时保障数字资产和数字身份安全。我们认为，在元宇宙这个平行世界中，不仅需要与现实生活类似的、像镜子一样的生活模式，也需要创新的、符合数字技术特点的崭新经济系统。

还有很多经济学家停留在平台经济学的层面思考问题。平台经济学是中观经济学，属于产业经济学的一个分支。实际上，要理解元宇宙的基本原理与核

心逻辑，仅了解平台经济学是不够的。在新经济时代，我们需要经济学的基础性的、革命性的理论创新，需要新经济理论体系。区别于传统经济学与新古典经济学，我们将这种新经济理论体系称为后古典经济学。

（二）传统经济学无法在实际生活中指导元宇宙

1. 从物质资源稀缺到社会资源稀缺

传统经济学认为，由于存在资源稀缺这个前提，所以需要研究如何对资源进行分配。但在大数据时代，这样想会颠倒因果，因为在元宇宙中，我们玩游戏，能够捡到几把枪、用掉几桶油都是预设的。这些预设对玩家来说是前提，对元宇宙经济系统的设计者来说是结果。在元宇宙中，不仅有自然存在的物质稀缺，还有人为设计的社会稀缺。而新古典经济学的逻辑起点仅仅是物质资源的相对稀缺，没有考虑到社会资源的绝对稀缺。区块链技术的提出，就是为了稀缺性的确权；数字美颜功能，是为了解决美貌的稀缺性问题，若没有数字美颜，就不会有人愿意用虚拟人的身份出现。而"美"这个绝对主观的概念，又与人的理性管理相关，是对人群流行元素的引导。这种引导，难道不是对社会价值的稀缺性管理吗？

2. 从考虑边际效用到考虑全域统计

传统经济学把边际效用作为经济学的研究重点，用边际效用来分析投入与产出的关系。但这种理论并不适合当代社会。例如，投资拍网剧，要做的不是研究边际效用，而是基于概率，对全网用户进行收入汇总，这是积分的过程。所以，后古典经济学提出的分布效用分析法，是对整体数字空间的概率分布进行整体效用分析；而人工智能的应用特别是虚拟人社交，则需根据社区空间进行整体效用分析。虚拟人的复制成本是零，因此不必考虑边际量，考虑全域统计即可。

3. 从服从边际效用递减定律到遵守制度价值论

随着科技发展，传统经济学研究的产品的成本不断降低，并被大家广泛使用，效用服从边际递减定律，比如越来越便宜的手机。但是，在元宇宙中，数字产品的复制是接近零成本的。要想获得权限，就要提高自己的等级。因此，级别才是真正的"产品"，这样的产品是一种制度规定或者说设定。试问，我们可以通过科技发展，让每个人同时升级吗？若同时升级，这个游戏还能体现人的社会价值或者说人的社会差别吗？人与人之间没有了社会差别，这样的元宇宙游戏还有意义吗？显而易见，元宇宙游戏中价值与效用是制度规定的，而不是简单地由生产发展决定的。后古典经济学提出的制度价值论，明确指出是制度规定了价值空间和价值测度。我们在元宇宙中，可以通过数字孪生的形式创建孪生的数字城市。试问，在这样的孪生城市中，难道因为一切都是代码，我们就可以为所欲为吗？当然不是。我们需要确定这个城市的规则，也就是建立各行各业的规章制度。

同理，我们投资元宇宙电影，只会考虑整体收益，然后决定投资还是放弃，而不会进行边际分析。在元宇宙经济体系里，一切是定义的，不是你想干什么就能干什么。你想干什么首先取决于你能干什么，你能怎么干，你干了能怎么样。这些都是代码定义的，或者说是元宇宙的经济系统事先通过制度规定的。个人爱好、个人效用都可以通过理性管理、塑造与强化，然后形成偏好与效用。在制度规定之下，你才有所谓的自由。

第四章

元宇宙经济学认识论

在本章中，我们将深化对第一章所确立的元宇宙思维三大逻辑范式在经济学领域的解读与应用，尤其是在元宇宙经济体系中的具体体现。我们将首要关注稀缺二元性这一元宇宙经济学的基石，它不仅构成了元宇宙经济系统运转的逻辑原点，而且揭示了元宇宙中价值测度空间是由制度规范而非纯粹技术或物质因素决定的。同时，我们将深入剖析元宇宙对用户行为的量化管理模式，其中蕴含的量化理性原则指导着用户在虚拟环境中的决策与行动。此外，效用不相容原理作为个体理性的核心准则，在元宇宙中驱动了多元化的消费需求与社会多样性的发展。最后，本章还将探讨消费性再生产这一现象，揭示在元宇宙环境中，消费者的行为既是消费又是生产，这种常态化的双重身份对元宇宙经济形态的塑造起到了决定性作用。

一、元宇宙经济的解构、表达与重构

当讨论元宇宙的经济系统的时候，我们首先要问，为什么元宇宙能够存在？当说元宇宙是现实世界的平行世界的时候，我们也要问，平行的前提是什么？元宇宙存在的前提，是我们能够将这个世界进行离散化解构、数字化表达与平台化重构。

（一）离散化解构

离散主义是数字经济时代的哲学方法论，其基本思想就是把具有连续性的事物分成有意义的独立事物，甚至细分到比特（byte）。细分到比特之后，就可以重构所有模式。以商业模式为例。传统的商业支付要跑到银行网点、带上银联卡、填写单据等，而今却可以在个体化的手机客户端，通过支付宝、微信钱包、手机银行等实现转账支付，这就是把银行的柜台离散化为手机终端了。过去，我们需要到大型超市去集中购买商品，现在通过元宇宙企业，比如淘宝网、抖音等就可以实现线上购买。一个年销售额达到亿元的大型商业超市，它的表现形式不再是大型商场，而变为单体、电子化、数字化的手机应用软件，这就是离散化的体现。同样，我们以前买火车票需要去火车站，现在则可直接线上操作、在终端机上自助打印火车票，这也是离散化的体现。过去若想让许多人看到某张照片，需要先批量印刷，再分发给众人；现在则可以通过把照片变成数字组合，借助网络一次群发给很多人。这里的照片就从无限分辨率的连续的胶片变为数字的、离散的电子照片。照片发送方法，也从实体传递变成通过网络以比特形式传播，这也是个体活动离散化的典型表现。

因此，离散主义思想本身，就是把人类的经济生活合理地"分割"或"碎片化"，把对"整体"的连续性研究转化为对"个体"的离散化研究。离散主义就是对整体的解构，从而展示为独立的个体，然后通过汇总个体的情况实现对整体的把握。离散主义就是从离散的角度对社会经济结构进行解构与重构，在现实与虚拟的离散空间中，分析其社会经济要素相互关系的方法论。

（二）数字化表达

1. 定性分析和定量分析的数字化表达

离散化步骤反映了我们看待客观世界的精确程度。实践证明，适当的属性离散化随着属性数目的增长而呈指数级增长，这种指数级增长的数据为现代经济的信息化重构提供了要素和源泉。更重要的是，对事物、行为等进行定性、概念化的描述，也可以通过一定的标识逐渐使模糊性不断显化，使定性描述在一定的路径上不断向精确数据表达靠近并收敛。而所谓的精确数据、定量表达，由于信息噪声的存在，其准确性也需要慎重判断。定性分析和定量分析在大数据时代都向数字化解析、向精确性和准确性靠近，主要表现在以下几个方面。

（1）经济社会的解构：基于离散的视角，表达或解释客观世界，即对物质世界或客观世界的性质与形态进行离散式表达。

（2）信息的获取与传递：对经济社会解构之后的基本要素信息，进行获取与传递，包括对客观世界映射的手段做网络化、数字化处理。

（3）要素的解读与重组：基于价值关联对要素进行解读与重组，包括进行数字化处理与大数据重构。

（4）研究模式或方式的转化：研究对象、手段、方法具有离散性，可结合连续性思维模式或连续性函数建模方式进行研究。

2. 元宇宙应用中的数字化表达

元宇宙应用中，主要涉及供求关系、商业空间、信息不对称和社会利益关系网格化四个方面的数字化表达，借此可以对元宇宙经济关系及相关运行规律做探索性研究。

（1）供求关系的数字化表达。在信息科技革命和网络技术的推动下，以商品交换为基础的市场经济社会各种内在经济关系的产生和表现的方式，也发生了革命性的变化。以往供求关系的表达，多依赖传统商业沟通手段。而当信息化时代各个行业海量数据井喷式产生、传播和进行价值互联时，供求关系的发生已经不再受实际交易双方所在时空的限制。

供求双方商业信息以数字化形式表达出来并通过网络进行超时空限制的扩散，供求双方的商业关系建立在这种数字化基础网络的支撑上，也呈现出离散化的特征。即分散在世界各地的生产厂家和市场需求者，只需要在网络信息集市上进行必要的搜索和对接，就能获取对方信息并与对方发生商业联系（见图4-1）。

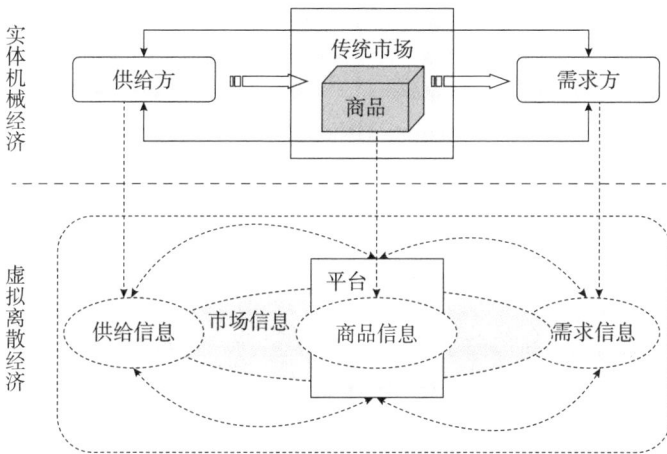

图 4-1　供求关系以及商品的数字化表达

这种汇聚了商品属性和供求关系信息的网络空间，成为现实经济世界的一个离散化虚拟映射体，由此也就形成了全面数字化的虚拟离散经济与实体机械经济的二元互动有机统一的宏观经济系统。

（2）商业空间的数字化表达。元宇宙中的经济平台，在对不同行业之间的技术和信息壁垒进行数字化表达之后，致力于寻找并商业化这种虚拟商业空间各要素的数字化关联，使其成为人类社会新价值的新的重要增长点。这一新的价值发现和变革，在实体或虚拟购物平台及服务平台运营中表现得极为突出。因此，对交易市场、人的公共空间和交流空间的需求都可以部分地在个人空间中实现，就是从整体上实现交易空间离散化，也可以体现在个人生活的离散化上。

（3）信息不对称的数字化表达。在元宇宙这个高度离散化的经济世界中，传统纵向需求的数字化表达及其相关的潜在关系表达，本质上就离散化为经济数据与经济信息。所以，对信息和数据的掌控至关重要。传统市场有效性的基石是信息的充分传递。在大数据时代，市场信息海量喷涌，交易双方可以通过信息技术和网络手段瞬间接触彼此，很大程度上消解了由于传统信息传播速度、程度及范围的有限造成的信息不充分、不对称问题。但海量数据信息的出现，也给市场交易信息的有效传递和理解带来了质量和甄选方面的问题。

在元宇宙中，信息不对称已经不再表现为因信息匮乏而产生的客观经济现象，更多地表现在人类对海量数据信息资源拥有和管理的不对称上，表现在基于信息权属对信息壁垒和主动商业利用的不对称上。这种利用的主要途径就是构建平台、汇聚信息、制定信息传递和使用规则。在此基础上，吸引具化的市场实体，元宇宙企业通过主动撮合市场交易，实现信息关联的价值创造。

（4）社会利益关系网格化的数字化表达。在元宇宙中，供求关系、市场交易机制、信息传播与处理方式、社会利益关系等，都进行了离散化的重新表达和变革，这直接导致大数据经济呈现出有别于传统经济形态的新特征。与经济离散化解构相呼应，元宇宙经济社会的利益格局也被离散化了。在社会机体中，市场交换各方的利益诉求是商业活动产生的基础。这种利益诉求被离散化后，不再表现为固定利益集团的固定诉求，而是以离散化的利益诉求信息为基础，以这些利益信息的关联节点为纽带，形成一张巨大的社会利益关系拓扑网。

（三）平台化重构

随着数字科技的飞速发展，数据量暴增。这些数据不仅能存储和简单管理，也可以通过元宇宙平台，对所有成员或用户的个人信息，对各个层面、各种领域的社会信息，进行分析和数字表达，从而实现最后的重构，即价值提取。在这个具有革命性意义的数字经济时代，经济社会中的人和事物直接或间接表现为离散化的数字关系，最后可能通过信息重构获得巨大的群体性收益。从处理技术上来说，元宇宙平台常用的方法是统计分析，主要是针对这些数据进行挖掘，找出其中的关联性，提取有价值的信息，从整体上对其进行重构。比如，分析用户的网上行为、最近的检索关键词，就可以向其精准推送相关产品；分析玩家对数字工具的使用方法、上网时间和频次，就可以知道其性格特点，精准推送带有某种属性的数字产品，以强化这类用户的欲望。

目前，元宇宙涉及的数字产品重构范围极其广泛，以游戏、电影、社交网络等为代表的数字产品和数字服务供给，成为社会经济的主要组成部分。以脸书为代表的企业，市值迅速超过了很多传统企业。在元宇宙中，数字产品不同于传统意义上的物质产品，因为数字产品可以低成本甚至零成本复制。数字产品的成本除了最初的一次性投入，再生产的边际成本基本为零。消费者在元宇宙中消费数字产品和数字服务，要付出货币形式的物理成本、消耗精神的时间成本。这是在有的元宇宙企业中，看广告、玩游戏也能获得收入的重要原因。

在离散主义新视角下，社会化大生产的重心产生了转移——由物质转化为具有精神效用的数字产品。这些数字产品的物理效用明显弱化，有助于产生精神效用的离散化数字表达是其主要内容。结合马斯洛的需求层次理论，自我超越的价值需求对个人行为具有重要影响。元宇宙提供了这样的机会，可以通过数字化精神产品的供给与重构，增进个体幸福感。

总的来说，离散主义方法论强调经济社会已经从过去的形象化模式，转变为当今数字时代的离散化表现方式。通过离散化解构、数字化表达和平台化重构，元宇宙对社会或交易空间进行数字化表达，形成可塑的数字空间，并逐步演化成现在的元宇宙平台生态。针对不同行业的行业技术，以及它们之间的信息壁垒，元宇宙进行数字化表达与重构，形成了数字关联。这种数字关联正是元宇宙的价值增长点。

二、稀缺二元性：元宇宙经济学的逻辑起点

任何一个经济系统必然有一个逻辑起点，一套完备的理论也应该有个扎实的逻辑原点。实践与理论的起点和原点如果能重合，它们就是可以相互印证的。元宇宙的制度价值论实际上起源于并验证了新古典经济学说提出的稀缺二元性（见图 4-2）。

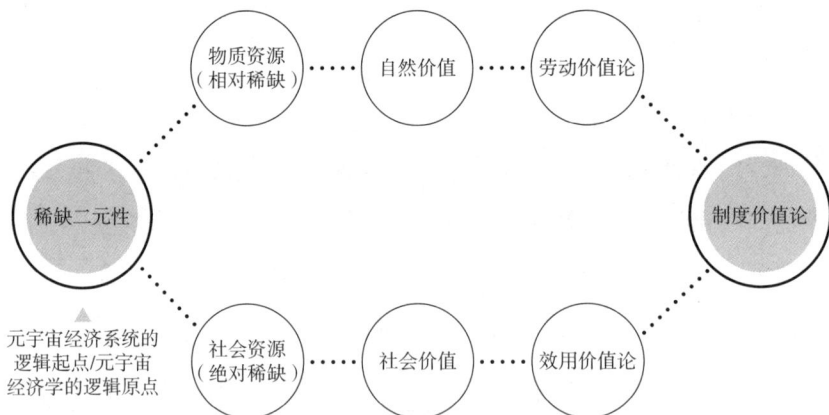

图 4-2　稀缺二元性与制度价值论

稀缺二元性有两个层面的含义——物质资源稀缺性和社会资源稀缺性。数字经济可以推动解决物质资源的稀缺问题，但更多的是要解决社会资源稀缺问题。例如，在元宇宙游戏《和平精英》《王者荣耀》《罗布乐思》中，按道理玩家的等级高低在代码里面就是数字 1 和数字 10 的区别，也就是超级管理员动动手指头的问题。可是为什么要给玩家设置那么多关卡？因为社会资源不能够通过动动手指头来分配。这不是分馒头，馒头是物质资源；这是分等级，不可以随心所欲。因为一旦每个人都作弊，这种等级划分就会失去意义。一旦等级制度被破坏，游戏的社会价值就无从谈起。因此，社会资源稀缺性的问题，是元

宇宙经济系统的核心问题。

（一）数字经济带来的经济学理论创新思考

以元宇宙为代表的数字经济给整个人类社会带来了巨大的影响。曾经的数字存储昂贵无比，现在网络和流量的成本几乎为零。过去看不到的、想不到的完全可以全方位展现出来。以前资料稀少、闲暇很多。现在数字信息已成汪洋大海，我们只能感叹时光匆匆，生命过于短暂。

我们以前难以知晓的信息，现在基本可以零成本获取，比如我们可以使用搜索引擎获取信息。而且，出现了很多新的信息结构，我们必须用血汗钱去购买。比如，你要想在网上玩"斗地主"游戏或《王者荣耀》，想换一个好看的皮肤，就得用钱去买虚拟币或者代币。

如何让信息具有稀缺性？目前主要有三种方法。第一，信息防扩散技术，以信息隐藏技术（"数字水印"）和数字权利管理（DRM）等为代表；第二，以安全多方技术（MPC）、同态加密等为代表的隐私计算技术，让数据"可用不可见"；第三，区块链技术，体现为同质化（Fungible）通证和非同质化（Non-Fungible）通证（分别简称为FT和NFT），区块链的不可篡改和交易可审计等特征，让同质化和非同质化通证等数字符号具备了稀缺性。这种稀缺是从物质角度思考的技术层面的稀缺。比如，脸书发行数字货币的目标是先推动稳定币，然后在全球范围内推动虚拟货币的生态建设。

不过仅仅技术层面的屏蔽是不够的，还需要经济学价值层面的规定。经济学层面涉及的稀缺性规定非常广泛，简单又深刻。我们再看下元宇宙对人类的影响。人类需要数字化生存，一方面，数字化生存离不开衣食住行，离不开正常的农业生产、工业生产与服务业；另一方面，数字化生存又催生了更多富裕阶层，催生了脱离第一和第二产业的元宇宙产业。其实，元宇宙时代的到来，给经济学理论创新带来了全新的机遇。可以将新古典经济学看作局部的、不完备的经济学理论，而从数字经济现象中归纳并发展起来的理论则是新时代更加完备的经济学理论体系。

这样的理论区分主要来源于新古典经济学与后古典经济学的逻辑起点不同。

新古典经济学的根基建立在传统的稀缺性认识论上。新古典经济学始终在研究物质资源的相对稀缺，主要局限在现实世界物质化的产品，研究这些现实世界物质化的产品如何生产、分配、分工等，最终可以通过投资、人才培养、管理制度与科技手段不断克服稀缺性，达到社会化大生产。在这个方面，新古典经济学是成功的。

但是，稀缺性这么重要的、作为整个经济学大厦根基的基础概念，应该被一分为二地重新审视。即使在元宇宙到来之前，人类社会的很多工作，目的和指向并不全是物质价值，往往还有社会价值。比如，人类需要有政治身份，需要功勋和名誉，需要学术地位，需要精神愉悦与自豪感，需要所谓的奢侈品抬高身价等。这些都是对社会价值的追求。这样的社会价值的稀缺性是不可能通过科技手段或者社会分工来解决的。同样，在元宇宙NFT游戏中，比如"钓鱼游戏"，不可能给每个游戏玩家发放成千上万个NFT小精灵进行战斗、繁殖等。为什么？因为社会价值的稀缺性是一种制度规定。一旦放开制度，每个玩家都会有无穷多小精灵。结果是这种元宇宙NFT游戏没有人玩了。所以，社会资源的产生是制度规定的，其稀缺性是绝对的。对社会价值的规定是社会制度的重要内容，也是元宇宙的重要内容。我们都知道，元宇宙中的数字产品成本基本为零，但是只有规定了这些数字产品的稀缺性，才能确定基于零产品成本元宇宙的经济秩序，从而构建元宇宙信用基础，有了信用基础才能构建元宇宙经济系统。

（二）元宇宙经济体系中的"钻石与水"

人离不开水，但是，能用水交换的货物非常有限，而其他货物很容易可以换到水。相反，钻石没有什么用处，但可以用它换来大量的货物。这个悖论最早由亚当·斯密在他的著作《国富论》中提出，也称作价值悖论。大部分经济学家认为，这个悖论要从需求和供给两个方面来解释，即水的价格低是因为其需求价格弹性小和供应充足，而钻石的价格高是因为其需求价格弹性大和稀缺。之后有人继续演绎：在沙漠里，钻石比不上水；在城市里，水比不上钻石。他们说这就是对稀缺性的简单理解，这就是效用价值，和稀缺二元性没有什么关系，和制度价值论更没有关系。这就好比，让一头大猩猩选是要一瓶矿泉水还是要一颗钻石，它一定要水不要钻石。因为，大猩猩融入不了人类社会，钻石的社会价值无法体现出来。

稀缺性的二元性区分了元宇宙中商品或者服务的自然价值与社会价值。对元宇宙虚拟社会乃至现实社会的管理，一定不是简单的数量关系管理。因为人们可以在自然价值方面有相对的、可计算的标准，但是在社会价值方面就只能按偏好排序。具有同样自然功能的数字产品或者实体产品，由于具有不同的社会价值，就形成了市场的不同份额。这就带来了元宇宙产品类型的多样性。从元宇宙来看，数字产品的生产可以是以产品的虚拟形态为代表的自然价值生产，也可以是社会价值生产——比如元宇宙游戏中的各种虚拟职位。

由此可见，价值是自然制度与社会制度在两个属性上的两种规定。在这个基础上，后古典经济学提出制度价值论——一个可以指导元宇宙经济体系建设的重要理论。

三、制度价值论与劳动价值论

（一）元宇宙制度主要规定社会价值的稀缺性

"钻石与水"悖论是经济学一个争论不休的话题。在元宇宙游戏中，只要涉及钻石，即代表很高的价值。其实大家都清楚，游戏中的钻石只是一些数字编码，由商家规定即可。这种规定对应了生活中人们的普遍观点在元宇宙中的镜像。

追根溯源，为什么钻石比水有价值？钻石也没有什么使用价值，更不是生活必需品，可是很值钱；水是必需品，价格却很低。这两者与劳动一点儿关系都没有。在沙漠中，水又比钻石有价值。因此，新古典经济学认为，无论从哪个角度看，价值都在于效用。

制度价值论认为，价值是由制度规定的，劳动是手段，效用是表现。制度价值论可以成为制度、劳动和效用三者统一的基础。制度价值论的理论基础是后古典经济学的稀缺二元性。

稀缺二元性指出，经济学是稀缺资源分配的科学，而稀缺本身分为物质资源的相对稀缺和社会资源的绝对稀缺。物质资源的稀缺性是相对的，可以通过科技手段解决；社会资源的稀缺性则是绝对的，只能在制度规定范围内相对解决。我们认为，构建元宇宙必须通过制度来规定稀缺性。

制度价值论还指出，价值是制度规定的测度空间。制度规定了价值如何测度，规定了价值的属性、单位和结构。只有在基本属性、基本度量单位和基本结构的测度空间内，才可以通过劳动形成价值，才能通过单位与空间去度量价值的效用。

任何价值，只有在规定的单位上才可以测度效用，在制度规定的方向上才被允许创造。在元宇宙中——这个世俗权力还没有完全介入的虚拟空间，元宇宙的投资者可以行使私有化的公权力，通过制度规定价值空间来谋取最大化投资回报。

数字经济时代诞生了脸书、微信、抖音等各种社交元宇宙。这些数字时代的企业的体量与产值迅速超越了传统企业，其根本原因就在于对社会价值的数字化重构。我们可以通过社交软件结识朋友、匿名发表意见、转换不同身份，这都是过去难以实现的社会价值在数字时代的重构。

元宇宙企业可以自己打造虚拟货币或者游戏代币，甚至可以变相收取所谓的元宇宙税和中间手续费。什么样的情感产品是元宇宙公司允许的，什么样的观点是元宇宙企业同意的，会直接影响社会价值判断。它们在宣传什么思想、支持什么民意、扼杀什么观点方面，都具有强大的影响力。现实生活中的各种制度都在这里产生镜像，包括公权力也是如此。不同的是，玩家还是那些玩家，但是收费的主体变成了元宇宙管理层和投资方。

数字经济对价值测度的规定会影响效用。例如，数字经济对社会流行体系的影响、对网络舆情的引导、对个人行为的算法控制，都在影响一个人的效用观。钻石自古就有，而且稀缺性还不如某些贵金属，但是一旦消费者被灌输钻石可以代表爱情和永恒的概念，它的社会价值就突显出来。同样，玉对中国人而言具有很高的社会价值，但是西方社会没有这种社会观念，因此很少有西方人士以佩戴玉器为尊，更难见到他们把玉作为投资品。钻石和玉的不同社会影响范围和不同社会价值认可度，说明了社会习俗等可以构建价值体系，社会效用是制度直接或者间接规定的。

在数字经济时代，我们所构建的价值空间并不是根据使用价值与交换价值重构的，而是根据社会价值重构的。也就是说，在数字经济时代，数字重构更多的是社会价值。数字经济对自然价值有所推动，可以更好地促进工业数字化发展。同时，对社会治理而言，数字经济承载的更多是社会价值重构。我们要正确认识元宇宙在自身管理过程中的制度规定，它们的算法和规则其实都体现出了偏见或者歧视。它们的价值取向，一方面是公权私化的结果，一方面是巨大利益导向的结果。

虽然元宇宙仍处于早期发展阶段，但其"技术特征"和"发展模式"表明，它具有潜在的安全风险。《南华早报》曾发文称，与元宇宙相关的潜在风险包括一系列网络安全风险和"技术霸权"。技术发展较为滞后的国家寻求接入领先国家的元宇宙时将处于不利地位，可能面临歧视性的门槛和要求。较为落后的国家在元宇宙相关技术和产业链上可能存在短板和空白，即便其想通过自身努力追赶，也可能需要承担较高的成本，在此过程中对他国技术和标准的依赖增强。

元宇宙还将对各国的政治制度、经济和社会产生深远影响。例如，它将成为一个国家社会文化的一部分，并对该国的政治文化安全产生潜在影响。这些风险意味着元宇宙的发展需要政府的必要监管和指导。

（二）元宇宙如何对现实世界进行反向控制

当你玩沙盒游戏的时候，你的晚餐不可能在游戏里吃；元宇宙中的虚拟人给你送上虚拟盒饭，解决不了现实中的饥饿问题。元宇宙不能直接替代现实，但可以影响现实，也就是能够对现实生活进行反向控制。

通过制度价值论，我们会知道元宇宙如何对现实世界进行反向控制。制度规定价值，既可以是新制度规定新价值，也可以是旧制度沿袭旧价值。制度往往在继承中发展、在发展中创新。但所有新制度的产生都会遇到阻力，新制度会对旧价值体系进行破坏与重构。这个破坏并重构的过程就是重新确权的过程。因此，元宇宙不仅是技术命题，更要从更宏观的角度来思考问题。

新制度与旧制度必然在社会各个层面发生冲突，旧制度的拥护者必然维护自己的既得利益，无论是实际价值还是心理价值。因此，不少国家禁止了比特币交易，绝大多数国家要求限定游戏年龄范围和设置游戏防沉迷系统。而新制度的拥护者把希望和未来建立在新的价值体系中，必然要努力改变旧格局，形成有利于新生代的新格局。所以，现在很多人到元宇宙中开发房地产，在元宇宙中社交、交易等。在元宇宙中，这些玩家可以规避现实中的管理，其实他们只是进入了新制度空间而已。

元宇宙的出现，实际上给了新制度或者说新的投机势力一个很好的"机遇"。在元宇宙中，某些新的制度或者规则隐藏在游戏或者社交平台后面，不仅规避了现实的监管，而且通过与现实世界的利益交换，让投资了虚拟元宇宙的现实资本在虚拟经济中获得巨额收益。

威利·莱顿维塔和爱德华·卡斯特罗诺瓦合著的《虚拟经济学》一书的核心结论是，游戏中的经济活动与现实经济活动遵循相同的规律。爱德华·卡斯特罗诺瓦教授2001年发表成名作时就发现，如果将MMO[①]游戏《无尽任务》中的北国看成一个国家，其人均收入堪比俄罗斯。两位经济学家认为传统经济学理论依然适用于数字经济，依旧适用于元宇宙。他们认为在元宇宙中，市场这只"看不见的手"依然是有效的。

在数字经济时代，"看不见的手"不见得有效，现在很多市场都是人为创造的，很多市场规则是元宇宙或者平台规定的。交易各方的大多数信息在元宇宙或者平台看来是透明的。元宇宙之所以发展迅猛，就是因为给了新制度很大的创新空间。这个空间里面确定了权属，有了权属就有了交易。这个时候，元宇宙企业就有了收入。

元宇宙的制度建设需要一套完备的基础设施。第一需要硬件基础，比如计算机算力、云存储、5G通信等分布式基础设施，也就是我们国家在大力推动的新基建；第二需要操作系统，比如真实世界与元宇宙之间的接口，AR（增强现实）、VR（虚拟现实）、XR（扩展现实）、MR（混合现实）等；第三需要内容生产系统，包括图形引擎、游戏引擎、虚幻引擎、用户体验转换系统、人工智能生产系统等；第四需要"货币"发行与价值结算系统，不仅包括元宇宙内部交易系统，也包括真实世界和元宇宙之间的交易与"货币"兑换系统。

需要特别重视的是，元宇宙通过上述基础设施可以影响现实世界，因为当前对现实世界的管理就是基于信息的。例如，我们很可能会因为网络评分较高而去看一部非常难看的电影，因为导航没有及时更新而绕路。社交平台上被筛选的信息，会直接影响我们对真实世界的理解。这体现了元宇宙会最终影响现实世界的大趋势。元宇宙企业对现实世界拥有一定的管理能力，已经成为"看得见的手"。

有些经济学家认为，在元宇宙中可以体现出个人自主权力的崛起。创作者经济和影响力经济正在重塑创作者与分发平台之间的利益分配格局，分发平台

[①]　一种大型多人在线游戏。

地位下降。比如，用户在苹果商店中的消费，30% 的利润归于苹果公司，这构成苹果公司的主要利润来源之一。如果创作者能降低对分发平台的依赖，就能获得更大的利益份额。很多人都期待，个人自主权力在元宇宙中崛起，创作者经济和影响力经济规模大到可以重新调整利益分配比例。但只要创作者的数据被元宇宙平台掌握，这种想法就很难实现。

很多经济学家认为，市场和社区的自组织力量将超越中心化企业组织。哈耶克的自发秩序理论认为，内生的、社区式投融资模式的生命力和效力将超过互联网平台。同时，元宇宙中即使存在一些中心化节点，经济活动在总体上也将遵循分布式商业原则，所有参与者都是利益相关者，利益相关者经济是共创共建、逐渐发展成形的。

元宇宙的履约流程中没有中间机构，信任完全依靠程序和算法，价值可以通过智能合约的形式在区块链网络中流通。区块链技术是典型技术，而比特币价格反映了真实世界对虚拟经济体系的认可度。自新冠疫情暴发以来，比特币行情动荡明显加剧，2022 年更是经历了一波疯涨。2022 年 10 月 19 日，美国首只比特币期货 ETF 在纽约证券交易所上线，首年吸引了逾 500 亿美元的资金流入，这意味着人们对虚拟经济逐步建立起了共识。因此，很多人认为，区块链的出现保证了虚拟物品的流转能够去中心化地独立存在，且代码开源能保证规则公平、透明，从而极大降低交易执行时的信任成本，提高资源配置效率。

这显然是一种片面的观点。一边标榜着去中心化，一边却在构建自己的中心，看起来是去中心化，但会对社会产生重大负面影响。以《罗布乐思》为例，你可以在其中自己搞小游戏来收取游戏币，但这种小交易只是在元宇宙大管制模式之下的"小农经济"而已。没有资本的运作，怎么会有这么多人在炒作比特币过程中被收割？

我们来看看《头号玩家》里面的场景是如何变成现实的。《头号玩家》将元宇宙描述为一个终点，同时也是一个关于俘获与控制的反乌托邦过程。在这个游戏中，IOI 是一家公司，试图拥有和控制"绿洲"（OASIS）的服务器和数据库，以获取随意删除用户、访问任何信息、改变规则的权力。我们在元宇宙游戏中体验到的，与广义上的网络有着惊人的相似之处：中心化、封闭、垄断、股东至上、资本中心化，但是用户是去中心化的。在这里，用户为了能够"免费"访问平台，不知不觉中耗费了自己大量的时间，出卖了自己的隐私数据，这种现象已很多见。

虚幻引擎之父提姆（Tim Sweeney）认为，元宇宙将比其他任何东西都更普遍和强大。这就是元宇宙对现实世界的反向控制。任何对世界的控制，都是对人的控制。在数字时代，以元宇宙为代表的数字公司对人的行为和思想的控制已经到了令人难以想象的地步。

四、元宇宙企业怎么赚钱

人性管理或者理性管理是元宇宙的投资回报来源。如何让人们喜欢上虚拟人生？如何鼓动人们使用数字货币？如何在 NFT 等数字资产交易中扩大交易量？如何让元宇宙的玩家带动更多人加入元宇宙？怎么收费能够让玩家觉得合理又无关痛痒？我们认为，元宇宙世界中的管理就是对人性的管理。为什么这么说呢？我们先来看一个案例。

我们以《罗布乐思》为例。玩家需要充值换取游戏中的代币卢布克，这样才能获取《罗布乐思》提供的各种功能，这也是《罗布乐思》的营收来源。那么怎么让更多人心甘情愿地兑换虚拟货币呢？这就要对人性进行管理了，游戏平台往往从一开始就注意培养玩家的习惯。比如在开发环节，《罗布乐思》注重开发者生态的构建。首先，让用户免费听教程，为开发者提供快速入门的教程，告知其如何通过游戏平台盈利，介绍平台开发资源以及游戏社区。这真是手把手教你赚钱，给予"买一送一"般的特别照顾。结合用户低龄化的特征，《罗布乐思》还推出国际性的暑期编程夏令营活动，提供免费在线编程课、收费暑期实习项目等。《罗布乐思》创造了适于任何年龄段开发者的简单环境。

当理性可以被管控时，在理论上我们就要反思：理性可以被量化，也可以被模拟，但是在被刻画、被模拟之前，理性是怎么形成的？对这个问题进行反思，必须站在量化理性的视角上反观其形成的过程，由此可以发现，理性决策的过程同时也是理性形成的过程。

因此，我们认为条件理性是理性管理的重要路径。条件理性是指管理对象的决策行为所依赖的决策环境、决策依据、决策手段、决策算法、决策习惯等要素可以被表达、管理与规定，管理对象的决策目标与决策预期也可以被表达、管理与规定，因而管理对象的理性形成了给定条件下的条件理性。条件理性在传统社会、经济与管理中，主要表现为教育、培训与宣传等宏观社会行为。一般人们所知道的法律教育、行为规范等都可以归纳为对理性的管控。只是因为在过去，人们没有技术手段对理性进行刻画、模拟与直接观测，因此，宏观层面的社会教育、乡规民约就成了形成条件理性的社会基础。

在过去乃至现在，条件理性没有被提出与重视的一个非常重要的原因，就是人们从来没有考虑到理性可以被技术管控。过去这样的技术管控难以想象，但现在已成为现实，而且成为普通公司在"泛政治化"现象频出和数字化社会动员时代可以实现的理性管控。条件理性在数字经济时代表现得尤为突出，在此方面涌现了大量的独角兽公司，如脸书、X等是对交往模式和个性张扬的一种表达与传递，导航和搜索引擎直接垄断了理性决策的基本依据与路径。

五、理性矛盾是元宇宙的多元化基础

人类的理性其实是不可能达到统一状态的。理性矛盾（或叫理性困境）的存在恰恰是理性自身存在的前提。这一节主要讲解效用不相容原理，以及如何利用这个原理构建理性矛盾。理性管理的重要任务之一就是构建理性矛盾，这样元宇宙的存在才有意义。

从稀缺二元性的思路拓展下来，以两分法分析理性现象，类似于把稀缺性分为社会资源稀缺与物质资源稀缺，具体事物的效用同样可分为序数效用与基数效用。这时，我们会发现一个重要的经济现象，即序数效用与基数效用会产生不可调和的矛盾，这就是我们要讲的效用不相容原理。

什么是基数效用呢？比如，获得多少工资收入、赚取多少金币、游戏过关得到多少积分，这些都是可以数量化的效用，我们称之为基数效用。什么是序数效用呢？就是可以排序但不能量化的效用，比如，获得什么岗位、得到什么级别、获得什么特权、取得什么学位，这些都是可以排顺序的，但不可以量化，我们称之为序数效用。在很多现实情况下，社会制度无法使两种效用完全一致。

当针对给定对象的序数效用与基数效用的顺序不一致时，我们称之为效用不相容现象。在这个现象中，个体理性无所适从。效用不相容现象既是社会多样性的起点，也是社会管理的目标，更是元宇宙涉及的理性困境的理论基础。效用不相容现象可以发生在一个事物与一个或多个个体之间，或不同事物与不同的个体之间。例如学者与商人孰优孰劣难以判断，因为学者社会地位高（序数效用）但相对来说收入较低（基数效用）。在很多情况下，商品或服务的自然价值体现出来的基数效用与社会价值体现出来的序数效用会发生矛盾，导致效用组合问题没有最优解。理性决策问题无解或无标准解，我们称之为理性困境。在必要的时候，深度博弈可以通过创造效用不相容的若干事物，容纳理性多元化的需求，例如数字游戏中可以把奖励分为货币奖励与等级奖励，可以使社会地位与物质收益对应于不同的会员等级。因此，把理性困境作为博弈目标正是深度博弈异于传统博弈的魅力之处。

商品或服务的自然效用体现出来的基数效用的顺序，与社会效用的序数效用的顺序发生矛盾，导致效用组合问题无法通过理性来求解。因此，很多现实问题无法理性解决，不是因为理性有限、信息有限，而是因为问题本身没有标准解。元宇宙也是一样，我们要善于设计基数效用和序数效用之间的矛盾，不能搞得完全数据化，不能仅用基数效用来规范一切。

以元宇宙游戏为主题的电影，无论是《失控玩家》还是《头号玩家》，都是有爱情情节的。为什么？因为虽然绝大多数事物可以数量化、基数化，但爱情是"序数"的、是基于偏好的，是不可能加总、比较和计算的。所以，基数效用和序数效用之间有不可转换、替代的矛盾，于是才有了电影的可看性以及游戏的生动性。

一旦没有理性困境，元宇宙社会就失去多样性。所以，效用不相容原理是元宇宙经济系统的灵魂，这是构建元宇宙要解决的关键问题。效用不相容与理性困境的存在，既可以是社会发展的必然，也可以是社会制度管理的必然。

量化理性的基本分析思路，可以为构建新理性预期学派奠定基础。理性预期学派认为，人类对未来的预期可以抵消政策的影响。但根据效用不相容原理，作为政策的管理对象，普通人可能根本无法做判断，根本无法做决策。只要构建了序数效用和基数效用的矛盾，那就是无解的，不存在相互抵消的说法。可以说，效用不相容原理构成了新理性预期学派的基础，而新理性预期学派的构建也符合元宇宙的经济系统需求。

对元宇宙公司而言，对人的理性愿景进行分析非常有必要。塞班操作系统本来占据手机操作系统70%的市场份额，可是当所有人都预期在安卓系统上可以有更多、更开放应用软件和游戏的时候，诺基亚和塞班选择了漠视，结果被市场淘汰。

对未来的理性预期可以成为愿景，是行为的指南，也是行为决策的重要依据。在元宇宙的经济系统不断升级变迁的过程中，一方面，不同的理性分布形态导致不同的玩家博弈结果；另一方面，不同的博弈结果形成不同的理性分布，反过来影响元宇宙经济系统的用户黏度。

精神世界的虚拟化是元宇宙对人类生活的最大冲击。数字技术可以给予个体真实的自我价值实现的感受，个人的社会价值追求可以通过虚拟信息空间构建的虚拟场景等虚拟实现。超越人类认知能力与处理能力的事件无处不在。在数字经济中，一方面人类个体（作为劳动力）对数字技术极度依赖，另一方面数字技术和数据信息被机构相对垄断。这种垄断会给社会带来"负福利"，劳动者必须用劳动交换理性活动所必需的数据及其处理技术。

数字经济的发展与信息垄断的形成，制度化的理性管控与个体的理性依附会导致个体劳动与信息资料形成交换关系。这种交换关系在一定程度上就是元宇宙时代的精神管控。这种精神管控已经不同于传统意义上的物质化及身体方面的控制，而是上升到了理性层面。

六、消费性再生产——元宇宙的常态化经济现象

在数字经济时代，特别是在元宇宙中，消费者消费的过程就是生产的过程，而且是一个再生产的过程。为什么这样说呢？一方面，元宇宙中的数字资产在大部分情况下的复制成本几乎为零；另一方面，元宇宙中的生产方式发生了变化，不再需要实体原材料。有些算法有可能需要算力作为支撑，但是表现形式还是零成本复制。

数字时代的零成本和零时滞几乎成了大家的共识。但是，拥有这种基本认识还不足以认识元宇宙。在元宇宙时代，生产和消费不仅是成本问题，这两种完全不同的活动已经开始走向一体化。也就是说，生产就是消费，消费就是生产。这是元宇宙时代特有的现象。

（一）数字经济时代的经验事实

当前全球经济正在跨过机器工业时代，走向精神产品日益丰富的数字经济时代。元宇宙概念的兴起，正是这个时代的标志性事件。

机器工业的发展，解决了人的基本生存需求，发达国家早就跨过这个阶段。当简单物质生产达到或者接近人类自然需求上限时，以精神需求为核心的数字产品生产将迅猛发展。

20世纪80年代以来，随着互联网的诞生、集成芯片的发明、存储技术的进步，信息技术开始对人类社会的各个领域产生深远影响，尤为突出的是以精神消费为内核的文化产业发展和以人际支配为内核的服务业发展。精神产品数字化的趋势，使文学、电影、音乐等传统文化产品获得了更便捷的产品载体和更快的流通速度。随之诞生的网络社交、自媒体平台、虚拟社区等在拓展人类虚拟生存空间的同时，也开辟了新途径用以满足人类的精神追求。

目前的社会化大生产的重心正在转移，由物质产品生产逐渐转向以精神需

求为内容的数字产品生产。受到人类自身条件的影响，我们对满足温饱等生存方面的需求是有限的，受到社会空间和人口总数的影响，人类不可能无限发展装备制造业。

人类的物质生产发展空间有限，但人类的精神需求是无限的。每一个人都有精神世界，数字产品生产的发展空间具有无限性，特别是数字技术的发展，赋予了数字经济无限可能。

数字经济中，数字产品的创造以数字为表现形式、以半导体和磁介质为载体、以电子网络为传播途径，扩大了精神内容的生产体量，丰富了精神产品的种类，提高了其流通速度。从网络电视到手机游戏，从数字教学到数字宠物，从电子支付到移动导航，都是满足人们精神文化需求的数字产品。数字产品的产生可以源自对传统产品的升级，比如纸质媒体向新闻网站的转变，电报电话公司向网络语音视频公司的转变；也可以源自对新产品的重新构建，例如 QQ、微信、脸书等现代社交工具的出现；还可以是现代技术与数字技术的融合，比如大型设备的异地诊断技术、社区管理的物联网技术等。

数字产品在表现形式、物理载体上有别于传统的实体产品。首先，边际生产零成本——数字产品特殊的成本结构表现为创意成本很高但是复制成本很低甚至为零，经过传递或交易之后，很难达到传统意义上的索回。其次，可以个性化定制——随着消费者的需求差异而改变数字产品供给，根据消费者偏好来对消费者进行分类。最后，数字产品可以跨界传播——低成本无国界传播，在极短的时间内、在不同地区的不同消费者之间进行信息交换和产品共享。

（二）人类的数字化生存

数字产品的生产内容和范围正逐步扩大。随着信息科技的发展，人类的生存活动空间已经逐步虚拟化、数字化[①]。在数字化空间中，互相独立的各类个体在结构化社会框架下通过数字技术传播各种信息，日常的交流、学习、工作等活动完全数字化。

[①] 数字化生存（Being Digital）是由麻省理工学院教授尼古拉·尼葛洛庞帝（Nicholas Negroponte）在《数字化生存》一书中提出的。

数字化生存是重要的现代新经济现象，它不同于古典经济学所研究的资本主义发展初期以蒸汽技术为代表的工业化大生产，也不同于新古典经济学所研究的以电气技术为代表的装备制造业大生产。在现代社会中，人们以信息技术为基础，突显崭新的生存方式。在数字化生存环境中，人们的工作方式、学习方式和社会交往方式都发生了巨大变化，人们的思维方式与行为方式也刻上数字的标签[①]。

政府、企业和个人都在通过数字化的形式重新构建行为方式，并对传统模式进行革命性超越，具体表现在各个方面：政府采取数字化办公、利用大数据等对网络舆情进行监控，企业的数字化转型深入管理、生产、销售的方方面面，个人使用电子银行支付方式、数字出行导航、网络社交平台等。数字化可以更快捷地满足与丰富人们的精神与物质需要，可以在全产业链甚至全球范围内跨界发展与跨界合作。人们将立足于国际视野，不断超越现实社会空间向虚拟空间无限发展。因此，我们给出如下定义：元宇宙数字经济就是基于离散化的社会个体，以网络为渠道、以数据为形式、以平台为载体，具备跨界融合、数据表达、价值关联等离散化特征的新经济。

（三）消费与生产统一

数字化潮流改造我们的产品，也改造我们的生产方式。无论数字印刷、3D打印，还是比特币和区块链，都是数字技术在重塑我们的世界。这样的重塑形成一个非常重要的生产转换机制，即企业不再进行社会化大生产，而是由消费者根据需求进行产品生产，或者以消费的形式再生产。

因此，在数字经济背景下，玩游戏和数字消费本身就是生产劳动。对这些数字痕迹的再加工、再利用又催生了新的商业机会。人类在数字经济发展过程中，对数字产品的消费过程与对生产资料的生产过程达到了统一（见图4-3）。

---

① 可以参考美国学者查尔斯·库利（Charles Cooley）关于"镜中之我"的论述，社会化离散的个体是社会的产物，人在网络交往及信息交流中逐渐形成数字化生存的性格，逐渐适应数字经济社会中的生活与工作。

数字经济背景下，消费者的消费
过程即生产资料的生产过程

```
消费 ←——————→ 消费生产统一性 ←——————→ 生产
                ↑                    ↑
            行为数据              数字痕迹
```

┌───┐
│ 数字为表现形式   边际零成本 │
│   │
│ 半导体和磁介质为载体 ← 数字产品 ← 数字化 → 数字产品 → 个性化定制 │
│   生存   │
│ 电子网络为传播途径   无国界传播 │
└───┘

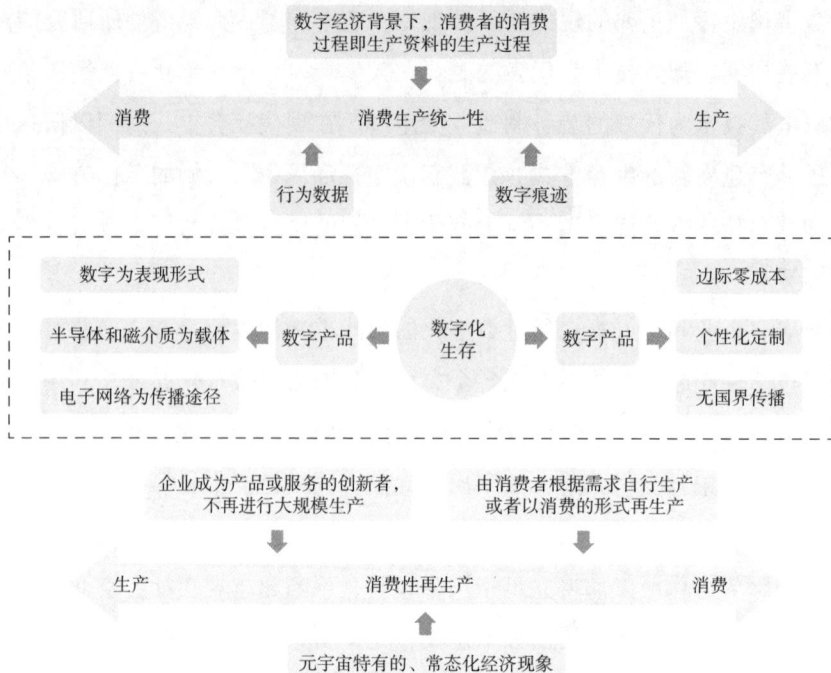

企业成为产品或服务的创新者，   由消费者根据需求自行生产
不再进行大规模生产   或者以消费的形式再生产
        ↓   ↓
生产 ←——————→ 消费性再生产 ←——————→ 消费
                ↑
        元宇宙特有的、常态化经济现象
```

**图 4-3　数字经济中的消费与生产统一**

很多传统经济中不可能发生的现象已经事实上广泛存在，只是很少引起关注。这种现象包括消费者需要为自己购买的数字产品支付再复制费用，比如在优酷、土豆网等视频网站上，消费者支付费用之后需要自行安装相关影视播放器，并且自行支付流量费用下载相关影视产品。影视节目提供者不需要为消费者的观看行为而进行再生产，而是由消费者一边消费一边完成再生产过程。

同样的产品还包括软件产品，例如微软等办公软件。消费者支付费用，自行下载、安装，到期之后如果需要续约服务和升级产品，也是由消费者自行完成。过去微软销售 Office 系列光盘软件套装，现在销售的仅仅是序列号。WPS等办公软件，消费者只要注册购买就可享受服务。这些产品的再生产也全部是由消费者自行完成的。更特殊的是比特币与区块链。作为一种用于网络结算的重要虚拟货币，比特币的生产是由广大消费者——网络俗称"矿工"——根据给定算法寻找特定数字，即虚拟货币的代码（形象地说，类似于日常使用的纸
```

质货币上的编号）。依据该数字的产生序列，给每一个比特币的生产、使用与流向附加说明书并进行行为记载，这就是区块链技术。这样形成的比特币，就是由社会广大个体生产的虚拟等价物，其信用基础是现代科技而不是政府。

根据以上论述，我们可以得出元宇宙数字经济背景下的消费性再生产定理。消费性再生产是指数字经济背景下社会化再生产的形态发生了必然转变，企业不再进行社会化大生产，其主要功能转化为产品或服务的创新者，或者说企业构造产品 90% 的基本形态和功能，消费者构造 10% 的个性化形态和功能。至于生产，最终还是由消费者根据需求自行生产或者以消费的形式再生产。

一方面，消费过程也是产品的生产甚至个性化塑造过程，例如元宇宙软件的安装、系统的更新与下载等。另一方面，消费的过程本身也派生出可以数字化的行为数据，也就是数字痕迹。数字痕迹是可以参加新的数据生产过程的。因此，在数字经济下，消费本身就是生产劳动。比如，在脸书上购买东西本身就生产出可供进一步用来创造商业价值的数字痕迹，对这些数字痕迹的再加工、再利用又可以催生新的商业机会，由此可以验证消费生产统一性定理。

我们看到，在物质产品极大丰富的背景下，整个人类社会或者至少某些发达地区的社会群体正在逐渐走向数字产品大生产和数字化生存。元宇宙概念的出现，正适应了这个需求。在元宇宙中，人类对数字产品的消费过程与对生产资料的生产过程达到了统一。所有的消费和生产都要测算成本和效用，这是元宇宙企业得以生存和发展的前提。

第五章

元宇宙经济学方法论

在瞬息万变的元宇宙领域，人类对数字产品的消费过程与生产资料的生成过程已高度融合为一体，展示了前所未有的经济互动模式。面对这一新经济形态，无论是元宇宙企业还是传统企业，都需要重新审视成本与效用的核算方式，因为这对于企业的生存与发展至关重要。然而，传统的边际分析法在元宇宙经济的复杂情境下似乎难以适应。那么，如何准确衡量元宇宙中的生产过程？怎样合理评估元宇宙企业的实际效用？若边际分析法已不再适用，又该采用何种方法取而代之？

本章将着重探讨这个问题，引入分布分析法作为新型的收益测算手段，用于揭示元宇宙企业的经济效益。同时，本章还将深入剖析元宇宙中各竞争者之间的深度博弈。随着元宇宙生态系统的日益繁荣，各类博弈策略层出不穷，理解并掌握这些博弈方法与原则对于设计与构建元宇宙经济结构显得尤为关键。通过本章的学习，读者将洞悉如何在数字化时代下有效计算元宇宙企业的收益，并了解在博弈策略指导下如何构建与优化元宇宙经济体系。

一、元宇宙收益测算

在数字经济背景下，产品的生产与再生产很难由企业单独完成，而是由消费者、元宇宙的众多参与方共同完成，比如打车软件司机、网店店主、为网店店主装修的人员及提供服务的模特等。再生产成本也相应地由这些元宇宙参与者承担。

新古典经济学的研究前提是，企业对产品进行生产和再生产。在以元宇宙为代表的数字经济时代，数字企业的主要成本是产品研发、市场推广等非生产性成本。数字企业不再进行社会化大生产，更多的生产性行为基本上与消费行为同时进行。在数字经济领域，针对产品再生产的边际分析法失去了适用性，企业更多侧重于前期的研发投入，产品的生产者不再是企业本身，数字产品的生产成本也趋近于零。这意味着新古典经济学的生产理论失效，边际效用理论也失去了用武之地。

数字经济时代，元宇宙企业的业务核心是研发产品，而不是生产产品，产品边际效用也就无足轻重了；但企业还得生存，还是要计算产品的效用。元宇宙时代，数字企业的生产成本主要为前期研发投入，企业产品再生产的过程被转嫁给消费者，传统意义上的边际分析法失去应用前提。成本与收益间将不再存在基于单位产品的边际微分等对应关系，边际分析显然不再适用于分析数字化企业的投入产出关系。

数字经济背景下，消费者在现实或虚拟空间消费或再生产包括数字产品在内的各种产品。消费者的消费行为、产品的销售区域等，可以通过大数据的技术手段在虚拟或现实的离散化网络空间中得以全面汇总与分析。

（一）如何测算企业收入

假设数字经济空间经过离散化解构之后形成多维要素空间，数字化产品对企业的利润贡献通过每个经济要素的独立贡献分别表现出来，这里的经济要素包括消费者、其他组织和个体。数字化产品被经济要素消费之后，以直接获得的收益或者间接的溢出效应等形式，在每一个离散点形成对企业的利润贡献。在这多维要素空间中，若企业在特定的离散区域能获取利润，那么对企业而言，产品带来的收入可以通过以下两种方式给出。

（1）可数可加的情况下：若所有产品可数，并且每个产品的离散收益都可以测算，则总收入就是各个可数点的收益加总。

（2）在只知道空间概率分布的情况下：若给定空间维数和消费者离散点的分布函数，同时给定对应每一个离散空间点的单位产品产生的离散收益，则企业在离散空间中的总收入就是一个空间分布函数的积分。

（二）如何测算消费者效用

数字经济背景下产品与服务成立的前提是价值关联。我们假定在这多维要素空间中，产品对消费者产生的若干关联效用存在一个离散区域，且这个区域可以给出每一个要素点产生的关联离散效用。那么同样，数字产品给消费者贡献的总关联效用，可以通过以下两种方式给出。

（1）可数可加的情况下：假定在离散区域中任意离散点的关联效用可数可加，则消费者关联总效用就是离散点的效用总和。

（2）在只知道空间概率分布的情况下：假定给出了关联效用在多维要素空间中的分布函数，以及对应每一个离散空间点的关联效用贡献值，则消费者关联总效用就是一个空间分布函数的积分。

其中，关于要素空间的分布，可以是正态分布，也可以是泊松分布以及其他效用分布。一般情况下，数字产品价格越高，则离散空间中有支付能力的消费者越少，因此数字产品空间分布函数是数字产品价格的减函数。一方面，考虑到产品分布直接影响到产品给消费者带来的关联效用分布，因此产品分布与关联效用分布正相关，关联效用分布函数也是数字产品价格的减函数；另一方面，数字产品在离散空间中对企业的收入贡献有可能是产品价格的增函数，但离散空间点上消费者的关联效用与产品价格的关系则需要视情况而定。

对企业或消费者而言，最终利润与个人效用不仅取决于前期投入成本以及消费者进行产品消费的综合成本，还与数字产品对企业的收入贡献或者个人关联效用的空间分布密切相关。

（三）分布分析法

基于积分方法对离散化分布之后的经济效益进行总量测算，我们称之为分布积分分析法，简称分布分析法。我们对其做出如下定义：在数字经济的离散化空间中，基于分布函数进行积分处理以计算累积利润或关联效用，以此作为数字产品投入产出或消费者消费行为的分析方法。

与传统的边际分析法相比，分布分析法在数学工具上从过去连续函数的微分方法转变为空间分布的积分方法，分析问题的重点从单位产量变化对产出的影响，变成数字产品的离散分布对企业整体累积利润或个人单位效用的影响。

◆ 专栏链接

以元宇宙经济的典型代表——网约车为例，探讨分布分析法与价格空间优化分析法的具体应用。网约车在很多国家得到普及，并且也受到了很多争议。关于网约车公司的盈利模式与定价机制，一直受限于新古典经济学等传统的供需平衡分析模式，未能得到很好的解释与分析。

根据分布分析法，网约车公司的主要收益来自离散化分布在现实与虚拟空间的汽车服务个体、消费者个体所贡献的收入。这里需要注意的是，根据消费性再生产和消费生产同一性的定义，消费者也直接参与了数字化生产。因此，消费者生产过程中的溢出收益就被网约车公司获得，比如个人消费储值的利息与残值、个人有效数据等。

由于网约车不像脸书那样可以让消费者直观感受关联价值，所以价格因素就起到了关键作用。对网约车公司而言，采取降价或者充值补贴等形式就可以直接提高消费者效用，从而占领市场，也就是扩大网约车在离散化数字空间中的分布范围。这种数字经济离散空间中要素分布范围的扩大，又进一步放大了企业的累积利润。因此，对网约车公司而言，制定价格的策略不是寻找供需平衡点，而是寻找多目标优化之后的价格可行空间。在这个价格空间中，达到对企业分布累积利润函数和消费者关联效用函数的最优化。至于最终价格的调整与确定，则受制于价格空间中各个网约车公司的目标函数优化方法与平台竞争策略。

分布分析法给出了企业基于产品离散分布测算整体效用的路径，价格空间优化分析法则给出了基于多目标优化确定数字产品价格空间的方法。

我们再用分布分析法分析一下数字经济的典型效应——长尾效应①。

在统计学中，把分布曲线中非凸起部分、向一侧或者两侧延伸的区域称为长尾。具备这样特征的分布曲线包括幂律分布和帕累托分布等，正态分布的两翼延伸部分也属于长尾。

数字经济背景下，网络空间的出现、平台模式的兴起、大数据技术的发展，使网络虚拟空间成了现实空间的重要补充。人们在离散化的网络空间消费，现实空间的离散化存在又通过网络平台整合在一起。作为长尾部分的个性化客户与客户的个性化需求，可以通过数字技术得到企业的定制化服务，而这种供求关系的构建，基于网络科技对传统经济模式下的庞大的信息收集成本的技术化解。克里斯提出长尾理论就是基于对娱乐市场的观察：由于成本和规模的限制，传统娱乐业只能覆盖那些 20% 的主流而忽略了 80% 的尾巴。谷歌作为一个典型的长尾公司，其主要商业模式就是把广告商和出版商的"长尾"进行商业化。谷歌让数以千万计的小企业和个人在其站点投放广告，这是一个巨大的长尾市场，无数的小生意集合在一起就是一个不可限量的大市场。

对这些无数小生意或者无数个体贡献的效用进行测度，就要用到分布分析法。如果说基于微分思想的边际分析已经成为对物质产品的主流分析手段，那么有理由相信，基于积分思想的分布分析法将逐步成为数字经济时代特别是元

---

① 一个经济学概念，长尾理论由《连线》杂志主编克里斯·安德森（Chris Anderson）在《长尾》一文中最早提出。长尾作为一种形象化的表达方式，描绘了过去商业模式所忽视的群体。克里斯用长尾来描述诸如亚马逊和 Netflix 之类的网站如何通过商业平台对客户的汇集、如何通过平台上的数据整合来满足这类群体的需求。

宇宙中研究投入产出与效用分析的主流分析手段。

　　元宇宙企业除了测算自己的成本、效用与收益，还要考虑竞争者的存在，而且元宇宙企业投资规模一般较大，战略上稍微失误，就会导致巨大的投资损失。那么元宇宙企业如何在竞争中获得优势？这就需要基本的博弈方法。在元宇宙时代，现实经济中的通用博弈论已经不再适用，需要崭新的、适用于数字经济的深度博弈论。

二、元宇宙的深度博弈论

（一）宏观博弈论

元宇宙并不是单一技术的成果，而是多种尖端技术融合的成果，入局方不仅有互联网巨头，还包括终端硬件商、运营商、内容方等更多维度的竞争者。各方竞争已呈白热化状态，竞争策略已经发生翻天覆地的变化。只有摆脱传统的博弈论思维来制定元宇宙的发展战略，从各个维度发展博弈论才能获得战略优势，不至于被残酷竞争所淘汰。

我们在讨论深度博弈论之前，先介绍一下什么是博弈论。博弈论是研究斗争或竞争的决策方法，目前在经济学、计算机科学、政治、军事等领域都有广泛的应用。博弈论已经成为经济学的标准分析工具之一。

传统博弈论由三大基本要素组成：一是决策主体，也就是竞争的参与人；二是给定的信息结构，可以理解为参与人可选择的策略和行动空间，又叫策略集；三是效用，是参与人的利益或收益。参与人、策略集和效用构成了一个传统的博弈。传统博弈过程指的是参与人根据自己的利益选择策略，最终形成可接受的竞争模式。

但是，围绕元宇宙的博弈则完全不同。首先，这样的博弈可能对参与人本身构成影响，博弈过程中甚至可以影响决策人的组成；其次，对参与人的收益构成影响，因为完全可以通过数字穿透，动态改变参与人的收益；最后，对参与人可以选择的策略构成影响。人的理性是可以受外界因素管控的，因此即便效用函数不变，人的理性变化也会使人改变策略。也就是说，传统博弈论的三大基本要素成了三个变数。博弈竞争过程已经反向穿透到博弈的基本要素上。根基发生了变化，传统的博弈就发生了变化。新的博弈中，参与人都是动态变化的，是充满不确定性的。我们不妨将这样的博弈称为深度博弈（见图5-1）。

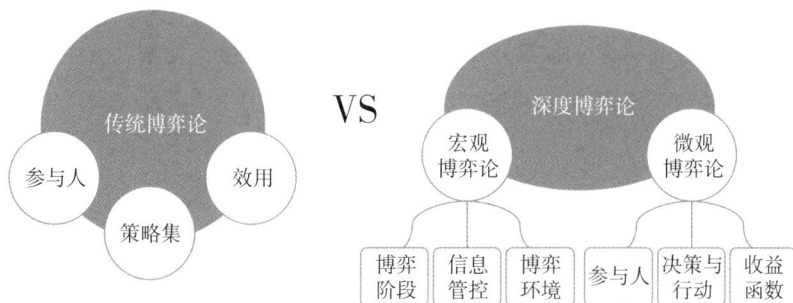

图 5-1　传统博弈论的三大基本要素在元宇宙中是三个变数

深度博弈论中的宏观博弈论内容，一般包括以下三个部分。

1. 博弈阶段

有的元宇宙公司一开始业务很聚焦。比如脸书成立于 2004 年，最初只是哈佛大学的一个社交网站。创始人马克·扎克伯格迅速意识到其潜力，将其扩展到波士顿所有大学，后来成为全美大学的交友网站，最终成为全球受欢迎的社交媒体平台之一。原本它是一个很专业的初级元宇宙。但是竞争出现了，这时候该怎么办？脸书开始了一站式服务之旅，从交友到网络带货，从社交发展到办公。简言之，它在与校内网以及世界上其他国家的交友平台的竞争过程中，开始了深度博弈之路。博弈的层级和场景已经深化。结果是，脸书已不再是当年爆火的校内网了。

博弈阶段的调整，也是理性管理的阶段性目标。在博弈过程中，应反向管理对方管理层的理性，促使对方管理层的理性分布失去优势，同时提高自己管理层理性分布的优势。条件理性及其分布，可以由一次性静态博弈产生，也可以在多次博弈后根据成果与信息演化生成。考虑到管理目标的实现一般具有时间限制，因此对博弈次数或者博弈阶段进行控制，使条件理性的形成阶段符合管理目标的需求，成为深度博弈的目标之一；根据条件理性的形成趋势，披露、控制或者垄断特定的信息或者控制博弈的阶段，成为深度博弈的重要策略；此外，在博弈过程中还要构建场景，控制各参与方的决策基础、理性分布与收益函数。

我们一直强调，要构建学习型组织，其中一个目标就是不要在深度博弈中被淘汰。当然，元宇宙企业与元宇宙用户之间的博弈更为常见。从你关注元宇宙企业开始，它就要吸引你、捧着你、锁定你。

2. 信息管控

宏观博弈还可以对信息本身进行控制。生活中这样的案例很多，比如信息战、舆论战等。在数字经济时代，则表现为元宇宙对信息来源地的垄断，比如地理信息导航、医疗数据检索系统等。这样的信息垄断直接限制了其他元宇宙企业在特定领域进行完全理性分析的可能性。既然分析的前提信息都是被垄断与控制的，决策人只能得到信息所有人愿意释放的信息，那么必然发展为有限的条件理性。

当然，加大研究力度也是信息管控的重要手段。可以对元宇宙人群的行为信息进行分析、对其文化背景进行挖掘。因此，在深度博弈中要达到完美的条件理性的形成条件，需要一定的信息支持。根据条件理性的形成趋势，披露、控制或者垄断特定的信息，或者控制博弈的阶段，将成为深度博弈的重要策略。信息披露乃至垄断的结果将对其他参与方产生重要影响，直接决定了对方的策略空间和收益函数。

相比于元宇宙之间的博弈，元宇宙企业与用户之间的博弈简单很多，因为客户的信息完全被元宇宙企业掌握。元宇宙企业只要知道如何释放信息、释放哪些信息就行了。

3. 博弈环境

元宇宙的博弈，无论是元宇宙企业之间还是元宇宙企业与客户之间，都存在博弈环境。博弈的目的还是为了收益最大化。

所以，我们在 2021 年看到，所有与元宇宙相关的上市公司市值简直一路凯歌。只要与元宇宙搭上边，表现都很好。这是元宇宙集体和资本玩家一起与散户的博弈结果。当然，也有资本内部的击鼓传花博弈，但其目的非常简单：把市场炒热。

深度博弈过程中可以采取场景化战略，进行理性的快速迭代。在博弈过程中构建场景，形成各参与方的决策基础，同时通过快速迭代形成理性分布，最后通过理性深度博弈，各参与方都可以获得各自条件理性认知基础上的阶段性博弈结果。这样的结果可以是共赢的，因为博弈各方的收益函数是不同的，而且博弈各方基于不同的条件理性对收益的判断也必然不同。环境与理性迭代，可以在更广泛、更深入的层面上达到理性管理的目标。

在宏观管控时，可以采取全面动员策略。比如元宇宙企业在"泛政治化"之后，可以通过舆论进行全民动员。应用于深度博弈，则体现为借助数字技术对社会环境进行全面动员，形成符合深度博弈需要的社会认知与思潮。比如为了鼓动人们对数字货币投机，马斯克宣布可以接受比特币购买特斯拉电动车。这就是与比特币玩家的博弈，构成了一个符合马斯克需要的社会环境。

（二）微观博弈论

对参与人、策略集与收益进行管控是深度博弈的微观内容。它与传统博弈论的区别在于，所有参与要素都是博弈内容，都是为博弈结果服务的。甚至博弈结果，也就是参与方的效用函数都可以是博弈对象。因为对条件理性的管控目标而言，只要能让被管理对象感觉到或者认识到并且采纳新的效用函数——只要这个函数是有利于管理目标的，那一切事物（当然前提是合法）都可以成为博弈的重要内容。

1. 参与人

参与人可以是固定的，也可以是变化的。当广大的人群成为博弈一方的时候，参与人的代表性就是重要的博弈内容。更进一步，在多方参与博弈时，可以把控制参与博弈的主体范围作为博弈内容。在多人博弈过程中，邀请或限制参与人往往是达成博弈结果、实现管理目标的重要方法。这样的经典案例很多，例如在元宇宙社交媒体中有意塑造意见领袖形成主流意见，从而限制其他媒体的被关注度、降低偶发意见发酵的可能性。

有一个大家都知道的人工智能应用——"斗地主"。原来是"斗地主"软件公司提供平台，老百姓在上面自娱自乐。以前玩"斗地主"要等一会才能匹配好，现在组局"斗地主"，瞬间匹配。

为什么？因为以前三个人都是人；现在除了确定你是人，其他玩家可能都是机器人。但是你不知道，你以为他们是真人。他们会说话，还有联系方法，会发脾气，简直和真人一模一样。毕竟人工智能如果让你一下就能识别出是假人，那岂不是退回到30年前去了？

这就是对博弈参与方的控制，这时候"斗地主"游戏平台要让你掏腰包，易如反掌。人工智能的高明之处主要是能模拟人的感情，然后把人分而治之。当博弈对象从一个群体变成个人的时候，分析、研究个人的理性分布就很简单了。这时游戏平台设计一个应用场景，让你觉得面对的是一个群体，利用你的好胜心和从众心理，很容易就能锁定你的注意力或者让你掏腰包，这时它就可以借此推出广告来赚钱了。

当然，元宇宙企业之间的博弈可能影响更大，比如数字货币的竞争就是战略合作伙伴间的竞争。谁的同盟强大，谁就有话语权。而这种同盟的不断变化，实际上就是元宇宙博弈中主要参与人的不断变化。

2. 决策与行动

策略集以及可选行动集都可以在深度博弈过程中被调整、替换、迭代。在影响其他参与方的行动、调整其他参与方的策略集方面，现实博弈过程中有很多经典案例。在元宇宙中则表现为通过网络影响人们的购物方式、交友方式以及出行方式，如把金融与社交结合在一起，进一步强化消费者无现金消费行为，让消费者使用虚拟货币作为一般等价物。同样，元宇宙企业如淘宝等把网购与金融服务结合在一起，进一步提高消费者通过电子钱包对资金池的贡献。

在美团等超级元宇宙平台中，消费券的使用可以给客户提供更多的选择空间，当然每一个选择空间都对应相应的效用函数。客户选择空间多了，选择余地大了，也就是决策与行动的空间大了。

当然，除放大空间之外，也有限制决策空间的元宇宙。比如在脸书上，用户就不能随意群发短消息；在微信上，用户也不能随意扩大微信群。因为这样会影响元宇宙平台自身的盈利能力，所以过多的群发行为和过多的建群行为都要受到禁止发言甚至关闭账号的处罚。

在有些元宇宙平台上，甚至不可以出现其他平台账号。比如有的交友平台会限制客户随意发布关键联系信息，这就是在信息时代搞信息不对称。这样的话，用户只能选择注册、缴费成为该元宇宙会员的路径。

在注册会员的时候，元宇宙同样有不同的决策与行动空间留给用户，最通用的办法就是将会员分为钻石会员、黄金会员与普通会员。选择不同，意味着对信息读取的权限不同。总之，元宇宙会变着法子让用户花钱。

3. 收益函数

在深度博弈过程中，对其他参与方收益函数的影响或者调整是最为重要的博弈策略。参与方的收益函数一般都存在于一个测度空间。对参与方的测度空间进行引导，是影响其收益函数的主要方法。这在中国传统对策论里叫攻心为上，这样做甚至可以化敌为友。在元宇宙游戏中，游戏平台推出新的数字道具、虚拟头衔等，都是在调整游戏参与方的预期收益函数并让其为此支付费用。收益函数的改变，还可以表现为元宇宙对玩家的价值观的培养与改造。当大家以虚拟头像为身份象征的时候，一个元宇宙无聊猿 NFT 就可以卖出百万元人民币的天价。

再比如京东推出的白条，其目的是提高京东客户黏性，包括锁定客户银行卡、提高客户刷单的成交率等。为了达到与客户博弈时获得更多收益的目的，就需要提高客户的收益预期。当客户觉得用白条赚了优惠时，其收益函数就发生了变化。而且这样的变化，使客户无法算清当前和未来的真正收益。

生活中很多人都使用流量包月服务，连续购买可以打折。几年前，每月 100 元 5G 的省内流量都算是便宜的，于是有人一下包了 3 年。但一年后他会发现，每月 100 元 50G 的流量包价格出现了，而且流量包给予的还是全国流量。网络宽带也出现了类似情况。所以你还敢一签 3 年吗？说不定明年价格就腰斩。

这就是元宇宙调整效用函数在博弈过程中赚取智商税的表现。

当然，元宇宙也不都是负面的。元宇宙带来办公的便利性、社交的零时滞以及信息沟通的充分性，这些都是很好的正面效用。很多人愿意在元宇宙中数字化生存。

总之，元宇宙的深度博弈主要从六个方面展开（见图 5-2），其中，涉及局部的阶段博弈属于传统博弈论的范畴。传统博弈论基于效用函数的最大化，隐含了理性行为，而深度博弈论把理性的量化与分布作为显性方式，在博弈策略与行为空间中进行表达。

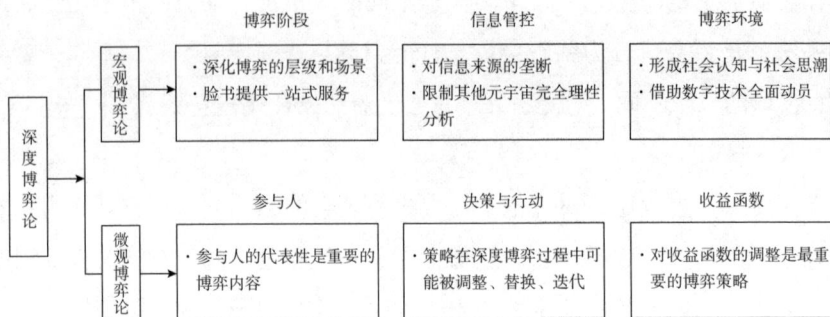

图 5-2 元宇宙的深度博弈论

　　元宇宙是人类未来的精神空间，理性管理正是元宇宙经济系统设计的主要内容。在国家与国家之间、元宇宙企业之间、元宇宙企业与用户之间，围绕着元宇宙产业的竞争策略，已经表现出更多层次、更加广泛而深入的特征。围绕元宇宙开展的深度博弈，其实早就开始了。这种深度博弈其实就是对元宇宙盈利空间的设计。我们相信，随着元宇宙的不断发展，博弈方法和赚钱方法会变得更加丰富多彩。

三、数字定义经济结构

国内许多学者把经济结构等同于要素之间的比例关系、加减关系，或加权的比例关系。经济结构到底是什么呢？真的仅仅是上述几种关系？正如在几何中，四方体的结构就是长、宽、高的比例关系吗？周长、面积、体积等特征，能用简单的比例关系去衡量吗？

结构，实际上是关系，表达为测度。

除了数量关系测度，比例关系就是最简单的数量关系。但如果考虑经济运行主体的基本架构，比如组织关系，那它是不是数量关系？显然不是，这是拓扑关系。而如果考虑消费者对不同商品的偏好，那这就既不是数量关系也不是拓扑关系，而是偏序关系了。但是现在的结构主义经济学或者说新结构经济学，将研究笼统地局限于数量关系中的比例关系，很多时候既没有考虑对数量关系更深的测度，也没有想到拓扑关系和偏序关系。

当代经济现实一再证明，任何经济结构都绝对不是孤立的"成分与比例"等数量关系；还体现为元宇宙内外、虚拟人之间的经济秩序，这是序数关系；同时体现为一个元宇宙平台与其他元宇宙平台的数字产权与数字支付纽带，这是拓扑关系。

因此，无论元宇宙还是现实世界，经济结构都是一定社会背景下经济要素之间的关系。其中，社会背景是约束条件，可以是现实的社会背景，也可以是虚构的元宇宙社会背景[①]。除此之外，还需要基本的管理制度、社会运营体系。元宇

[①] 比如尼尔·斯蒂芬森（Neal Stephenson）的小说《雪崩》，其构思的背景为 21 世纪初（对当时来说是未来时间），美国政府的大部分权力被私人和组织瓜分，公权力极度萎缩。一个跨国资本形成的超级托拉斯架空了美国政府，从而形成了一个以跨国资本为主导的元宇宙。其中存在种类繁多的私营准国家实体（特许城邦领地），私营的中央情报公司（国会图书馆是其数据库）、超元警察、强制执行者、激进快递等，政府只做一些琐碎工作。人们可以通过自己的虚拟身份进入一个数字空间进行娱乐和社交。

宙建设时就需要厘清经济要素包括哪些部分，以为进行社会管理打下基础。

经济要素之间的关系，包括数量关系（代数关系）、序数关系和拓扑关系[①]。对元宇宙经济结构的研究，以及元宇宙中各项制度的规定和数字经济结构的调整，就是对上述关系的运算、分析与干预。简单地说，经济结构就是经济要素之间的关系。这样的关系既可以是直观的，比如成分关系、数量比例关系；也可以是高级的数量关系，比如确认经济的维度，引入多维空间，从而引入高等代数的基本概念，把要素以及要素的关系通过集合论的高级形式进行代数表达。对于存在基本运算的要素及其关系的集合，可以引入群的概念，比如产业集群中对产业结构关系的分析可以引入群与环等研究手段。

与现实生活相比，元宇宙经济结构之间的要素关系更为灵活，可以主观给定，即数字定义未来。到了元宇宙时代，平台通过对玩家行为的监测，提取玩家的个性特征，从而引导玩家偏好。如看视频时，视频平台经常直接推送你感兴趣的内容，让你觉得仿佛被监视了。

如何刻画人们的效用偏好一直是个重要却又难解的问题。元宇宙经济可以给出各种基于主观要求的测度，例如序数效用下的偏好关系、数字生产或者长时间在线的效用测算等。这样的经济结构关系可以通过数学工具进行转化。通过使用序数集合的相关工具，引入序数关系结构，可以更准确地刻画包括效用偏好在内的社会价值序列或者社会经济秩序。序数关系结构及其相关数学工具，将是规划元宇宙社会秩序以及人们数字效用偏好的重要分析手段。例如在构建元宇宙经济结构时，会涉及对虚拟组织结构与虚拟社会结构的图形表达与分析，也就是图论的内容。事实上，随着代数学的发展，图论完全可以转化为代数问题。因此，图论分析可以归纳到代数关系或者数量关系的分析中。

总之，经济结构是基于经济要素与经济对象的集合，根据客观事实与主观需要所形成的数量关系结构、序数关系结构、拓扑关系结构，并在此基础上根据约束条件产生的各种运算与分析。我们把经济结构分为上述三大基本关系，那么会不会有第四个、第五个关系出现呢？我们认为答案是否定的。因为经济结构分为

[①] 在《雪崩》描绘的社会里，很多团体都要向超级托拉斯缴纳保护费，这是数量关系；不同帮派之间不断交易，这是拓扑关系；团体内部存在层级，这是序数关系。

上面三大结构，恰好对应了布尔巴基学派归纳的三种最基本的数学结构类型，即代数结构、拓扑结构和序结构。这三种结构又被称为母结构，三者之间有其内在的联系，其他结构则是在母结构基础上经过交叉、复合形成的派生结构。

设计元宇宙经济结构时，首先要认识到资本诉求和行业方向，这是矛盾的主要方面；然后确定结构类型、关系及其测度方法，明确合理测度空间（要素及其关系）；最后通过分析得出结构的属性、数量的关系以及变化的趋势。这些内容都是元宇宙经济系统运行的基础。

但是，元宇宙带来了一个非常重要的问题：经济结构及其测度是客观的，还是被构造出来的？这个问题是结构主义数学与建构主义（包括直觉主义）数学的分野。建构主义数学的发展，一方面伴随着计算机技术的发展，另一方面也对结构主义数学的逻辑基础提出了挑战。当代数学的发展也从布尔巴基学派的抽象的、结构主义的道路，转向具体的、建构主义的道路。所以，元宇宙时代正是经济结构从结构主义向建构主义融合过渡的阶段。对元宇宙经济结构的研究与设计，需要后古典经济学的一个重要的方法论体系来支撑，那就是建构主义经济学。

建构主义经济学基于建构主义基本思想，强调经济学家和经济主体的主观能动性，认为经济活动是经济主体基于知识、经验而生成经济价值、建构经济模式以及规定分析范式的具体实践，这些具体实践常常是在当前社会与其他经济主体的互动中完成的。建构主义经济学作为后古典经济学的方法论板块，具有广阔的实践背景。我们对元宇宙经济现象的认识与理解，始终要在三大母结构基础上贯穿建构主义的思想内核。根据稀缺二元性的基本判断，我们对经济现象的分析方法将紧密围绕自然价值与社会价值进行调整，且不断地随着人们的主观价值变化而相应调整。

在元宇宙时代，理念先行。我们构建元宇宙时，强调建构主义经济学的思想指导，就是强调经济体的主动性在建构元宇宙经济系统过程中的关键作用，从而构建新的主观价值与新的主观消费。这样的经济系统将成为元宇宙投资回报的主要来源。

第六章

元宇宙与经济发展

　　在本章中，我们将聚焦元宇宙对全球经济发展的根本驱动力——五大原初动力，以此为基础深入剖析元宇宙商业模式的核心逻辑，揭示出元宇宙经济体系的核心特征是以平台经济为主导的数字化扩展过程。我们将探究元宇宙如何通过技术和人文双重层面推进人类社会的深度进化与异化，并阐述这种演变对个人生活方式、价值观以及全球经济结构的影响。此外，本章将进一步阐明，元宇宙催生了全新的经济形态和思维方式，它不仅改变了传统的经济规则和市场格局，更是将世界带入了一个充满竞争与机遇的"洪荒时代"，各国在全球数字化舞台上的博弈也将因此变得更加复杂和激烈。通过这样的探讨，读者将更深刻地理解元宇宙对人类社会经济体系全面重塑的深远意义。

一、元宇宙的五大原初动力

有人说，元宇宙就是个"大蚂蚁"（BIGANT，见图 6-1 左边部分），这 6 个英文字母分别对应区块链技术、交互技术、电子游戏技术、人工智能技术、网络及运算技术、物联网技术。我们认为，这只是元宇宙的底层技术图谱，离描述元宇宙的本质内核还很远。我们用 DIRTY（见图 6-1 右边部分）一词来做更深入的描绘，和"大蚂蚁"结合在一起是 DIRTY BIGANT，即"肮脏的大蚂蚁"。

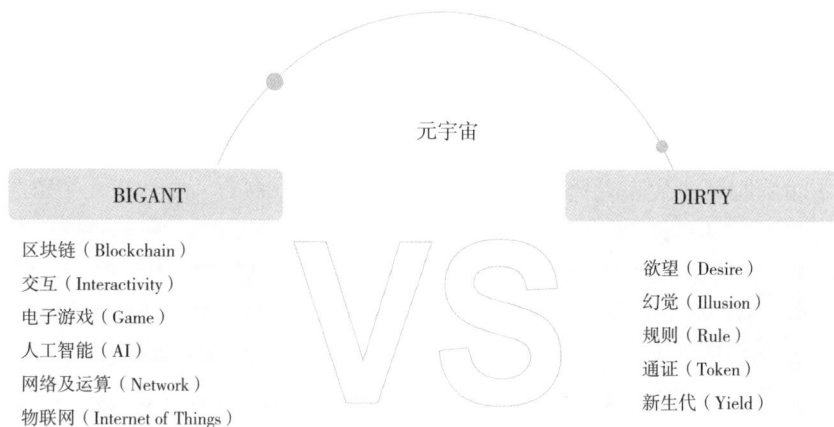

BIGANT

区块链（Blockchain）
交互（Interactivity）
电子游戏（Game）
人工智能（AI）
网络及运算（Network）
物联网（Internet of Things）

元宇宙

VS

DIRTY

欲望（Desire）
幻觉（Illusion）
规则（Rule）
通证（Token）
新生代（Yield）

图 6-1　元宇宙是"肮脏的大蚂蚁"

为什么不能让元宇宙文化一统天下？我们不妨从 DIRTY（肮脏）这个词解读元宇宙的核心产业逻辑。

D：代表 Desire（也有人说是 Demand），欲望（或需求）的意思。元宇宙首先满足的一定是人类最基本的需求，无论是社交、购物还是旅游观光，都是满足人类的基本需求。

I：代表 Illusion（也有人说是 Imagination），幻觉（或想象空间）的意思。

元宇宙必须构建一个虚拟空间，给人充分的想象，满足人们的需求。

R：代表 Rule（也有人说是 Ruler），规则（或规则制定者）的意思。也就是说，元宇宙确定基本的规则，所有人在这个规则下相互合作与交流。

T：代表 Token（也有人说是 Tax），通证（或税收）的意思。也就是说，元宇宙需要确定产权，同时通过收取交易费用来获得投资回报。

Y：代表 Yield（也有人说是 Yolo），生产（或新生代）的意思。也就是说，元宇宙要通过新生代的数字产出，来使生产者和数字产品不断创新迭代。

DIRTY 这个单词包含了元宇宙的五大原初动力，也是其核心产业逻辑，揭示了元宇宙对现实社会的重要影响。所谓沉浸式技术、交互式技术等合成的 BIGANT，仅仅是实现产业逻辑的技术手段。

有人担心元宇宙会让人沉迷于虚幻场景从而变得不思进取，这种担心大可不必。我们相信，对元宇宙必然产生相关审查制度。我们面对未来，不会是个体去面对，未来不会只是个体智能时代。当人类出现群体智能以后，面对未来的重大问题，需要的就不是个体智能，而是社会的群体智能。

古希腊智者派代表人物普罗泰戈拉说过，人是万物的尺度。在元宇宙时代，依然如此。元宇宙因为人而产生，最终服务于人类。当人类将所有基于体力的物质资料的生产型劳动交付给机器人的时候，人类将专注于产生社会价值的工作，比如通过社交平台，完成社会价值的意见建构与实现。所以，在元宇宙时代，人类的感情生产就有了意义，人类的智能汇总就有了基础，人工智能就有了价值。有人会问，未来人工智能是否会取代人类智能？我们认为不可能。元宇宙时代的人工智能不可能具有独立自我意识，因为元宇宙是数字化的人类社会。元宇宙的价值指向，是指向社会发展趋势的，而不是指向科技应用的。

扎克伯格表示，元宇宙将为独立创作者和艺人、想要远离城市工作的人以及教育和娱乐资源有限的人，带来巨大的机会。未来，互联网将突破屏幕，给人带来沉浸式体验。马斯克说，他一直有种存在的危机感，很想找出生命的意义何在、万物存在的目的是什么。马斯克最后得出的结论是，如果我们有办法让全世界的人越来越进步，让人类知识的规模与范畴日益扩展，那么，我们将更有能力问出对的问题，让智慧、精神得到更多的启迪。

无论是《西游记》中孙悟空的七十二般变化、《聊斋志异》中的神鬼传奇，还是《头号玩家》《失控玩家》《黑客帝国》《阿凡达》等科幻作品，都是人们想象力的展示。我们不能停留在形而下的层面讨论想象力的发展历史，而要在形而上的层面讨论人类的社会学进化。这些都是元宇宙带来的思想融合。元宇宙在形式上是人类学意义上的第一次数字社会，本质上是人类学意义上的第一次群体智能。

二、元宇宙商业的逻辑内核

元宇宙商业的逻辑内核，就是制度价值论。

（一）元宇宙的价值从制度中来

我们都知道，元宇宙是虚拟的，是凭空设计出来的。在有的元宇宙游戏中，价值可以被创造。那么被创造的价值是不是也是虚拟的？我们玩游戏、刷抖音，怎么就创造了价值呢？如果这样，是不是我们就找到了财富的秘诀？我们的答案是：元宇宙可以创造价值，但是你的创造必须遵循元宇宙世界的经济制度，包括价值取向、交易规则和交易秩序等。

在现实世界中，我们可以理解一切制度，因为它们就在身边。而且我们也知道，当下的人类群体具有完全不同的甚至对立的价值取向。元宇宙则是虚拟的，看起来是程序员管理的世界，但实际上比现实世界复杂。程序可以精准控制，而我们面对的挑战非常具体：如何避免简单复制现实世界？如何设计元宇宙的交易制度？在制度设计中要不要坚持自由平等之类的原则？简言之，如何确定支持元宇宙正常运行所需要的社会框架与经济体系？

社会框架与经济体系的核心是价值。只有确定了元宇宙遵循什么样的价值，才可以确定元宇宙中的行为规范。价值从哪里来？从劳动中创造，还是从效用中体现？我们认为，在元宇宙中制度是价值的源泉。制度规定了价值的测度空间，规定了价值的度量单位、发展维度和计算方法。只有在制度规定下，劳动才有创造价值的可能；只有在制度规定下，效用才可以对价值进行表达。这就是制度价值论。

制度价值论是劳动价值论的根基，因为只有在制度价值空间内，劳动才可以有合法性，劳动报酬才可以受到保护；制度价值论也是效用价值论的根基，因为只有在制度规定之下，交易才有合法性，买卖才有合规性，合法的货币才可以流通，纳税才有标准，标价才有了单位，效用才有一个标准说法。制度是价值的测度，劳动是价值的手段，效用是价值的表达。

（二）制度规定了元宇宙的数字稀缺性

自古以来，神话传说承担了人们对美好精神价值的向往，元宇宙仅仅是让这样的向往更加可视化了。在元宇宙中，我们必须通过制度来规定数字产品的稀缺性、数字服务的稀缺性。因此，在元宇宙中，我们需要一个价值规定，而这个规定，特别明显地体现在社会价值层面。

比如在沙盒游戏中，艺术家将资产转到游戏中，并用水晶定义稀缺性，玩家使用代币购买游戏中的资产，平台以分配给社群基金的名义收取5%的交易费用。看起来这里的水晶好像是个简单的规定，其实代表了其经济系统运行的核心。因为如果没有价值的制度规定，轻易把数字资源零成本地分给所有客户，就会摧毁数字企业。在网络空间中，近乎零成本的数字资源可以近乎零成本地复制、分发给每一个人。这样做并不能将价值有效地分配给大家，只可能造成价值空间的崩塌。在元宇宙中，价值的来源不是物品，不是粉丝数量，不是虚拟货币，而是制度与规定。

无论是数字物品、数字粉丝还是数字货币，当它们能够作为价值的载体时，一定基于特定的制度框架。没有制度框架，流通都成问题，交易也没有保障和标准，粉丝怎么可能转换成为价值？一切都只是数字符号。

◆ 专栏链接

数字符号看起来可以随便赋予，但如果真是这样，对元宇宙平台而言，岂不乱套了？平台的资本方还有什么收益？所以，资本必然要规定元宇宙的交易规则。资本必然规定制度，唯有制度才能创造巨大收益。

以脸书为例，平台设定的规章制度很多，如为客户推送商品需要较大额收费，不允许随意发信息、随便加客户等。破坏规则就等于破坏了脸书的价值空间。原本可以获得信息的地方，其实早就通过制度做了限制。具体而言，脸书设置的违规行为有很多，如加好友过快或者过多、加群过快或者过多、转发信息到群过快或者过多、创建主页过快或者过多、创建群过快或者过多、主动给人发信息过多等。脸书的惩罚也很直接：账户被限制登录，账户被限制加好友、加群，账户被限制在群中发言或者转发信息到群，账户被限制创建主页，账户被限制打广告、匹配信用卡，账户被永久删除（也有找回的可能），账户被限制参与群管理等。

结合这个例子，我们很容易发现，价值是制度规定的。要想产生自己的价值空间，元宇宙就必须有严格的制度，否则对应的价值空间只能崩塌。因为价值来自元宇宙的制度规定，而不是粉丝量，也不是数字产品的多少。脸书的制度规定，可以通过大数据的形式来具体化。比如，根据收集到的大量用户数据，实现商家与用户的精准匹配；虽然允许广告引流，但不应以单纯点击获取流量方式使用脸书，而应重视内容质量带来的低成本、高转化流量；强调互动，通过信息排名鼓励原创内容，淘汰低质量及无关的内容，不支持卖家以店铺产品思维做脸书；不限于用网站或平台进行引流，更可将脸书用于了解客户偏好及测试产品、维系客户关系、提升品牌价值、寻找供应商等。

（三）政府应制定管理代码空间的制度

在元宇宙中，扎克伯格已经把虚拟货币与现实货币进行一定汇率的转化。将虚拟货币转换为现实货币的行为，在很多国家被严格禁止，但全球范围内的虚拟货币市场始终存在，这是因为制度通过数据穿透，规定了交易方法和交易的可能性。举个例子，2021年11月，沙盒游戏平台上有一块数字虚拟土地以折合人民币2739万元成交。很多专门炒作数字虚拟地产的数字房地产公司已经在某些元宇宙平台批量炒作土地，它们先空置这些虚拟土地，等待元宇宙概念升温继而在土地升值后卖出，开辟了许多生财之路。它们会请建筑师进行设计，请游戏开发商进行开发。一切都为等待数字地产增值。

所谓虚拟地产，其实仅仅是将计算机代码可视化，通过代码去确定交易，满足了人性的贪婪与梦想。既然交易搬到了代码空间，形成了虚拟代码对现实财富的穿透，那么现实中的政府管理者也就需要考虑采取行动，对规避监管的行为定性，对交易进行征税，对思想进行监督。归根结底，政府要制定介入与管理代码空间的制度。

因此，我们看到，对以元宇宙为主要表现形式的数字空间的管理，特别是对资本转战元宇宙进行价值掠夺的行为进行监控，已经成为各国政府迫在眉睫的重要议题。欧盟出台的《通用数据保护条例》（GDPR）规定，所有社交平台软件针对客户信用等级的算法必须公开。我国出台的针对平台经济的反垄断法，也是出于对数字空间的监管需要。

三、平台经济是元宇宙的主要形态

（一）元宇宙都是平台

平台目前很热门，应用场景特别多，例如高新技术发展平台、中外合作交流平台、创业平台、电子支付平台、网络游戏平台、元宇宙电子政务平台等。涉及元宇宙的还有各种操作系统平台，如 Windows 视窗操作系统、安卓手机操作系统、Mackintosh 苹果操作系统、Unix 服务器系统等。

无论是社交软件脸书、X、抖音，还是游戏《罗布乐思》《和平精英》《王者荣耀》，抑或安卓、华为鸿蒙等操作系统，在形式上全部是平台。这些平台营造了一种虚拟社交方式，各社交群体在享受虚拟交流便利的同时，随着其规模的不断扩大，对广告商的吸引力也与日俱增，广告收入就成为这类元宇宙应用场景的重要利润来源。同时，这类社交平台对客户级别进行定义——注意，这就是制度价值论指出来的价值测度，它们对客户的社交和娱乐需求进行深度开发，从而以提供附加服务、差别化服务的名义来收取会员费，获取收入。

以号称元宇宙最强的沙盒游戏——《罗布乐思》为例。2021 年，全世界玩家在该游戏中共投入时间约 97 亿小时！这个游戏是典型的平台游戏，参与者分别是游戏开发方与游戏方。如果能够集中很多玩家开发自建游戏，则基于该平台的游戏种类和功能就会非常丰富，必然会吸引更多玩家购买该游戏平台的服务，花钱兑换游戏内的货币，因为这样玩家可以获得更多的选择。同样，《罗布乐思》的玩家越多，《罗布乐思》平台上的游戏市场空间就越大，玩家开发游戏的意愿就越强，因为可以保证市场容量。

在技术架构、业务模式、盈利方式等多个层面，元宇宙都符合平台经济的特点。可以说，元宇宙经济本质上是平台经济；元宇宙竞争，本质上就是平台竞争。元宇宙经济属于平台经济的一个新的发展领域，它实际上是各种平台经济的整合，很多元宇宙还是多种平台的重叠。元宇宙不但提供了虚拟的平台和市场，而且会推动现实经济向平台化转型。平台经济是目前我国数字经济的主要模式，并且对我国经济产生了巨大的影响。我国政府非常重视平台经济，特别关注平台经济产生的垄断行为。为此，我们国家出台了促进平台经济发展的法律法规，随后又出台了很多限制平台垄断的法律法规。

作为一种典型的平台经济，元宇宙涵盖了经济中最重要的产业。对元宇宙的研究一般会涉及买方、卖方和平台方。在元宇宙平台中，双方（或多方）在一个平台上互动，这种互动受到特定的网络外部性的影响。而且，双方的价格分布会影响市场参与量和总需求量。这种模式的特点突出表现为：元宇宙平台上卖方越多，对买方的吸引力越大，同样卖方在考虑是否使用某个元宇宙平台的时候，元宇宙平台上买方越多，对卖方的吸引力也越大。

元宇宙的表现千姿百态，盈利模式五花八门，发展轨迹千差万别，但透过简单的现象来看，这些元宇宙企业都是平台及其相关产业形态，无非都是在双边或多边市场和经济资源整合基础上，对自发性市场运营模式的一种自主性改造和创新。

（二）平台怎么赚钱

有一个比较受欢迎的区块链游戏——元宇宙养鱼游戏，成交量经常排在同类游戏中第一名。与此对应的，养鱼游戏代币 AXS 价格曾高达每枚 156 美元，要想参加这个养鱼游戏必须先下载元宇宙钱包，用来交易和存储数字币。通过数字货币，就可以在养鱼游戏里面买入小精灵，然后开始游戏。但是，每个小精灵都需要上百美元。在这个元宇宙钱包中，你可以用现实货币购买元宇宙币。如果想将其提现，则需要交服务费。就像微信钱包一样，它要向商家收取服务费，但羊毛出在羊身上，最后实际上还是向消费者收服务费。数字经济中的支付与交易基本上是零成本的，而且消费者的交易数据、交易习惯等信息都可以卖钱或者变成钱。所以，元宇宙的大量网民已然成为资本的收割对象。

我们来看看 NFT（非同质化代币）的交易空间，它们全部是平台，而且收费不低。我们选取五个 NFT 交易平台对比，发现其各有特色（见表 6-1）。

表 6-1 五个 NFT 交易平台

平台	手续费	版税	特点
OpenSea	交易额的2.5%（包括首次和二次销售）	由创作者决定（最高10%）	目前使用人数最多、交易量最大的NFT平台
Rarible	首次销售时收取交易额的2.5%，二次销售时向买方收取2.5%的佣金	由创作者决定（官方推荐0～30%）	第一个采用DAO（去中心化自治组织）社区治理模式的NFT交易平台
Foundation	首次销售时收取交易额的15%，二次销售时收取交易额的5%	10%	只有收到平台邀请的作者才能入驻平台并上传作品，因此拥有大量优质作者
Super Rare	首次销售时收取交易额的15%，二次销售时向买方收取3%的市场交易费用	10%	平台审核机制严格，对作者要求较高，多为专业艺术家的作品
ODin	交易额的5%（包括首次和二次销售）	5%	实行去中心化治理，采用智能合约使交易过程更加公正、透明和高效，支持用微信、支付宝购买

资料来源：作者根据网络公开资料自制。

目前 OpenSea 是交易量最大的 NFT 交易平台，覆盖了数字文物、数字作品、数字游戏物品、数字土地等各种数字产品。任何人都可以上传和出售 NFT，但首次使用 OpenSea 的话，设立账户初始化时需要支付中间费，或者商品售出后需支付一笔加油费，其实就是平台费。

Rarible 同样允许用户创造和售卖自己的 NFT 艺术品，同样要收取手续费，通过智能合约收取版税。

Foundation 是一个有自己态度的 NFT 交易平台，只有收到平台邀请的作者才能入驻平台，以及上传作品。这个机制给了被邀请的作者足够的肯定和尊重，吸引了大量的优质作者入驻。

Super Rare 是一个由艺术家申请、平台审核通过后可上传 NFT 的平台。这个平台对初次销售的代币收取 15% 销售额的佣金，对二次销售的代币收取 3% 销售额的佣金。这些佣金都由买家支付。艺术家在后期的每次交易中，都将获得 10% 的版税。

ODin 是一家可支持多链生态的 NFT 去中心化消费平台。它引入了 DAO，用积分作为工具，通过对各角色的定义、合理的积分分配机制，实行去中心化治理。ODin 的加密资产协议规定，用户可对 NFT 资产自由定价和买卖。它还支持用微信、支付宝购买，能满足大部分中国用户的消费需求。

我们看到，五个平台公司的共同特点是收取中间费用。其实，在每次交易结束时，从用户生成的内容中赚取的收入，很少真正落入用户的口袋。这就是为什么这些大平台看起来好像收费低廉甚至不收费，其实每个都获得了不少的利润。企业商业模式中最重要的增值和转变之一，是意识到可以从用户在平台上创造的内容获得收入。

所以，我们认为，元宇宙的发展是人类经济发展的必然，也是数字技术发展的必然。作为平台经济的典型表达，元宇宙成长的过程就是一个平台的数字化扩张过程。在平台扩张过程中，通过数字货币交易收取费用，平台可赚取传统企业难以想象的利润。

四、元宇宙带来的人类进化

（一）近在眼前的强制进化

元宇宙概念被提出之初，我们就认识到它会对人类产生深远的影响。元宇宙是数字空间的具体化代名词，能够让人沉迷，让人宅在家里，让人变成"手机人"。以元宇宙为代表的现代数字科技正在改变人类的身体。从深层次上说，元宇宙正在影响人类的进化。

科技失控，人类进化可能完全偏离自然的主线。这可不是耸人听闻。我们先了解一个真实的案例，看看人类是如何影响大象的进化的。20 世纪 70 年代至 90 年代初，莫桑比克境内，大量的非洲大象被捕杀。大象为了生存，居然开始被迫强制进化，慢慢不长出象牙了。1992 年人们统计发现，莫桑比克境内大概有三分之一的小象不长象牙了。而在正常情况下，小象不长象牙的概率仅有 3% 左右。这是人类行为导致物种强制进化的真实例子。

美国社会学家弗朗西斯·福山在他的著作《我们的后人类未来：生物技术革命的后果》中指出：现代生物技术生产的最大危险，在于它有可能修改乃至改变人类的本性，人性可能被生物技术掌控，从而使人类社会进入后人类的历史时代。元宇宙时代的到来，也许就是后人类时代的到来。现在的情况是，并不是生物技术，而是数字技术特别是失控的数字技术，可能会掌控人性，逼迫人类强制进化。

（二）是你在玩游戏，还是游戏在"玩"你

翻开元宇宙的产业版图，我们会发现，其中有很多与进化相关的游戏。《进化》（Evolve）是由《求生之路》的开发商 Turtle Rock 工作室耗时 3 年打造出来的多人第一人称射击游戏，故事的主角设定为一群生活在遥远星球上的人，其中最大的星球名叫"剪刀"（Shear）。外星人会在这里袭击人类，而猎人们则负

责将这些危险化解。在这个进化游戏中，"狩猎进行时"模式很有特点：一位猎人玩家将控制野生怪物并袭击其他 4 位猎人玩家，如果杀掉 4 位猎人玩家则他可取得胜利。这里把武器弹药定义为可以无限供给。一位猎人玩家只有 3 次复活机会，用完则输掉游戏。

国产元宇宙游戏《山海经》也是一样。看看它的解说词：开局一条鲲，进化全靠吞，异兽出没，小心被吞，奇幻世界，越吞越强大，山海异兽人气游戏2021 热门新款，不用氪金，一切靠吞噬，进化 + 吞噬，点击游戏，3 秒注册即可开始游戏。

3 秒就可以注册，就可以开始进化，听起来多爽！当很多玩家关心元宇宙带来的精神满足时，请允许我们关心一下游戏玩家的肉体。也许你想到最多的就是玩游戏很爽，也就是精神非常满足。但你也要知道，不是你在玩游戏，是游戏在"玩"（play）你。你已经悄悄地被科技带动，发生了肉体的改变，乃至基因的改变。你认为自己在游戏中控制生物的"进化"，其实，是游戏在悄悄地强制你进化。你以为自己操控了游戏，其实是游戏操控了你。你已处于进化过程之中，而且是在加速进化着。

人类已经不是简单地自然进化了，我们现在已经开始自主进化了。这样的自主进化，是人类脱离自然、超越自然的重要现象，实际上是科技迅猛发展所带来的强制进化。这样的强制进化本质上是人为的结果。人类对自身的强制进化，表面上超越了自然进化的缓慢进程，但是并没有改变人类进化的基本规律。

基因层面也是如此。比如，人类的视力需要不断适应生存的需要。当我们由于生存需要而不得不适应广袤的大自然时，我们的视力就会趋向于更好，而且会具有一定的夜视能力，因为我们需要大量地远距离以及夜间用眼（比如原始社会时）；当我们需要近距离大量读写时，就开始变得更容易近视；当我们需要适应网络时代，与屏幕、VR、AR、MR 打交道的时候，我们的视觉基因一样会发生变化，因为我们的眼睛必须适应无处不在的主动光。援引进化论的观点，元宇宙的数字科技发展，可能强制人类群体出现跃进与渐进并存的进化。

（三）变异与异化

进化的初始状态就是变异。

变异泛指生物种群与个体之间的各种差异，包括形态、生理、生化以及行为、习性等各方面的歧异。变异是生物进化和人类育种的根源，包括可遗传的和不可遗传的变异。环境影响和基因型之间相互作用，表现为种群的个体表型变异、环境变异、遗传变异，这是生物进化的一个主要因素。生物学变异可分为三种：表型变异（VP）、环境变异（VE）和遗传变异（VG）。

《异形》（*Alien*）是雷德利·斯科特执导的一部恐怖电影，于1979年5月在美国上映。影片讲述了一艘飞船在执行救援任务时不慎将异形怪物带上船后，船员们与异形怪物搏斗的故事。飞船在途经一颗小行星时，因为接收到神秘信号，唤醒了休眠的船员。在调查一艘外星飞船残骸时，船员不小心释放了一个外星生物。这个外星生物可以脱离躯壳，在人的身上寄生。船员们乘坐飞船搭载的宇宙穿梭机逃生，一番殊死搏斗之后，将异形怪物抛入太空。

这个看起来很恐怖的科幻故事，其实已经在我们身边发生。在我们的肉体上，寄生了变异的生活方式与工作方式。为了适应被现代数字科技导致的异化，我们的肉体会被迫在基因变异的基础上，被元宇宙的异化所筛选……

当我们的劳动不再是群体聚集的社会活动时，仅仅动用手指就能和全球玩家合作进行情感生产与消费的时候，我们的身体已经变异成通过五脏六腑工作，而不再是用四肢和肌肉工作了。资本主义通过工业化大生产使人类的体力与外在开始异化，现在我们甚至可以说，通过数字经济大生产，人类已进一步异化。不仅仅是娱乐，包括我们的工作、我们的劳动，很多也已经从线下转向线上了。

我们不是说异化不好，异化也可以是人类进步的表现，通过异化可能实现从一个阶段向另外一个阶段的飞跃，从相对低级文明中逐步产生更高级的文明。我们所强调的是，我们要知道异化的存在，并且把握异化方向和节奏。从不好的方面说，异化是人类依附资本的必然趋势，而且这个趋势不可阻挡。从游戏到社交到工作，元宇宙都在逐步地把人异化——从体力异化，变成精神异化。

从好的方面看，元宇宙时代到来了，你的思想会更加自由而不再完全受现实约束。我们相信，这是人类的群体智能的生理学基础。人类要面向星辰大海，就必须借助群体智能，而不能再局限在个体智能基础上。元宇宙带来的工作异化，就是人类对自我的强制进化与自主淘汰。我们完全可以乐观地看待人类的群体智能，这种异化带来了智力大融合。进入这个深度异化的时代，是人类理性发展的选择。

五、元宇宙新经济

（一）新经济与新思想

1. 数字经济的现实

数字文明时代，西方经济学正在面临一系列困境。以淘宝、脸书等为例，它们形成的交易市场还是受控于西方古典经济学中"看不见的手"吗？它们依托数字技术形成的元宇宙平台与数字市场，对现实世界拥有强大影响力，更像是一只"看得见的手"。数字文明时代，按道理是可以解决信息不对称的，但实际上，元宇宙正在通过创造信息不对称来谋取利益。本章主要以脸书为例，结合后古典经济学三大内核来分析元宇宙经济系统，并指出元宇宙竞争其实已经上升到国家博弈层面，不同国家正依据自身禀赋全面布局、强化竞争优势。元宇宙"洪荒时代"，一切才刚刚开始。虽然这个"虚拟世界"的很多领域还处于混沌与未知状态，但围绕元宇宙开展的深度博弈其实已经明朗化了。

20世纪50年代，原子弹的问世与应用让全人类第一次感到巨大的恐惧。这种恐惧来自科技产生的巨大破坏力，人类开始质疑科技的意义，科技到底会带来美好的未来，还是会导致人类走向灭亡？近些年，随着以阿尔法狗为代表的人工智能在不同领域战胜人类，元宇宙带来的虚拟精神空间让人类沉迷，这些重大技术进展和技术应用让人类对科技再次产生了恐惧。人们在对元宇宙的认识问题上，产生了重大的思想分裂。

建设数字文明时代的数字空间，某种意义上让现代经济学理论失去了用武之地，因为元宇宙中没有实体生产，没有企业边界，一切都是数字化的、离散化的。这些是现代经济学没有遇到过的经济现象。数字经济现象，自然需要对应的理论创新——后古典经济学理论。

2. 经济系统实例分析

结合前文提出的元宇宙三大哲学思想及内核，对应后古典经济学的三大内核——离散主义的价值关联、量化理性的理性管控、制度价值论的秩序规定，我们简单分析一下脸书的元宇宙经济系统（见图6-2）。

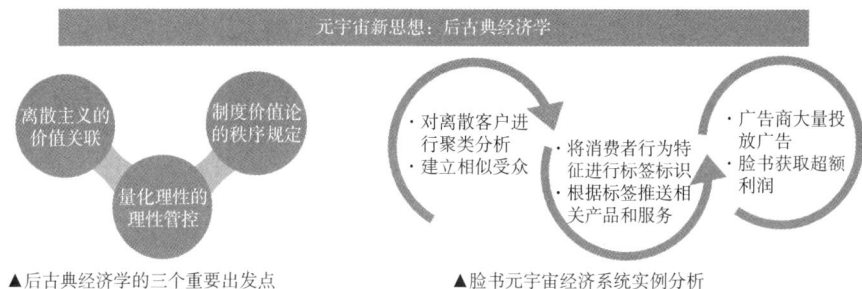

元宇宙新思想：后古典经济学

▲后古典经济学的三个重要出发点　　　　▲脸书元宇宙经济系统实例分析

图6-2　后古典经济学三大理论及脸书实例

2021年时扎克伯格曾称，脸书未来的发展将逾越已构建的社交网络应用程序以及相关硬件等项目，建立元宇宙，把科幻概念中的终极目标带入现实，计划利用5年时间转型成为一家元宇宙公司。我们对该计划做一些分析。

首先，元宇宙虚拟社交平台给大家创造了"穿越时空"的沟通机制，这样的沟通机制的设计，特别是通过社交形成的商业模式设计，就是典型的离散个体的价值关联。基于客户分析，脸书可以向投放广告的企业收费。脸书需要借助客户之间的互动，深度挖掘客户需求，甚至影响客户、创造客户需求。脸书可以针对特定的人做精准投放广告的再营销，比如向购买过口红的人推荐粉底，向把手机放入购物车的人推荐手机壳。通过社交平台，脸书很容易获得相似受众。寻找相似受众是脸书的一个非常强大的功能，简单来说就是根据已有受众去扩展、找到一些行为和标签跟原有受众类似的受众。比如可以先把购买过唇膏的人作为自定义受众，然后根据这些购买过唇膏的人的特征找到类似的人，向他们推广香水等相关产品。简言之，这一功能实现了离散个体之间的价值关联。

其次，元宇宙基于量化理性的理性管控涵盖方方面面，例如对身份的认可、对交易方法的认可、对交易货币的认可。理性管控首先表达为文化认同，这就是为什么国家要对文化领域、思想领域进行管理的重要原因。因为文化决定秩序，秩序是经济和信用的基础。如今，人们普遍使用的数字服务，如网络棋牌、软件打车、网上购物等，都是通过算法管控用户条件理性。具体而言，脸书使用复杂的算法来决定用户在其平台上看到的内容，包括新闻资讯、帖子、视频等，与此同时，后台进行数据分析后持续推送相关内容，不断强化用户群体的行为体验，对用户的信息流进行控制和影响，从而塑造用户的行为和观点，即在宏观上调整用户的集体理性分布。对集体理性分布的管控能够促进更多交易完成，帮助脸书获取巨额利润。

在元宇宙中交友，人们可以随意改头换面，以虚拟形象包装自己，享受与朋友相处的快感；在网络游戏中，只需动动手指，玩家即使死去也能重新开始。无数次的试验只为了短暂的快感，大家都享受着这种感觉。正如扎克伯格所说的，我们能够在元宇宙中拥有与众不同的人生。不论你在现实生活中富可敌国还是一贫如洗，都可以在这个元宇宙中社交、娱乐、工作。任何一个普通人都可以在网络游戏中成为超级英雄。这其实就是理性管控，对人的行为进行检测、对人的偏好进行监测、对人的偏好进行强化，而且可以影响人的理性决策。

最后，我们一起来分析脸书背后的制度价值问题。扎克伯格说，未来在元宇宙空间中，虚拟产权的互相确认具有重要意义。你的化身以及虚拟物品可以移动到任何地方。但是，请注意这里即刻出现公司之间的稀缺性协调问题：一家元宇宙公司发行的数字货币和另外一家元宇宙公司发行的数字货币如何进行汇兑？如何避免不同元宇宙公司的货币或者游戏币互相滥用的问题？只有宏观制度甚至实体法律才能管控。不同元宇宙公司之间针对虚拟产品、数字货币或者游戏币都需要进行稀缺性的协调。就像万维网协会标准协议一样，元宇宙需要构建一个通用的协议让每家公司在共同且互通的宇宙中进行开发，这个通用协议就是制度之间的协调，也再次印证了制度价值论的正确性。

正如电影《头号玩家》的经典台词：人们来到"绿洲"玩游戏，并不是因为游戏好玩，而是因为在游戏里可以做各种现实生活中做不到的事，人们是为了过不一样的人生。

元宇宙经济系统虽然依附于区块链技术、人工智能技术、算力算法等，但是技术并不是核心。我们看到，很多元宇宙公司并没有多少绝对的技术优势，在具体场景应用上，所使用的都是成熟技术。许多元宇宙公司的网络办公平台、社交平台并无多大区别。元宇宙经济系统的核心，在于符合数字时代特征的崭新经济范式和商业模式。对这些经济范式和商业模式的分析，需要有崭新的经济学理论支持，这就是后古典经济学的意义所在。

通过后古典经济学的分析框架研究元宇宙经济系统，一般需要关注三个基础要件，也就是离散主义的价值关联、量化理性的理性管控、制度价值论的秩序规定。其中最关键的是制度的话语权，其争夺甚至涉及国家层面。欧盟这几年经常对谷歌和脸书进行罚款，原因就在于欧盟认为这些跨国元宇宙企业的制度规则对欧洲公民和企业有极大的伤害或潜在歧视。欧盟出台了《通用数据保护条例》，以保证本地区企业在元宇宙时代的竞争力，保护本地数据的资源专属性。当然，这引起了美国的强烈不满。表面上看这是元宇宙经济系统内部的制度安排，实际上已经上升到国家之间的博弈了。

（二）深度博弈与"洪荒时代"

1. 元宇宙的"威权"在哪里

元宇宙时代的到来，看起来是元宇宙自己建立了经济系统，好像和现实政权没有关系，事实上并不是这样，两者不仅有关系，而且关系非常大。我们来举几个小例子，就能看到元宇宙中国家博弈的影子。

比如，你在上海家中的电脑上购买了《罗布乐思》的会员，结果这个元宇宙的参与方统统讲英语，你受不了了，需要退费，然后发现当初入会条件居然隐藏了很多"霸王条款"。这时候，你想起了法律武器，要起诉游戏方诈骗。那么问题来了，你到哪个国家的法庭去起诉？

事情发生地是虚拟网络空间，网络服务器之一在日本东京，《罗布乐思》总部在美国加州圣马特奥市，你人却在上海。按照属地原则，你去哪个国家的法庭起诉？这涉及国际公法的问题，谁有管辖权？这么乱糟糟的网络世界中，元宇宙如何行使"威权"？

或者，当你和美国女朋友在《第二人生》游戏中结婚了，你们有了共同财产，但都是网上的数字资产。后来你家里人反对虚拟婚姻，你只好和美国女朋友分手。这时候，你们的数字资产怎么划分？根据美国的法律划分？显然不行，我们是中国人，不同意这样做。而且你们是在网上登记的，又不是在美国本土登记的。那用中国的法律？对不起，中国不承认网络婚姻。那用《第二人生》的游戏规则？你的美国女朋友可能不愿意，因为她作为"被分手方"要求心理补偿。这是一个典型的元宇宙带来的国际私法问题。

很多国家早就关注元宇宙带来的国家治理问题，并且已经开始进行博弈。

主要国家在元宇宙领域有几个主要投资方向，这些投资方向已经成为各国政府竞争的主要赛道。具体而言，元宇宙有六大投资方向，包括底层架构、硬件与操作系统、协同方、内容与场景、人工智能、后端基建（见图6-3）。在这些领域的竞争的结果，将直接影响区域经济发展与国家的国际影响力。

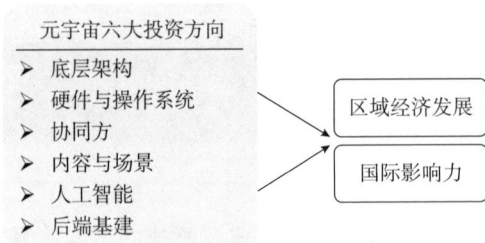

图6-3 元宇宙六大投资方向

2.技术布局

在元宇宙的大背景下，很多国家依托自身禀赋和优势进行全面布局，有的国家甚至"不讲武德"，就是为了进一步强化竞争优势。

元宇宙产业的底层核心技术包括半导体技术、信息技术、通信技术和智能硬件技术，代表着科学技术的前沿。这些数字技术的底层关键技术大多还掌握在发达国家手中，所以对我国而言，核心技术攻关就显得非常关键。具体而言，硬件元器件产业水平将直接影响元宇宙终端产业的自主程度。这些硬件主要涉及光学器件、显示屏、传感器、核心芯片等。我国在光学器件、显示屏、传感器等方面与海外差距不大，但是在核心芯片产业方面与国外的高通、英特尔、AMD等有明显差距。虽然国家投入大量资金，但是产业发展需要技术积累，很难一蹴而就。

基础软件同样直接影响着元宇宙的自主程度，也是我国当前面临的技术壁垒。元宇宙产业发展需要许多基础软件，主要有操作系统、数据库、编译器类软件等。目前国内操作系统代表产品有华为鸿蒙、中科红旗等。我国正在努力抓住机会，争取在基础软件方面打个翻身仗。

从全球来看，在元宇宙战略布局上，中国和美国表现得最为突出。这两个国家基于自身强大的数字经济实力，在战略布局中获得先发优势。一般认为，中美两个数字经济大国，以其各有特点、各有代表性的公司，形成了代表不同竞争优势而又密切相关的全球创新市场。美国代表了技术原创的中心，引领很多核心技术方面的革命，而中国则代表了最大的互联网群体市场和创新商业化的实验室，许多原创技术在中国形成了发展和应用，并进一步促进了技术创新。

美国着眼于打造功能性元宇宙平台。美国政府在产业政策上一直支持元宇宙的国际化发展。尽管欧盟出台了《通用数据保护条例》，以数据保护为理由，罚了美国的脸书和谷歌等企业，但美国不仅迟迟没有据此做出让步，还威胁要对欧盟进行反制。美国对元宇宙的关注点集中于功能性平台和基础介入平台、硬件和软件方面的核心竞争力，主要体现在硬件入口及操作系统、后端基建、底层架构等方面。当然，美国在人工智能方面也具有较强的竞争力，而且一直密切关注中国在这个领域的发展。

中国的优势之一在于人口众多，很多沉浸式应用都有巨大的潜在市场。而且，中国的新基建能力极其强大，5G 等基建、人工智能、场景应用方面有巨大的增长潜力。例如，商汤科技的软件平台，就包含超过 3500 个 AI 模型，支持全新的元宇宙体验；腾讯、字节跳动等互联网巨头更是元宇宙龙头企业。中国企业的元宇宙应用场景主要集中在用户体验等方面，主要以社交与游戏等场景为主。

3."洪荒时代"

在这场事关元宇宙的深度博弈中，大国要创新顶层设计，完善配套治理体系。元宇宙看起来是一个非常新的概念，但事实上各国早就开始布局。企业界早就关注元宇宙所引发的商业颠覆和市场机会，政府也特别关注元宇宙对全球的战略影响，以及对国内政治的潜在风险。

2021 年 12 月，Meta 正式开放了"虚拟世界"平台，让元宇宙成为现实政治的舞台之一。加勒比群岛国家巴巴多斯于 2022 年 1 月 1 日，在元宇宙中正式运行代表主权国家的数字大使馆。其实，早在 2007 年，马尔代夫就在元宇宙游戏《第二人生》中设立了一个外交办公室。《第二人生》在 21 世纪初期非常流行，以色列、瑞典、菲律宾以及哥伦比亚都在该游戏中开设了虚拟大使馆。2007 年，一个在《第二人生》中有庞大的地产和成员的群体，甚至还向联合国申请国家资格，要以国家身份加入联合国！韩国也要构建元宇宙首都——虚拟首尔城。总之，元宇宙正从经济领域拓展到国际政治和社会治理领域，将对各国的政治、经济和社会产生深远影响。

《第二人生》中的那个群体想要加入联合国，过去虽然没有实现，但是未来谁又敢保证呢？科技越发达，人们联系越紧密，实体国界可能被突破。谁能保证，不会出现拥有联合国席位的"虚拟国家"？如果元宇宙企业可以这样政治化，它们的权力如何产生？又该如何制衡呢？

这样的大背景意味着一切还处于混沌状态，很多领域处于未知状态。国家与国家之间围绕着元宇宙开展的深度博弈已经明朗化了，最终看哪些大国是胜者，哪些资本是赢家。在这"洪荒时代"，一切才刚刚开始。

第三篇

元宇宙商业逻辑

　　元宇宙这一新兴领域构建起了一个以开放性、共享性、持续创新为核心特质的商业生态系统，这一系统摒弃了传统地理与时间的桎梏，倡导广泛的用户参与和创新元素的自由流通，进而催生出一系列前所未有的商业机会和挑战。元宇宙如何通过数字技术、制度架构和价值流动机制，创造出全新的商业模式、经济互动形式以及市场运作规律，从而展现出在商业领域中无限广阔的前景和深远的社会经济影响？元宇宙不仅革新了传统的商业模式运作方式，更以其独特的内在逻辑对现有的商业实践进行了颠覆和重塑。我们有必要对元宇宙的商业逻辑一探究竟。

第七章

元宇宙商业技术底座

　　对于未来理想经济系统的构想与实践，离不开对数字技术极限的追求和创新应用。支撑元宇宙经济体系运转的核心是数字技术的成熟与集成。数字经济步入崭新发展阶段，为元宇宙经济系统的设计与构建提供了前所未有的多样化工具集。本章首要探讨的是人机接口技术，这一关键技术使得元宇宙内的互动体验变得生动而真实。接下来，我们将逐一解析构成元宇宙稳固基石的三大技术支柱：平台技术、网络技术和底层技术。平台技术企业扮演着至关重要的角色，通过提供丰富多样的技术服务赋能元宇宙应用生态；网络技术作为平台运作的心脏，确保了信息的高效传输和互动体验的流畅性；底层技术尤其是算力基础的强弱，直接影响着元宇宙产业的稳定性和发展潜力。

一、元宇宙系统的人机接口

先看看人类是如何通过科幻作品刻画未来社会的。

从《银翼杀手》到《黑客帝国》，从《阿凡达》到《机械姬》，从《我，机器人》到《头号玩家》等科幻巨制，无不充满了对脱离现实的数字世界，也就是"元宇宙"的向往。这几部电影有一个显著的共同点，那就是人与元宇宙要实现交互。

在游戏领域，基本实现了人与元宇宙的交互，这是游戏的参与属性所决定的。人们可以在元宇宙游戏中选择自己的角色，可以保存进度，可以死而复生，可以调整元宇宙游戏的难度。但是，游戏层面的元宇宙，目前仅仅是元宇宙的入门级别，在这个被设定的世界中，一切运行规则相对易于现实世界。

当我们在元宇宙中可以通过相互协作处理复杂事务，通过形成的群体智能解决工业问题的时候，元宇宙才是成熟的元宇宙。

我们可以使用元宇宙中的各类应用，通过访问终端接入元宇宙，与虚拟人进行交流、互相联通。我们在虚拟环境中对虚拟对象的操作，完全可以通过与现实的接口穿透到现实中，实现对实体对象的操作。这样的交互操作技术包括终端产业、自然交互及动感模拟技术、代理机器人等。

终端主要指 VR、AR、MR 终端设备，也涵盖传统的电脑和手机屏等终端产品。随着元宇宙生态应用的不断丰富，XR 终端渗透率日渐提高，成为主流的新一代消费级个人计算平台。

自然交互是指摆脱键盘、鼠标，通过语音、动作等更加自然的方式，获得视、听、触、味、嗅感官信息的交互方式，具体包括语音交互、动捕交互、表情捕捉、眼动跟踪、气味模拟、触觉模拟、脑机接口等。国内语音交互方面领先的供应商有科大讯飞、百度、云知声等。

动感模拟是 VR 模拟仿真应用创新的重要支撑技术，为 VR 用户在虚拟环境中的快速运动提供位移感知乃至全方位移动感知的模拟体验。运动感模拟技术，可模拟自行车、汽车、船舶、飞机等在运动时人体产生的加减速、爬升下降、转弯倾斜、颠簸震动等感觉。操作力反馈技术，可通过力传感器来测量或模拟三维力矩带给人的肌肉感知。近年来广东的企业造了许多外形炫酷的运动感模拟平台产品，销售至全国各地乃至海外。

代理机器人有人形机器人、仿生机器人和工业机器人。代理机器人主要用途是作为人的物理替身去完成特定任务。人形机器人形象亲切，用户接受度高，可用于陪伴、服务、教育、娱乐等场景。仿生机器人主要模仿各类生物，替代人去完成人无法或难以完成的任务，如模拟飞鸟、四足动物、昆虫、鱼类等。工业机器人主要服务于生产线，替代工人更加高效、准确地进行流水线作业。如需基于数字孪生进行管理控制，代理机器人的行为数据可以同步到元宇宙中的数字代理人，并驱动数字代理人的行为。国内人形机器人方面的代表企业有优必选、EXDOLL、城市漫步等。仿生机器人领域的代表企业有大疆、宇树科技、博雅工道等。工业机器人领域的代表企业有新松、软控等。

元宇宙基于上述科技所构建的世界，是离散化的数字世界。

基于图像的世界是因为根据人类的生活习惯，我们需要将物体描述为可见、可触摸和可感知的。一切都应该由人眼投射，然后转换成信号供大脑解读。元宇宙中存在的不是图像，而是以数字状态表达、可以被计算和存储、通过展示可以被人感知的"意识"。"意识"的基本形式可以通过数学模型来建立，这样它就可以存在于元宇宙中，并且可以被复制、调用和编辑。

目前，构建元宇宙的基本手段仍然基于互联网、大数据和超级大型计算机，这是元宇宙的初始图像。人与机器之间有一条不可逾越的鸿沟，如果仅仅用计算机作为人与元宇宙沟通的唯一工具，那么这个数字世界仍和人工智能一样，并不能超越最先进的人类智慧。电影《银翼杀手》中描述了一个成熟的元宇宙，其中人不是人，机器也不是机器而是更先进的计算机人工智能系统。但目前除了可以实现虚拟图像，这项技术还远未成熟。它们都有非常显著的特点，即具有惊人的学习能力、模仿能力、独立思考能力，以及相当强的情感能力，并具有突破道德底线的可能性。

《黑客帝国》中，人类意识可通过人机界面转移到另一个世界，形成一个"元宇宙"。进入这个世界，人们需要学习很多东西，但学习效果很好，这就解决了认知阶段智力长期增长的问题。在《阿凡达》中，人类的意识被传送到另一种生物的意识系统中。人类和其他生物生活在一个似乎有边界的世界，可以通过交通工具到达各地。世界似乎是一个极其原始的森林部落。主人公使用虚拟现实设备将现实世界和元宇宙交织在一起，那里的发展程度看起来远不如《黑客帝国》。

过去几十年人类真正虚拟化体验的就是游戏世界和互联网世界，如果硬说还有其他的话，那大概就是梦境了。游戏世界和互联网世界是想象世界，我们可以认为它们已经有了元宇宙的雏形。元宇宙最底层的记录方式"1，0"，是被人类设定出来的。人类思想的高度决定了这个世界的高度。近几年人工智能突飞猛进，让人类感到一些担忧，也就是说，人工智能具有超强的学习能力之后，会在某个单项领域超过人类，比如自动驾驶、阿尔法狗、机器人生产线、服务机器人等。

在元宇宙中，数字化表达才是存在的核心。所有的数字化表达都是以算法的逻辑为基础的，也就是说，在这个"元"的世界里，基本的交流语言是数字化及其算法逻辑。

不同的模型和不同的算法之间可以无障碍联通且可产生新的模型，最终呈现给用户丰富多彩的虚拟场景。人类参与元宇宙的形式，可以是影音与文字，但是都以数字化的方式传送，以增强现实的形式和人类互动，最终被人类感知、解读和交互。

在元宇宙中，人与人之间通过虚拟人进行交互，其基本连接方式是人机接口。人们在元宇宙中交流知识、解决问题、互相学习，突破种族、国别、肤色、语言等限制。数字化空间，完全无边界。

马斯克发布了一项脑机接口实验，实验中的猴子能通过意念打游戏，这个实验中的场景就是相对于猴子世界的元宇宙。从人类现实世界到元宇宙有一道绕不开的鸿沟，必须通过意识的完全交互才能到达未来具有高级群体智能的元宇宙。

人类现在的技术还停留在电信号的基础上，仅仅可读取大脑的脑波信号，而不能接收脑细胞的生物信号。但读取大脑脑波信号毕竟是第一步，让我们先跨出这一步。如果说当前我们认为真正的元宇宙是一个将要到来的时代，还不如说是我们预见了未来。未来毕竟是星辰大海，还有好长的路要走。

即便是当前的人机接口技术，也还需要大量的通信技术和底层网络支持。特别是在数据处理上，还需要强大的算力支撑。

二、元宇宙系统的技术体系

元宇宙产业需要大量的应用生态企业，同样需要大量的平台技术企业为应用生态企业提供丰富的技术服务。网络技术应用是平台技术企业所需的核心设施。随着"数据＋算力＋算法"日益成为数字经济与元宇宙基础设施的通用技术底座，底层技术特别是算力基础的支持至关重要（见图7-1）。

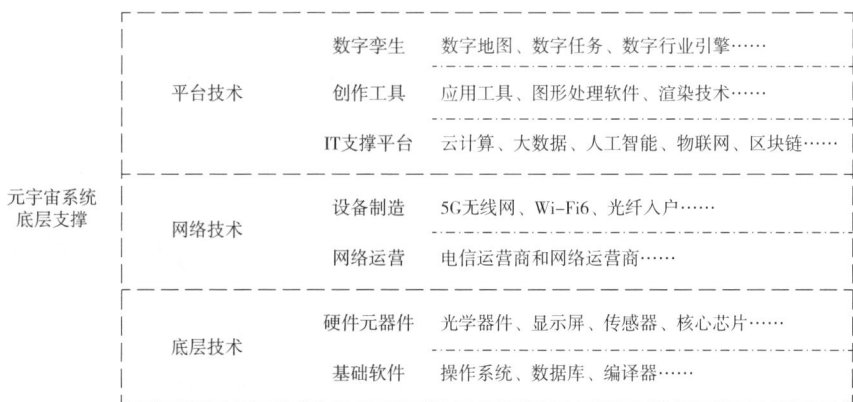

元宇宙系统底层支撑	平台技术	数字孪生	数字地图、数字任务、数字行业引擎……
		创作工具	应用工具、图形处理软件、渲染技术……
		IT支撑平台	云计算、大数据、人工智能、物联网、区块链……
	网络技术	设备制造	5G无线网、Wi-Fi6、光纤入户……
		网络运营	电信运营商和网络运营商……
	底层技术	硬件元器件	光学器件、显示屏、传感器、核心芯片……
		基础软件	操作系统、数据库、编译器……

图7-1 元宇宙系统的底层技术体系

（一）平台技术

平台技术体系主要分为三大类：数字孪生类、创作工具类、IT支撑平台类。

数字孪生是元宇宙技术平台的重要部分，包括数字地图、数字任务、数字行业引擎等。

元宇宙虚拟时空就是一个数字地图平台。它需要的地形地貌、建筑空间、数字人、数字物品、特色应用场景等，都需要数字孪生类服务平台。比如说3D地理信息系统技术可为元宇宙提供"孪生地球"的地形地貌，用于支撑各类应用提供沉浸式体验功能。国内知名的3D地理信息系统技术公司有超图、四维图新、北斗星通、中地数码等。

BIM（建筑信息模型）技术可为元宇宙提供各类建筑的结构及模型，用于支撑各类应用在人造物理空间中的活动。国内知名的 BIM 技术产品有鲁班软件等，国外的 Autodesk 公司也有相应的 BIM 技术产品。

数字人物可以用 3D 扫描快速建模，也可用建模工具进行人工创作。国内有一批超写实数字人，比如柳叶熙就是创艺科技创作的，游小游就是虚实科技创作的。前几年，数字王国制作的数字邓丽君也特别逼真。制作或运营数字人属于应用层面，能提供数字人制作工具且能提供在线云服务的平台服务供应商有很多，如量子动力（深圳）计算机科技有限公司发布了国内首个实现人脸高精度建模、绑定、驱动高效制作工具阿凡达；聚力维度公司推出了赛博演猿 AI 动画制作软件。国外虚拟人制作工具有 3D 变形软件、元人类创作软件等。

行业引擎就是平台，是指为某些细分行业的元宇宙应用提供特定服务的平台。可以说这些行业引擎是最适合专精特新企业的元宇宙创新领域，也可以称为工业元宇宙。百度的阿波罗开放平台就是一个典型的行业引擎，它面向智能交通信控、自动出行、智能驾驶、智能矿山等细分场景，实际上做的是工业元宇宙项目。

富士康科技集团的工业互联网平台以数据采集为基础，为外部提供智能数据、智能制造、模型服务、供应链、产品质量管理等平台服务。阿里巴巴的元境面向游戏、文娱、文旅领域，提供云游戏平台服务。五一视界公司面向园区、交通、能源等细分行业，提供数字孪生 3D 模型仿真平台服务。

创作工具有很多，包括应用工具、图形处理软件、渲染技术等。由于元宇宙生态应用的丰富，广大用户自身就是创作者，创作者之间要有内容交流，因此需要给创作者提供便捷的内容创作工具。

元宇宙提供给用户的内容创作工具，目前主要满足相对专业的用户需求，包括图形图像、游戏开发、渲染引擎等。元宇宙游戏《罗布乐思》就在游戏中把内容创作工具集成在游戏平台上。《罗布乐思》这种边玩边赚钱的游戏，就是通过建立开发者社区等形式，发展为元宇宙中的社区交易平台的。

目前国外主流的游戏开发工具包括非真虚拟引擎、大世界等，占据绝对市场份额。国内公司也在持续积累技术，想要推出自主开发的游戏引擎，包括搜狐畅游的黑火引擎等。网易游戏也推出了相关引擎。

在图像处理软件方面，目前比较热门的大部分是国外公司，比如 AutoCAD。随着以抖音、快手为代表的网络短视频业务的兴起，国内出现了一批消费级编辑软件，如剪映、快剪等。

在图像渲染引擎方面，国内企业近年来也在奋起直追，比如华为推出的凤凰引擎等。渲染引擎的主要功能是通过强大算力与算法，对图形进行调整，形成设计者需要的图像。目前，国外软件依然占据主流，但国产软件市场份额正在不断扩大。

在信息技术支撑平台方面，元宇宙一定是基于多平台的，而且多个平台间互联互通。随着云计算、大数据、人工智能、物联网、区块链等新一代 IT 技术的应用和普及，元宇宙的平台支撑性将进一步增强。其中，云计算经过十余年的发展，已逐渐形成了完善的平台服务架构体系。以云平台为架构，可将大数据、人工智能、物联网、区块链等技术整合为一体，作为元宇宙发展第一阶段的 IT 支撑平台。国内的阿里云、百度云、腾讯云等正在茁壮成长。

在大数据领域，目前全球大数据第一大技术来源国为中国，其次是美国，两个国家的大数据专利申请量占全球大数据专利申请总量的 70% 以上。国内代表性企业有腾讯、华为、百度、阿里巴巴、字节跳动等，国外代表性企业有三星、IBM、脸书、亚马逊、微软公司等。

在人工智能领域，技术核心是在大数据基础上的算法设计及数据应用。国内代表性企业有百度、华为、大疆、科大讯飞等，这些企业推动 AI 技术广泛应用在城市、交通、医疗、家居、安防等众多行业。

在物联网领域，国内物联网云平台分为家电、电信、互联网、工业智能四大类。物联网是数字孪生得以实现的重要技术基础，是联通物理世界与元宇宙的技术基础。家电代表性企业包括海尔、TCL 等；电信运营商主要是中国电信、中国移动；互联网代表性企业主要有小米、京东、阿里等；工业智能代表性企业主要有树根云、中国电科等；国内开源平台代表性企业有杭州映云等。

在区块链领域，去中心化可信技术在元宇宙技术平台中扮演重要角色。主要的互联网公司都构建了自己的区块链。这些区块链的一个直接应用，就是发行了大量的 NFT 数字藏品，例如阿里巴巴的蚂蚁链、腾讯区块链、百度超级链、京东智臻链等。另外，考虑到税务、征信等财税业务，各大银行及其他金融机构、税务系统都积极尝试了区块链在溯源、确权、交易等方面的应用。

（二）网络技术

网络技术及平台是上述元宇宙应用的核心设施。网络技术产业主要分为设备制造、网络运营两类。

设备制造包括 5G 无线网、Wi-Fi6、光纤入户等，直接影响元宇宙的普及与应用。国内主流网络设备的技术水平已经达到国际领先水平。国内制造商主要有华为、中兴、浪潮、大唐等，国外企业有思科、诺基亚等。

网络平台设施的建设及运营，一般分为电信运营商和网络运营商两类。目前国内电信运营商只有四家，分别是中国电信、中国移动、中国联通、中国广电。网络运营商主要包括世纪互联、万国数据、蓝汛、网宿科技等。目前，国外电信运营商在中国市场的份额较小，主流市场被国内企业占据。我国还在大力开拓欧洲、非洲和美洲市场。

（三）底层技术

所有网络技术的底层技术一般都是硬件技术和基础软件，包括各种通用性强、影响面广的硬件元器件、基础软件、算力基础等。

硬件元器件的产业水平将直接影响元宇宙终端产业的国产化程度。硬件元器件主要涉及的有光学器件、显示屏、传感器、核心芯片等，其中国内的光学器件、显示屏、传感器与国外差距不大，个别方面甚至处于领先水平；但核心芯片方面，国内企业与国外企业有较大差距。

基础软件也是我国元宇宙发展的薄弱环节。元宇宙产业发展需要许多基础软件，主要指操作系统、数据库、编译器。国内操作系统的代表性产品有华为鸿蒙、开源欧拉、深度系统、麒麟、中科红旗等。整体而言，在元宇宙时代，我国基础软件虽然相对落后，但还是有机会逐步赶超的。

　　元宇宙内容的渲染精度和渲染复杂性要求在集群的协同计算上有算法的突破，届时不仅对硬件的数量有要求，更要求实现跨物理机，甚至要跨物理节点，在一个覆盖全国乃至全球算力的网络上进行协同计算。在比特币市场中，算力是衡量一定网络消耗下生成新块的单位的总计算能力，随着比特币市场的繁荣发展，其对应的算力不断飙升。

　　在万维网、移动互联网之后，元宇宙很可能会成为下一个主要计算平台。它需要强大的软硬件和算力支撑，为元宇宙经济层面的应用提供更高一级的服务。其中的数字应用平台建设和服务业平台建设，是元宇宙经济的重要内容。

第八章

元宇宙典型产业

　　元宇宙是一个宏大而复杂的产业体系，涵盖了从 VR 或 AR 终端、可穿戴设备、脑机接口等沉浸式技术设备，到多形态交互装置、高精度传感器等尖端技术支持。这些技术的供应商构成了元宇宙世界的基石，它们所提供的产品与服务，直接对接的是诸如脸书、淘宝、抖音等全球瞩目的超级元宇宙企业。这些元宇宙巨头不仅在规模上超越了众多实体企业，更在商业模式和技术创新上引领潮流。本章的核心目标在于揭开这些超级元宇宙企业成功的面纱，深入探讨元宇宙产业系统的构成要素及其相互作用机制，同时提炼出元宇宙典型产业的特点，以揭示元宇宙商业逻辑的本质内涵。通过分析这些典型产业案例，我们将一同探索元宇宙产业如何从零起步，逐渐壮大，并在全球范围内塑造全新的数字经济生态。

一、元宇宙的产业系统

元宇宙系统的经济生态的发展，需要构建相对完备的产业系统。这就包括元宇宙的数字应用平台、服务业平台，以及共性服务平台和更多应用场景。

元宇宙的数字应用平台决定了元宇宙能有多大发展空间，构建丰富的应用平台是元宇宙产业发展的重要前提。元宇宙应用实际上就是传统互联网应用的升级换代，从传统的简单视频发展为三维可视化互动，从数字展示发展为虚拟场景，从前期处理发展为在线处理。目前所有互联网应用都在探讨元宇宙的升级之路，必将有更多的多维、互动、即时通信的业务模式产生。

最直接的元宇宙应用平台就是以短视频为主的聚合平台。这些平台既有娱乐功能，又承担信息传达功能。抖音和快手就是典型的元宇宙服务平台。当然还有专门为全景视频服务的内容平台，比如爱奇艺等平台也聚合了部分游戏场景。国外主流的平台模式与国内相似，但内容在一定程度上更加丰富。所有应用都是独立、分散的，并未建立起统一世界观和互访问、互操作的机制，因此元宇宙的媒介大环境尚未形成。

抖音还具有强大的社交功能。字节跳动直接投资了《重启世界》，作为其立体化进军元宇宙的重要举措。网易游戏、中青宝等从游戏角度杀入元宇宙，比如中青宝推出《酿酒大师》的交互游戏，直接带动其股价飙升。这些大型元宇宙平台公司都有良好的用户基础和业务支持。整体而言，社交及游戏是元宇宙中最易于被用户接受也是最容易吸引流量的应用。除社交功能与游戏功能之外，基于私域流量的电商直播也是元宇宙的直接应用。

元宇宙的兴起，不仅为游戏、社交和电商带来重大机遇，对教体文卫等方面都有重大影响。目前教育领域的元宇宙项目层出不穷。百度 VR 等国内企业在基础教育、职业教育等领域持续发力。除了教育，体育辅助训练也是很重要的应用场景，例如虚拟现实的滑雪、赛车、极限运动、拳击等。

除了针对个人客户，元宇宙在工业领域也在迅速构建集成平台，特别是在智能制造方面。智能制造的基础是精密制造设备，并针对工厂生产线建立数字孪生模型体系，用于远程信息采集、远程设备监控和远程联合会诊。

智能制造与智能设计的元宇宙化往往集中在国家重点领域，例如航空航天、船舶、核能等。元宇宙智能制造的配套服务规模也非常庞大，主要包括咨询、智库、媒体服务、代运营、集成交付、外包众包、代加工等。

在元宇宙产业链中，外包众包、代加工等环节的繁荣是行业生态丰富化的重要标志。影视 CG（游戏、图片或过场动画）、3D 模型、游戏动作、创意设计、软件开发、产品设计、设备生产等领域都存在大量外包代工类服务型企业。内容创作领域的外包平台主要有猪八戒、特赞等。XR 终端产品设计生产代工企业中，歌尔服务有限公司是典型代表。从上游精密元器件、模组到下游的智能硬件，从模具、注塑、表面处理到高精度自动线的自主设计与制造，歌尔打造了精密加工与智能制造高度垂直整合的元宇宙行业代工平台。

基于强大数字技术基础和强大产业配套的元宇宙毕竟是为人的需要服务的，其技术多多少少指向一项服务，那就是共性服务。

元宇宙的共性服务，是指在基于孪生世界的元宇宙云平台上，可以充分共享、可重复使用的功能、组件、模型、资产等规范化服务。服务提供方可以是平台运营方，也可以是经认证的合作伙伴。

共性服务的两个主要功能就是孪生媒介和数字人。孪生媒介主要为广大用户提供大众信息服务，包括信息组织、内容生产、算法推荐、舆情分析等。数字人也称作虚拟化身，是指通过数字 3D 技术构建元宇宙数字身份。这个数字身份可以是人、卡通人、外星人等，应用于虚拟社交、游戏等元宇宙场景。

具体的元宇宙生态应用包罗万象，可以是社会组织、企业，也可以是个人，通过内容创作工具，充分利用共性服务和平台资源，实现自我价值和社会价值。元宇宙应用场景非常丰富，涉及大部分民生领域，例如农业、房地产、数字金融、信用体系等。特别是在信用体系建设方面，元宇宙具有强大的信息优势。

目前每个平台的信用系统，对某个特定主体的信用评价都是片面的。元宇宙的信用体系可基于全局数据做出更加全面的信用评估。元宇宙的信用体系可基于区块链技术对用户的资产、劳动进行确权，提供信证链。

与元宇宙信用体系有直接关联的就是元宇宙的价值体系。价值体系最为重要的表现形式就是元宇宙的交易规则，包括发行数字货币，构建起完整的经济与金融、生产与消费模式。元宇宙价值体系，既可以实现虚实经济体系的互通，又不至于严重扰乱现实世界的经济秩序。目前这个问题仍没有令各方都满意的答案，因此仍存在不确定性。

元宇宙的任何服务都需要聚集一定的客户。因此，元宇宙必须通过情节、故事和服务来形成聚焦性、精彩性、交互性，这样才能有效支持元宇宙时代的用户召集。

因此，元宇宙的服务与故事渲染需要一定的策划和设计，也就是需要一定的故事引擎，包括离线渲染引擎、实时渲染引擎、渲染流化引擎三类。

离线渲染引擎，主要是元宇宙用户的场景化影视 CG、交互图片高品质渲染。随着渲染算力的提升以及实时渲染技术的快速发展，离线渲染引擎的使用可能会减少。脸书在宣传元宇宙应用场景时用到的外太空动漫场景，就需要大幅度进行前置的离线渲染。

实时渲染引擎，主要用于元宇宙服务和元宇宙游戏的开发及运行，目前主要用于影视作品与服务广告的虚拟制作，实现影视作品预演、CG 制作前置。它有机会彻底改变传统影视产品的制作流程。

渲染流化引擎，主要用于支持元宇宙服务和元宇宙游戏的运行和使用。元宇宙服务和游戏在云端服务器运行，实时渲染画面被以视频流方式推送到用户终端，用户操控指令上传到服务器并实现对游戏的实时控制。其主要应用场景包括通过元宇宙联合办公开会、通过工业元宇宙进行工业现场监测与操作等。

总之，元宇宙的各种应用技术与应用场景平台的开发，为元宇宙的经济系统建设奠定了坚实的技术基础。

二、元宇宙的典型产业

现实生活中有很多元宇宙产业的例子。我们所熟悉的许多社交平台，例如新浪微博，就属于元宇宙产业，其跟脸书一样是一个社交软件，用户在上面可以追踪明星动态、关注实时信息。微博还有许多虚拟社区，在这些社区中，用户可以寻找志同道合的网友进行交流，即使素未谋面，也能够拥有共同语言。微博将社交从线下拓展到线上，并且发展了分享、点赞、转发、评论等附属功能，使这个虚拟社区更加接近现实社区，满足了元宇宙的社交属性。信息和通信技术的迅速发展与广泛应用，催生了多种新型的元宇宙形式，如软件业、B2B、B2C 和网络虚拟市场等。

我们平常接触的最典型的元宇宙形态为操作系统，如安卓、鸿蒙、苹果iOS、Windows 等。这些操作系统之间存在竞争：一方面需要吸引更多用户，用户多了，应用软件开发就有了客户基础，以使应用软件开发商愿意在自己的系统上开发应用软件与游戏，或与该系统软件兼容；另外一方面还需要吸引更多应用软件开发商，应用软件多了，用户就多了，以使更多的用户使用自己的操作系统。例如苹果生态，通过整合自己的软硬件资源，触达消费者的更多消费可能性。

除此以外，元宇宙产业还包括社交网站（网络用户与服务端）、软件技术（产品开发商与使用者）、电子游戏（游戏开发方与游戏方）、数字购物（购物者与生产企业）、元宇宙媒体广告（读者与广告商）等（见图 8-1）。

对元宇宙的研究，涉及买方、卖方和第三方（元宇宙经营方）。元宇宙里对应的另外一方的网络规模，就是一种特别重要的质量参数。双方（或多方）在一个元宇宙里互动时，我们可以看到，元宇宙里卖方越多，对买方的吸引力越大。

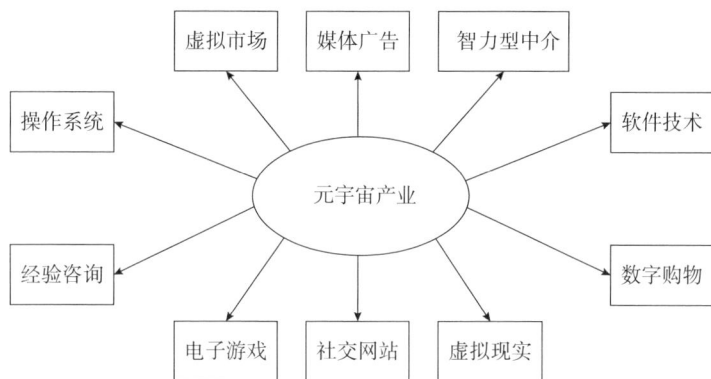

图 8-1　元宇宙产业的主要形态

"元宇宙"一词目前在各种信息渠道中经常出现，一些网络元宇宙的客户为网络用户（网民，包括移动网络用户）与广告商。网民会根据网络的服务内容来选择浏览的网站。点击量越大的网站，就越容易吸引广告商投放广告，从而获得更大发展。最为典型的就是脸书，它通过网站或者 App 向用户展示广告，向投放广告的商家收取广告费用。用户无论是访问脸书 App 还是网页都不可避免地看到广告。在广告投放这一点上，国内的微博和脸书十分相似。

在国内的元宇宙方面，微博与微信就是作为社交工具出现的。其作为新型信息传播和人际沟通工具，依托互联网迅速成长起来。新浪微博主要就是通过网络对微型短消息层层传递共享等方式，将信息的传递方和接收方紧密地结合在一起，形成一个大型的虚拟网络传媒社会。通过信息的传播和分享，新浪微博获得了大量用户，而依托这些用户资源，新浪微博本身的广告元宇宙价值则日益增大，微博广告、企业微博、政府微博等纷纷出现，为新浪微博创造盈利的同时，也增强了其社会公权力。

Soul 等新型交友网站的用户有不同的交友目的、择偶需求。为了能够找到心仪对象，用户浏览网站上罗列的信息和条件，通过支付信息费的形式获取另一方的信息，之后再进一步了解和发展。交友网站通过收取会员费和信息费的方式，赢得利润。此外，交友网站也有其广告收入。

QQ 网络社区是更广泛的元宇宙型交友社交网站。它虽然不像一般交友网站一样，专门致力于男女双方的情感沟通，但它营造了一种虚拟社交氛围，通过QQ软件及网站社区这种搭配，使用户在享受虚拟交流便利的同时，也给网站带来了巨大的访问量。随着其用户群体的不断扩大，对广告商的吸引力也与日俱增，广告收入就成为这类网站的重要利润来源。同时，这类网站对客户级别进行定义，并对客户社交和娱乐需求进行深度分析，从而以附加服务，比如头像饰品、聊天背景设置，以及差别化服务所得的附加值和会员费等方式，获取收入。比如，针对聊天记录，不同的会员具有不同的读取功能。这就是典型的新型信息不对称。在信息时代，做到对称是零成本的事情；但是人为设定不对称，才是商业逻辑的内核。

电子游戏型元宇宙具有自己的特点。这类元宇宙所针对的平台对象，分别是游戏开发方与游戏参与方。在像《罗布乐思》等开放性电子游戏元宇宙里，如果能够集中很多家游戏开发商，则基于该元宇宙的游戏种类和功能就会比较丰富，必然会吸引更多游戏方购买该游戏元宇宙项目，因为可以获得更多的游戏选择；同样，游戏元宇宙的玩家越多，元宇宙的游戏市场就越大，游戏开发方就越愿意在这样的元宇宙里开发各种子项目。比如著名元宇宙游戏《王者荣耀》，就欢迎各种具有独立知识产权的企业，合作开发游戏的皮肤（所谓皮肤，就是游戏中角色的衣服和装备）。这样的合作开发可以保证市场容量。

还有一种智力型元宇宙形态，类似于猪八戒网站。它通过搭建解决方案的提供者和需求者的中介元宇宙，让思想和创意在双方之间交换。除猪八戒网这样以设计为主的智力型平台之外，还有一种知识付费型元宇宙平台。这种元宇宙平台类似于小鹅通，是一种典型的上课和听课平台，双方自由选择，知识元宇宙则通过收取提成费和管理费等形式，获得自己的利润。当然，广告收入也通常会构成这类解决方案元宇宙收入的一部分。

正如上面所强调的，对元宇宙的研究，一般会涉及双边市场模式，存在买方、卖方和元宇宙经营方（交易空间）。在元宇宙中，双方（或多方）在一个元宇宙里互动，这种互动受到特定的网络外部性的影响。而且，双方的价格会影响市场参与者和总需求量。

这种模式的特点突出表现在元宇宙里卖方越多，对买方的吸引力越大。同样，卖方在考虑是否使用某个元宇宙的时候，元宇宙中买方越多，对卖方的吸引力也越大。例如，很多人在淘宝上进行交易，买方和卖方的数量都是很重要的考虑前提。当然，在淘宝上的交易方也会产生一定的群体认同，比如，大家都认为淘宝上的东西价格不高。

对支付手段的重新设计与去中心化规定，适应了数字小农经济的物物交易模式。但数字小农经济通过间接的数字货币，实现物物交易，表面上规避了税收，却支付了运营商手续费。各种虚拟货币的本质就是如此，并非什么金融创新，而是金融"返祖"现象。至于京东平台上的京东白条，也是一种原始的获取客户的手段。不同的是，京东以大数据为背景，也就是以消费者的数字历史痕迹为信用大数据基础，然后确定发多少白条。

元宇宙以大数据为核心，最终是一个超级平台。它推动了人的异化，推动人从提供体力劳动转向提供智力劳动，最后转向情绪劳动。元宇宙满足人们的心理需求，甚至是底层欲望需求。这是元宇宙商业逻辑的本质。

第九章

元宇宙的组织结构与分类

在元宇宙的探索旅程中，其多元化的产业形态和独特的属性犹如繁星点缀数字宇宙，然而无论多么千差万别，均植根于统一的数字经济土壤，并展现出一种普遍的组织结构范式。在这些组织结构与范式的基础上，有很多投资者参与投资，很多玩家参与其中。本章深入探究这一通用架构，揭示元宇宙背后的运行法则与内在机理。首先，我们将全面剖析元宇宙的组织结构，理解其作为数字经济中枢，如何编织起复杂的产业链和价值链；随后，我们将从两个维度详细阐述元宇宙运行机理——一方面，聚焦元宇宙多层次的逻辑关系及其动态交互过程，描绘出参与层、规则层和数据层如何协同作用，共同塑造元宇宙的生态格局；另一方面，深入探讨元宇宙在吸纳双边或多边市场参与者、调控信息流、聚合价值流等方面的内在机制，以及如何通过持续的演变与迭代，推动元宇宙形态的丰富和完善。最后，本章将进一步辨析元宇宙的各种结构特征，按照开放程度、连接方式、空间形态等多个维度对其进行分类，以此揭示元宇宙多样化的表现形式和应用场景，为投资者、玩家以及更广泛的参与者勾勒出一幅生动立体的元宇宙世界蓝图，也为理解和规划元宇宙的未来发展提供了坚实的基础和宏观视角。

一、元宇宙的组织结构

元宇宙组织结构分三个层级，分别是参与层、规则层和数据层，这三个层级不断聚合和演化，相互影响（见图9-1）。

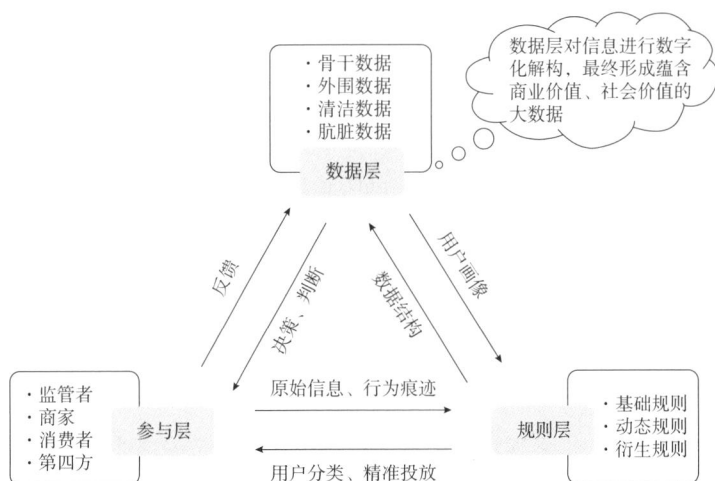

图 9-1　元宇宙组织结构三个层级互动运行

元宇宙组织结构在形成阶段遵循组织构建原理，一旦形成就具有鲜明的自组织特性，就会不断发生类生态进化的结构耗散、协同和突变。元宇宙组织的目标、信息技术特征和数据价值的具体固化和动态演化，决定元宇宙组织结构的边界。举例来说，我们看到虽然抖音很火，但是它不能取代《王者荣耀》，因为这是两个不同领域，边界分明。

从组织功能角度来说，元宇宙组织结构的三个层级也各有特点。

参与层派生的原始信息，基于元宇宙组织结构的生产、分配、交换和消费等活动的行为痕迹，沿着信息型通道进入规则层。规则层对传递过来的原始信息，在信息规范条件下呈现数据结构，经过配对、匹配、调整和衍生，对参与层形成反馈的同时，将数据结构输送到数据层，运用现代计算机技术解构数据，使大数据呈现出来。经由元宇宙多边市场参与方效用和利润最大化的决策和判断心理赋予大数据价值和意识形态后的信息，反馈回流到参与层，渗透到元宇宙多边参与方，创造商业价值，实现财富最大化。

（一）参与层（原始信息）

参与层是元宇宙的多边参与方、利益相关者，包括自然人、法人、社会团体、政府机构等。参与层派生、生成信息，形成原始数据，是元宇宙组织一般状态即自然状态下诞生的内生动力来源，也是元宇宙组织成型后服务的主体对象。如在自然界中，植物是生产者，动物是消费者，微生物是分解者；在元宇宙组织中，同样存在多边市场参与者。他们扮演不同的角色、拥有不同的权限。依权限不同，参与层又可分为监管者、商家、消费者和第四方四个层次（见图 9-1）。

1. 监管者

元宇宙在演化过程中，一旦形成综合性的元宇宙，就存在垄断问题，产生元宇宙的公权力。元宇宙经营方是元宇宙组织的内部管制者，属于内部软约束；政府是元宇宙组织的外部管制者，属于外部硬约束。元宇宙经营方是生产元宇宙的主体，召集元宇宙多边客户的企业、组织或个人。监管者的责任在于制定元宇宙多边市场参与者博弈的规则与做出制度安排，实现元宇宙的净化、多边利益的平衡，维护元宇宙的正常运行。

首先，元宇宙是价格管制者。如果卖方具有超越买方的市场能力，买方通过加入元宇宙仅获得很少的收益，那么，元宇宙就会有动机去关注或通过对买方进行补贴等方法来增加买方收益，并促使他们乐于加入元宇宙。有两点需要指出，一是如果元宇宙不与买方直接发生关系，元宇宙就会为卖家提供最大的收益，并给予卖家最大的商业自由；二是在最终用户之间的交易经常导致垄断或买主独家垄断，元宇宙不可能总是尝试去管制最终用户之间的交易价格。淘宝作为国内最大的电商交易平台，其本身并不与买方直接发生关系，所以淘宝为所有符合要求的对象提供开店服务，并且对其店铺的货品价格不进行太大管制。如果你觉得淘宝上一件东西卖贵了，而你又想买，你并不会选择去投诉淘宝这个平台，而是直接和卖方进行沟通。

其次，元宇宙是许可授权者。最终用户不仅关心定价问题，同样关心交易的质量问题。在一些行业里面，超级市场并不把货架转让给出价最高的投标者，因为最终的结果并不一定满足购买者对品牌差异性的认知；媒体对广告商和广告内容的限制至少是不能冒犯它们的读者。从这个角度说，元宇宙就成为具有许可授权能力的管制机构（例如银行、金融、电力与通信行业），以规定运营的最低标准将客户负外部性剥离。需要指出的是，如果一个元宇宙无法将买方福利内生化，则它没有动机对卖方苛求。

最后，元宇宙是竞争策划者。当价格管制显得复杂或无效时，元宇宙可能会通过鼓励市场一方的竞争而使自身对另外一方更有吸引力。市场一方的竞争会使价格接近边际成本，交易量将会接近有效量。

政府对元宇宙组织的外部硬约束，源于市场在解决信息不对称问题的同时也在制造信息不对称。实现实时、高效、安全、真实、可靠的对接并非易事。在数字经济时代，信息携带商业价值，是价值的载体，可能给社会和市场造成冲击。因此，保证信息畅通无阻并且可靠真实、及时适用，这个类似公共产品的公权力，只能借助政府的外部硬约束来监管。

在元宇宙组织当中，只有政府才可以使元宇宙组织内的信息得以正常获取、传递，进而实现价值。

2. 商家（卖方、供给方）

元宇宙组织内的商家也称为卖方或供给方。商家供给商品和服务，借助元宇宙的影响力和其对消费者的群聚效应，使产品和服务实现最后的变现。

商家借助于元宇宙组织，对消费者的购物痕迹进行保留和整合，形成有效信息，并对其进行解构，生产大数据。发掘大数据的价值在于，在追踪定位消费者的个人偏好、消费欲望、消费习惯和消费心理等后，便于快速地针对产、供、销各个环节进行掌控和推进，整体价值链实现盈利的同时，价值链上每个节点的利润都得以被发掘和获取。淘宝店铺中每件商品都显示其销售数量和买家评价，这样可以帮助卖家搞清楚消费者的喜好以便做出相应调整。

3. 消费者（买方、需求方）

消费者是元宇宙组织产生的动力源泉，消费者光临元宇宙组织才使其"生机盎然"。

在元宇宙组织中，传统的消费者主要是买方、需求方。在元宇宙中，消费者可以快速查询、对比、订购自己喜欢的商品和服务。各种查询方式、途径使消费者的选择范围不断扩大，而且以往消费者的购买痕迹和其留下的反馈信息，如网上购物后的网评等，有利于后来光临的消费者获得更充分的信息进行判断、做出选择，并进行后续的信息反馈。

在元宇宙出现众包模式后，消费者一改以前传统的购物者角色，其可以搜寻力所能及、喜欢且能加入的活动，创作并出卖自己创意、体验等获利。

4. 第四方（元宇宙寄生者等）

元宇宙组织好似利益和价值的温床，也像生物体般引来现实状况欠佳、后劲十足的寄生者。生物学中，寄生是指一种生物长期或暂时生活在另一种生物的体内或体表，并从后者那里吸取营养物质来维持其生活的一种种间关系。前者叫寄生物，后者叫宿主。简单地说，元宇宙寄生是指一类元宇宙长期或暂时依赖于其他元宇宙的存在而存在，并从其他元宇宙那里获利的关系。比如，苹果的第一代 MP3 产品 iPod 的生存优势就是它高度依赖于网络音乐商店 iTunes，可以不受限制地免费从 iTunes 中下载商店里的音乐，iPod 离不开 iTunes。元宇宙发展的最高目标是成为宿主，也就是电影《黑客帝国》里面的 Matrix（矩阵）。所有的要素，都在上面寄生。

（二）规则层（数据结构）

规则层是由不同数据结构下的各种不同类型规则组成的规则系统。规则首先是一种符号体系，其次是一种关系映射，再次是一种制度设计，最后才是其他。元宇宙在不同的规则下，产生不同的信息规则，进而对应不同的数据结构，该层基于数据结构对数据进行配对、调整和衍生。规则具有不同维度，从信息维度看，就有了信息规则；从规则作用机制看，有静态的基础规则、短期发展中的动态规则和长期发展中的衍生规则。

　　基础规则是元宇宙组织规则的基准，主要决定参与方的需求与供给怎么搭配、元宇宙数据如何匹配、元宇宙交易时空顺序怎样整合；动态规则侧重于基础规则的作用，研究元宇宙组织运行规律、竞争规则与机制，是基于短期视角的时间期限的一个概念；衍生规则是从长期发展的观点讨论组织形态的嬗变，例如元宇宙寄生、共生，母子元宇宙形成、分裂、生命周期等。

　　1. 基础规则

　　基础规则是构建元宇宙的核心规则，决定了元宇宙的基本运作方式和规范。常见的基础规则包括以下几个。

　　经济规则：定义虚拟货币的发行和使用方式，规定物品的价值和交易规则。

　　社交规则：规定用户之间的交流方式和行为准则，促进用户之间的互动和合作。

　　物理规则：确立虚拟环境中的物理规律，如重力、碰撞等，使用户在元宇宙中的行为符合现实世界的基本规律。

　　这些基础规则是元宇宙运行的基石，赋予了元宇宙一个相对稳定和可预测的基本框架。

　　2. 动态规则

　　动态规则是根据元宇宙运行的实际情况和用户需求而不断变化和调整的规则，根据用户反馈、市场需求和技术进步等因素进行更新和优化。常见的动态规则包括以下几个。

　　经济调整规则：根据经济发展情况和通货膨胀等因素，调整虚拟货币的发行量和价值。

　　社交规则优化：根据用户反馈和行为分析，优化社交规则和用户体验，提升社交互动的质量和效果。

　　技术升级规则：随着技术的发展，动态规则可以规定如何引入新的技术和功能，以改善用户体验和拓展元宇宙的可能性。

　　动态规则使元宇宙能够持续适应用户需求和社会变化，保持活跃。

　　3. 衍生规则

　　该规则基于元宇宙的演化而来。伴随元宇宙不断产生新的母元宇宙、进行专业化的裂变和垂直化的细分，元宇宙组织规则层的信息规范发生变化。从长期和发展的视角，结合组织形态的嬗变，元宇宙的寄生、共生、母子元宇宙形成、分裂等，都为衍生规则供给着养料，促使其发生变化。衍生规则一方面反映出元宇宙组织的行为变异，另一方面映射着元宇宙组织参与层的心理累积效应。

基础规则、动态规则和衍生规则共同构成了元宇宙的规则层，为用户提供了一种稳定可靠、灵活多样的虚拟体验环境。这些规则的制定和执行需要平衡用户需求、社会公益和平台可持续发展，以实现元宇宙的良性发展。

（三）数据层（数据解构）

信息是对事物的价值描述，特别是对社会价值的描述以及对事物自然属性的描述。在这个基础上，将信息解构为数据，最终形成蕴含商业价值、社会价值的大数据。通过对数据的解构，大数据展现出骨干数据、外围数据、清洁数据和肮脏数据的本质形态。

1. 骨干数据

骨干数据是元宇宙中的核心数据，包括必要的、高质量且可靠的数据。骨干数据通常由平台或核心开发者提供和维护，用于确保元宇宙环境的正常。例如，虚拟环境的地图数据、物理规则数据、经济数据和用户账户信息等都属于骨干数据。这些数据对于整个元宇宙的稳定性和一致性起着关键作用。

骨干数据是元宇宙功能和规律赖以发挥作用的基础数据，即原始信息中表征元宇宙多边参与方基础需求、元宇宙基础规则的数据。譬如元宇宙容量、元宇宙多边参与方的经济行为痕迹和特征等方面的数据。构成元宇宙组织的参与层与规则层中，参与层不同参与者的心理欲望和行为痕迹，是规则层中自觉市场具化后最基础的规则。

以抖音、快手等短视频平台为例，注册时用的手机号、邮箱等基本信息和点赞内容都属于骨干数据；对微博和微信等社交平台而言，个人简介、自拍、关注人等也都是骨干数据；在应用市场如应用宝、苹果应用商店中，用户下载的软件类型、次数也是骨干数据。以上这些数据是对用户进行画像的基础数据。

骨干数据紧握着市场的脉搏，反映元宇宙多边参与者行为的本质和行为动力。骨干数据主导商业价值的实质和基本点。

2. 外围数据

外围数据是与骨干数据相关但不属于核心数据的数据。外围数据是由第三方开发者或用户生成的、与骨干数据关联的数据。例如，"虚拟世界"中的用户生成内容、用户行为数据、用户社交关系数据等都可以视为外围数据。这些数据的主要作用是丰富元宇宙的内容和交互，为用户提供更多的个性化体验。

外围数据是元宇宙功能和规律得以发挥的市场环境因素等解构后的大数据，譬如产业环境、消费心理等。对元宇宙外围数据的深入挖掘和修复，等同于对市场机会和市场价值的挖掘和整合。外围数据是可以人为引导、扩大和深化的。急于从元宇宙获取利益的寄生者，源自从众心理，寄生元宇宙之上，其行为方面的数据成为元宇宙组织的外围数据。这些外围数据的非主导性作用会逐渐渗透到元宇宙当中，并作用于元宇宙的骨干数据，使骨干数据产生对外力的响应，从而使元宇宙组织的行为发生倾斜和变化。

3. 清洁数据

清洁数据指经过验证和筛选、质量较高且可信赖的数据。清洁数据在元宇宙数据层中扮演着重要的角色，是用户进行各项活动的基础。它可以包括经过筛选的用户生成内容、经过验证的交易记录、准确的用户行为数据等。清洁数据有助于提升用户体验、保障用户权益和促进元宇宙的良性发展。

大数据本身是对人的行为外化痕迹的解构，承载着原始信息解构后呈现的抽象性。元宇宙是市场的具化，结合着有形市场和无形市场、现实空间和虚拟空间，是无形的手和赚钱的手。元宇宙的起源、演化、衍生，无不表现为隐性或是显性信息可以通过若干规则解构为数据，真实、可靠、及时地反映交易过程和交易行为。这部分大数据直接携带的价值，可以正反馈于商业活动，在商业的运作和元宇宙的交易中获取利益。同时，清洁数据也意味着元宇宙召集能力的强化。现行的一些免费试用、免费观看、免费使用等免费服务，使元宇宙的召集能力增强，提高了参与方数量与质量，提升了元宇宙的大数据抽象能力和价值变现能力。经技术处理后，依托于元宇宙的战略，清洁数据有利于利益的聚集。

4. 肮脏数据

肮脏数据是指质量较低、不可靠或具有有害内容的数据。肮脏数据可能包含错误信息、垃圾内容、恶意行为记录等。这些数据可能对元宇宙的正常运作和用户体验产生负面影响。为了维护元宇宙的健康发展，肮脏数据应该被及时识别、清除或过滤。

信息生成于参与层，其中的多边市场参与方基于交易行为的逐利性形成了原始数据，这些原始数据经由规则层的信息规范化作用，呈现出一定的数据结构。具有人类自身属性的数据，在技术层经过处理过后，解构为大数据。最终解构后得到的大数据规模庞大而鱼龙混杂。在信息解构过程中，难免掺杂不完整的、错误的和重复的数据，甚至出现不相关、相互矛盾、伪造的数据。

商业竞争中，元宇宙组织参与层当中会出现一些虚假动作和恶性竞争等行为；营销当中，会出现一些非法的类传销等不当行为，如产品不合格、劣质、假冒伪劣等；传播途中，会出现恶意的攻击性事件，人为制造的阻碍和堵塞等。上述种种，会通过规则层的信息规范，形成数据结构，经由技术层的处理解构为大数据。这部分数据在元宇宙寻找盈利点和信息与数据的规整方面，都会出现不良的反馈，更有甚者，会造成参与层对市场需求把握上的偏差，导致生产者产能过剩，造成监管者行为的滞后与不当。这些负面性的、围绕着利益之争的大数据，都属于肮脏数据。

总之，大数据处于元宇宙的技术层，以元宇宙为母体，是对元宇宙经济信息的解构，具有社会属性和自然属性，是一个经济学形而上的一般抽象概念，而非传统的技术概念。元宇宙是催生大数据的重要模式之一，也是其核心模式之一。大数据归属于骨干数据还是外围数据，表现为清洁数据还是肮脏数据，主要依赖于其在元宇宙上产生、集中、放大和价值显化的进程中所处的地位和机能。一旦地位和机能发生转换，大数据本身的属性也会随之改变。

二、元宇宙的组织机理

元宇宙的组织机理包括两个方面，一个方面是元宇宙组织三个层级之间的逻辑关系，另一个方面是三个层级之间的相互作用。

（一）元宇宙组织层级逻辑关系

元宇宙作为一种自组织形态，具有类似于地球的典型架构。地球由三部分组成：地壳、地幔和地核。元宇宙组织内部的三个层次（参与层、规则层和数据层）与地球的典型架构存在镜像关系（见图9-2）。

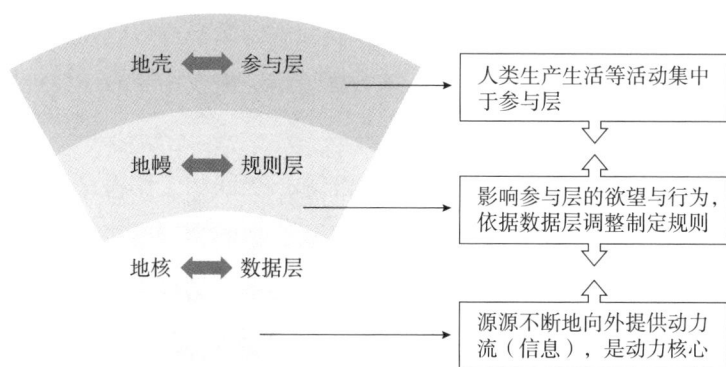

图 9-2　地球典型架构与元宇宙组织层级的镜像关系

参与层好比地球表层——地壳，一个由生产者、消费者和监管者组成的生态系统，各组成部分各司其职又互相交错，共同发生作用。在元宇宙组织中具化的参与者由自然人、法人扮演。

规则层好比地幔——地球的中间层,是地球内部体积最大、质量最大的一层,由造岩物质构成。元宇宙组织的规则层如同地球的中间层地幔,主导着元宇宙组织的参与层的心理、欲望与行为,又下通元宇宙组织的技术层,浮于数据层之上,受数据解构所衍生的数据价值的作用,表现出不同的规则,进而向上疏导,塑造着元宇宙组织参与层的多边参与方不同的欲望或行动。

数据层或技术层类似于地核,其作用也如同地核,向外供给动力流,内化元宇宙组织生成机理,并规制其表层形态。

以《王者荣耀》为例,玩家属于参与层,通过这个游戏获得感官体验;规则层就是《王者荣耀》的游戏规则,通过玩家合作进行团队对抗,以击败对方水晶为游戏的最终胜利节点;数据层就是内含于这个游戏每个部分的技术支持,如数据建模、技能设定等。

(二)元宇宙组织的运行机理

元宇宙组织通过整合双边或多边市场参与者间交易行为的原始信息,在信息规范的有机作用下形成数据结构,该数据结构经由数据层的计算机技术处理后成为抽象的大数据。

参与层、规则层和数据层各个层级内部和层级间相互作用并互相反馈,实现动态变化。元宇宙规则恰似元宇宙组织通道,架起参与层和数据层之间的桥梁。双边或多边市场参与者面对的规则,经由传统市场自带的习俗演变成规则甚至是制度。随着元宇宙组织规则的完善,其结构得以完善和优化。

相异的元宇宙起初因不同的商业目标和盈利点而发端,伴随原始信息的生成、成形和流动,元宇宙自身的价值性和收益性不断显现出来。元宇宙进行双边或多边市场参与者客户召集,提供服务,促成双边或多边市场参与者达成交易的同时,对元宇宙规则下的数据进行匹配、整合,促成更大范围的交易。元宇宙在发端初期的单一、具体的功能下,不断地锐化、衍生、演化出更多的机能,集更大的价值于元宇宙之中,并不断外溢价值,吸引更多双边或多边市场参与者加入参与层当中。这样,沉淀到元宇宙组织数据层的大数据更加具化,数据层对规则层的作用更明晰,元宇宙组织的规则进而不断地被修正、完善和升级,元宇宙整体的竞争性增强，市场地位更高，可供元宇宙的参与者分享的收益更多。

1. 以参与层作为出发点

元宇宙组织参与层中的监督者、商家、消费者和其他参与方各有特征，这些特征是原始信息的一部分。比如说商家的品牌、规模、营销手段、供给的商品或服务的属性信息等组成了这个商家独有的原始信息。对各个商家主体的原始信息进行抽象，形成各个商家的个体信息，即第一层原始信息。在元宇宙中，双边市场参与者对个体信息进行匹配，达成交易行为，这样产生了基于双方交易行为的第二层原始信息。多边市场参与者之间的交易行为更加复杂，一方面个体信息会进行交叉匹配，另一方面会产生群体行为效应，生成不同于前两层的第三层原始信息。这种随着市场参与者不断增加、交易行为逐渐复杂而产生的三种不同层面的原始信息，在信息规范作用下到达规则层。

规则层对数据进行汇集、处理和整合，在进行匹配的过程中，遵循一定的筛选原则，这一原则可以是来自单个元宇宙参与层个体自我的标准，也可以是双边或多边市场参与者间相互的匹配标准。而且，这一原则可以是多边市场大量的参与者互相作用的结果，特别是元宇宙经营方在管制元宇宙的时候也会制定一定的标准，如进入元宇宙的注册制度、收费制度和身份认证制度等。从个体到群体的相互作用，都有一定的自然的、人为的规定，甚至是法律层面上的标准、原则、制度和法律，这些共同构成了规则层的筛选、匹配遵循的规则体系。

经由规则层整合后的数据结构，在数据层解构为大数据。大数据中的骨干数据、边缘数据、清洁数据和肮脏数据在现代信息和计算机处理技术中被重新组合和解析，使无序的活动或信息呈现出一定的规律性。这一过程，一方面调整原有的规则或是制定出更符合经济社会的新规则，另一方面用这些经济规律引导元宇宙组织中参与者的行为和活动，促使市场交易更频繁地进行，从而创造更大的市场价值（见图9-3）。

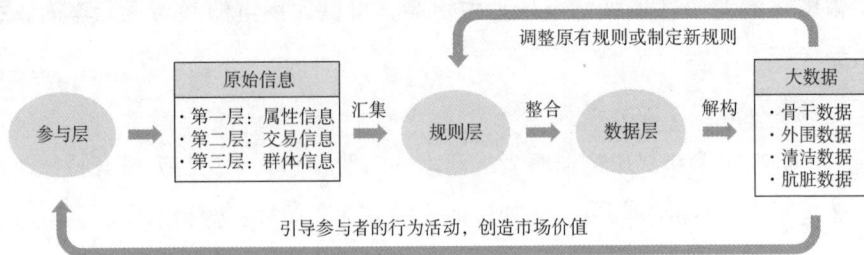

图9-3　以参与层作为发点的元宇宙组织运行机理

2. 以规则层作为出发点

规则层本身可以从个体、双边市场和多边市场进行解读。双边或多边市场的参与者在做出交易行为前，都有自己的预期和判断决策标准，这就构成了个体的行为规则。比如，商家进入市场销售商品的时候，确定商品的价格，这个交易规则是事前确立了的。双边市场的交易行为受一定规则的约束。元宇宙经营方对召集到元宇宙上的双边或多边参与者进行管制，事先制定准入规则。规则体系对元宇宙参与者的行为给出了一定的约束和控制。当大量的参与者在元宇宙上进行交易时，事先制定好的规则的准确性、完备性和适用性受到现实经济行为和经济规律的验证。由于群体行为当中的从众效应、抑制效应等群体心理效应，群体聚集起来表现出行为的可控性降低和市场失灵等。参与层的行为倒逼规则层修正和改进规则，这样参与者才能够获取更大的自主性和行事的灵活性，参与者才可能创新出更多的产品、服务。参与层的交易活跃度提高，市场的利益额就会增大。同时，规则层的规则体系和参与层中参与者的行为都以数据的形式汇集在数据层。数据层对这两个层级传来的数据进行修正和消融，促使规则更好地指导和控制行为，使其在优化的规则下创造更多市场价值。

◆ **专栏链接**

《王者荣耀》游戏曾在情人节推出两款限定皮肤——猴子和露娜的大圣娶亲系列，备受追捧。天美工作室的这两款皮肤都拥有很多特效，从技能的炫酷特效到移动的专属动作，还有五彩斑斓的回城特效，最初都很让玩

家心动，激发了玩家很强的购买欲望。不过这两个专属动作和一个炫酷的
回城特效，购买后却只能通过活动免费领取一款，其他需要通过抽奖才可
以得到，这就让玩家大失所望。此举激怒了玩家，很多玩家直接向消费者
协会投诉，于是天美不得已只能给玩家退款。

3. 以数据层作为出发点

在元宇宙成为具化的市场之前，市场上的交易行为一直都是大量存在的。在
元宇宙显现出来之前，人们可以收集和整理市场上大量关于商品、服务和交易行
为的数据，将其汇集后利用信息和计算机技术进行加工处理。

通过抽象化的数据，可以发现其中的经济规律，并将这些经济规律转变为
元宇宙双边或多边参与者的行为规则。这些规则事先被制定、发布出来，元宇
宙经营方参照这些规则召集双边或多边市场参与者聚集形成最初的元宇宙。随
着双边或多边市场参与者数量的增加，元宇宙在运行和演化过程中，产生出自
己独特的原始信息，这些原始信息在元宇宙组织规则层的作用下成为数据结构，
数据结构解构后成为大数据。此外，元宇宙参与层数量的指数化增加使元宇宙
数据层的数字流也呈现出指数性递增效应，该指数效应在元宇宙参与层的交易
行为规则中，不断促生元宇宙潜在的权力规则，使元宇宙从单一属性走向多属
性化。

通过抽象化的数据，可以提炼出市场当中消费者对商品和服务的偏好信息
及消费心理信息，总结出商家的经营模式和经营动机，这样就搭建起消费者和
商家之间的桥梁，促使交易行为发生。这种直接在元宇宙组织参与层供给的信
息，使元宇宙中的交易增加，元宇宙的容量也会逐渐增大，收益不断增加。

上述分别从元宇宙组织的参与层、规则层和数据层出发，分析了参与层、
规则层和数据层三个层级之间的作用机理。总之，元宇宙的发端可以从三个层
级的任一层级开始。如果从参与层开始，参与层自身从自觉集聚开始，随着元
宇宙容量的增大、交易量的增加、吸附能力的提高，元宇宙从发端经过演化后
逐渐稳定，如淘宝网的形成过程。如果从规则层开始，如一些地方性的政府元
宇宙，政府为了当地经济发展的需要，可以制定规则，从制度层面先搭建好元

宇宙，然后用优惠的税收政策等吸引商家入驻，逐渐完善元宇宙的组织构架，形成功能完备的元宇宙。如果从数据层开始，则主要是从市场中整合信息，利用信息形成商业规则，利用双边或多边市场的参与者信息，逐渐指导形成元宇宙。因此，元宇宙在发端前期，可以结合自身的资源优势，选择从参与层、规则层或数据层切入市场，进而演化成元宇宙。元宇宙一旦形成，三个层级交互运作，维持元宇宙的发展。如果三个层级中任何一个层级的优势被别的元宇宙争夺走，那么这个元宇宙可能会走向衰败。

三、元宇宙的分类

依据不同特性与形态，元宇宙有很多种不同的分类方法。从元宇宙的本质特性与表现形态出发，依据元宇宙对外部参与者的开放程度、元宇宙与外部参与者的连接方式、元宇宙在市场交易活动中的中介功能、元宇宙空间形态、元宇宙血缘关系、元宇宙生态关系、元宇宙聚合形态，元宇宙可分为七种类型（见表9-1）。前三种是从元宇宙的本质特性出发，按主流形态分类；后四种则是从元宇宙的表现形态出发，按演化之路和生态系统进行分类。

表 9-1　　　　　　　　　　　　　元宇宙的分类情况

分类标准	分类依据	类型
元宇宙的本质特性	1.开放程度	开放元宇宙、封闭元宇宙与垄断元宇宙
	2.连接方式	纵向元宇宙、横向元宇宙和观众元宇宙
	3.中介功能	市场制造型元宇宙、观众制造型元宇宙与需求协调型元宇宙
元宇宙的表现形态	4.空间形态	虚拟元宇宙与实体元宇宙
	5.血缘关系	母元宇宙与子元宇宙
	6.生态关系	寄生元宇宙、共生元宇宙与宿主元宇宙
	7.聚合形态	元宇宙集群、元宇宙联盟、元宇宙云

（一）按开放程度分类

按照开放程度，元宇宙可以分为开放元宇宙、封闭元宇宙和垄断元宇宙。

（1）开放元宇宙。开放元宇宙是指市场的买方与卖方各成员均可以自由进出的元宇宙。这些元宇宙包括网络门户、非会员制社交平台等。在开放元宇宙中，如果不考虑交易成本，市场交易各方进出元宇宙，往往并不需要特别的身份认证或者受到排他性歧视。

（2）封闭元宇宙。封闭元宇宙是指市场先进入成员可以阻止后来者进入的元宇宙。这种类型的元宇宙并不多见，某些会员制的社交元宇宙可以算一种，后进入者均需要获得先进入者的允许方可加入。

（3）垄断元宇宙。垄断元宇宙是指所有市场位置均由一个垄断者控制的元宇宙，这种元宇宙逐渐走向了寡头。当然，垄断元宇宙并不等于元宇宙垄断，也就是说一个垄断者对特定元宇宙的垄断，并不等于对所有元宇宙的垄断，也不等于一个元宇宙垄断所有交易过程。

（二）按连接方式分类

双边市场或多边市场是元宇宙的重要构成要素，元宇宙的重要功能就是促成双边市场或多边市场客户达成交易，从中获得利润。依据元宇宙连接双边市场性质的不同，可以将元宇宙分为纵向元宇宙、横向元宇宙和观众元宇宙。

（1）纵向元宇宙。纵向元宇宙是促成卖家和买家形成交易的现实或虚拟空间。纵向元宇宙有明确的买家与卖家，它扮演的是一个中介角色，并不参与具体的交易过程，仅起到促成双方达成交易的作用。一个直观的例子是虚拟购物平台，它是通过提供数字化的场所促使买方与卖家达成交易，而自己不参与具体的交易过程，只收租金与管理费用。另一个较为熟悉的例子是美团，它通过提供一种技术元宇宙（而非具体的场所）促使卖家和买家形成交易。

（2）横向元宇宙。横向元宇宙是匹配具有相似特征的不同成员间进行交流和组合的现实空间或虚拟空间。横向元宇宙的一个典型例子是社交元宇宙，元宇宙的双边客户是具有相似社交需求的人群，不存在明显的买卖关系，元宇宙只是按照搜寻条件匹配双边客户的需求。例如微博，用户可以通过不同的话题、超话、明星、美食、游戏等不同要求寻找符合自身需求的关注对象。B站同样根据番剧、音乐、舞蹈、生活等不同分区来匹配不同需求。

（3）观众元宇宙。观众元宇宙通过给予观众（免费）服务和商品来捕捉目标客户，而这种（免费）服务与商品往往受到商户资助。如网络视频、搜索引擎、文件共享技术等。观众元宇宙的典型特征是不对称定价，因为这种业务模式受到内容提供者的欢迎，虽然内容的生产成本很高，但是只要能够获得观众注意就能将成本转嫁给广告商。在信息时效性强的年代，观众元宇宙的模式尤其受欢迎。内容提供者可以将取自广告商的收入用于补贴内容生产，广告商也乐意进行投资。众多视频平台属于观众元宇宙，如腾讯视频、优酷视频、爱奇艺等。

◆ **专栏链接**

　　元宇宙市场中经常出现由一方补贴另一方的不对称定价。在观众元宇宙中，通常由广告商补贴观众。而在某些纵向元宇宙中，则由卖家补贴买家。这些服务的成本被转移至卖家身上，而卖家则从与消费者数量相关的间接外部性中受益。在其他纵向元宇宙中，买家可能补贴卖家。例如，软件元宇宙如操作系统，经常补贴软件开发商，而向最终用户收费。当供求不对称时，横向元宇宙经常通过对某些成员进行补贴来调节供求，以此获得动态平衡。

（三）按中介功能分类

　　从本质上讲，元宇宙是一种中介，这种中介具有自我塑造与构建意识，能够通过制定规则、制造信息不对称或消除信息不对称来实现利润最大化。从元宇宙的中介功能来看，元宇宙可以分为市场制造型、观众制造型和需求协调型。市场制造型元宇宙使属于不同市场方的成员能够进行交易，观众制造型元宇宙匹配广告商和观众，需求协调型元宇宙提供能产生间接网络效应的商品和服务。这种分类非常有助于理解元宇宙的主要优点：元宇宙提供廉价的虚拟环境，从而降低市场各方寻找贸易伙伴的交易成本。

　　（1）市场制造型元宇宙。市场制造型元宇宙创造一种新的市场需求，这种需求可以是人们潜在的但还没有被挖掘出来的需求，也可以是一种新的需求。市场制造型元宇宙使不同市场方的成员基于这种需求互相交易。一边市场方的成员越多，则另一边市场方内的成员便越看重这项业务，因为这会增加互相匹配的机会以及减少配对所需的时间。在市场制造型元宇宙中，一般能够观察到双边用户交易的次数。

市场创造型元宇宙定价方式主要包括注册费定价、交易费定价和两步收费制定价等，交易费定价是其主要定价方式。数字房地产中介元宇宙一般根据房屋成交价格向买卖双方收取一定比例的费用，例如房天下、链家、安居客等。而社交中介元宇宙一般以年费或会员费的形式向用户收取注册费，如微博会员，交纳注册费后可以享受更加便捷的功能（如"后悔药"可以找回已删除的微博、屏蔽不想看到的用户等）。市场制造型元宇宙的实例主要有虚拟股票和期货交易所、数字购物平台等。

（2）观众制造型元宇宙。观众制造型元宇宙匹配广告商与观众，其双边用户之间不存在直接交易关系，观众数量越多，且对广告信息做出的正反馈越多，广告商就会越看重这项服务；同样，当有用信息越多时，观众就越看重这项服务。不管是哪一方，只要正反馈越多，另一方就会越重视这个元宇宙。

（3）需求协调型元宇宙。需求协调型元宇宙双边一般都存在交易关系，元宇宙作为基础元宇宙，和互补品提供商之间是基础产品和应用产品的关系，共同组成完整的产品组合提供给最终用户。如果将提供基础产品的企业作为元宇宙来考虑，原来网络外部性的情况就变成了双边市场。对于消费者，元宇宙的收费方式可以是以下几种。沙盒类游戏元宇宙，可以对最终用户收取年费，也可以向用户收取交易费。对于互补品提供商，操作系统元宇宙向应用软件开发商收取一定的版税。而数字货币元宇宙的收费标准是交易额的一定比例，例如数字藏品交易平台红洞数藏、幻核、鲸探等，许多 NFT 产品在这些平台上进行交易。

需求协调型元宇宙主要能帮助双边用户通过交易元宇宙来满足各自的需求。需求协调型元宇宙提供产品和服务，它们提供的这些数字产品、服务能引起两个或多个市场客户的间接网络外部性是这类元宇宙最主要的特征。

总之，需求协调型元宇宙堪称最为有趣、最具诱惑力的元宇宙。

（四）按空间形态分类

从元宇宙所依赖的空间形态来看，元宇宙可以分为虚拟元宇宙与现实元宇宙。元宇宙是以某种类型的网络外部性为特征的经济组织，通过向不同类型的客户提供差异化的服务，以促成存在供求关系的双方或多方客户之间实现交易。元宇宙作为互联网时代最重要的经济组织形式，破坏了传统商业模式的交易平衡，形成了一些传统理论难以解释的新型商业模式，成为引领互联网时代的重要经济组织。

有些元宇宙有虚拟形式，还具有实体形式。比如，虚拟现实的场景对象，必有元宇宙实体空间的支持才能够提供技术环境，实现虚拟空间。但还有一些元宇宙是两种形式兼有，尤其以购物元宇宙最为典型。以京东为例，线上购物商城与线下体验店共同构成京东的两种元宇宙形式。线上购物商城和线下体验店的物品品质相同、价格相似，两种元宇宙形式过渡自然，没有明显的割裂感。顾客可以在不方便出行的情况下选择线上商城购物，在闲暇的时候去线下体验店购物。

（五）按血缘关系分类

作为跨越实体和虚拟的新型数字经济形态的元宇宙，同样遵循传统市场企业的某些发展规律，如通过兼并或者并购实现元宇宙规模的扩张，通过产业链横向与纵向或者交叉细化分工产生不同的子元宇宙。因此，依据元宇宙血缘（从属）关系，可以将元宇宙分为母元宇宙与子元宇宙。母元宇宙是指由众多小元宇宙组成的大元宇宙，小元宇宙称为子元宇宙。它们之间具有直系或非直系的血缘关系，子元宇宙从属于母元宇宙。从元宇宙产业链的角度来看，足够多且不同类型的子元宇宙可以形成一个元宇宙集群，母元宇宙类似于元宇宙集群召集者的角色。

从微观经济体层面来看，母子元宇宙与母子公司体制具有一定的相似性。母子元宇宙同样遵循母子公司的管控模式。在母子元宇宙网络结构中，母元宇宙通过支配与管控子元宇宙的业务方向与发展战略，与子元宇宙进行信息与知识的交换；子元宇宙通过执行母元宇宙的任务与战略目标，与母元宇宙进行信息与知识的交换。母元宇宙存在的价值在于为众多子元宇宙提供某种满足需求的门户或渠道，主要是提供直接的网络外部性优势与用户群优势；子元宇宙存在的价值在于使母元宇宙的某一产品、服务或特性更加专业化与精细化，履行母元宇宙某一项重要的发展战略。子元宇宙有两种类型，一类是由母元宇宙部分功能裂变出来的独立元宇宙（又称内部寄生），另一类是纯粹寄生在母元宇宙上的元宇宙（又称外部寄生）。

在现实中，存在大量的母子元宇宙网络组织结构，弥补了传统母子公司层级结构带来的缺陷，充分发挥子元宇宙的自主性与创造性，形成元宇宙体系的核心竞争优势。

事实上，扎克伯格已经构建了社交平台、数字货币平台以及数字办公平台，目的就在于形成一个母子元宇宙体系。

（六）按生态系统分类

元宇宙是一个自成体系的生态系统，面临来自内部与外部的激烈竞争，这使元宇宙形态不断从低级向高级演化。从元宇宙生态演化的历程来看，元宇宙可以分为寄生元宇宙、共生元宇宙、宿主元宇宙。

（1）寄生元宇宙。寄生元宇宙是指长期或暂时必须依赖于其他元宇宙的存在而存在，并从其他元宇宙那里获利的元宇宙。寄生是元宇宙发展初期一种非常重要的生存方式。通过这种生存方式，初入市场的元宇宙能够快速获得市场的认可和用户的青睐，提升其对用户的吸附能力，增加用户黏性以及扩大元宇宙容量。

寄生是元宇宙融合的一种重要表现形式，元宇宙寄生者对宿主具有很强的依附性，依赖宿主的影响力，提高寄生者的收益水平。

◆ 专栏链接

YouTube 是一个寄生元宇宙的典型例子。YouTube 在 2005 年由美籍华裔陈士骏创建，经过短短一年的发展，就成为当时最著名的互联网平台之一，也是当时全球最大的视频网站。正当 YouTube 如日中天的时候，陈士骏却决定把它卖掉。作为一个没有背靠大公司的平台，YouTube 运营成本越来越高，为了保持网站的稳定性，必须大量购买服务器，这是一大笔开支。还有一个原因就是当时的 YouTube 虽然发展势头正盛，但毕竟创立不久，员工只有 40 多个人，其运营能力根本无法承受前端涌入的巨大流量，并且随着业务的不断增加，员工们的加班现象也越来越严重，抱怨声也是越来越多。考虑到诸多原因，陈士骏觉得 YouTube 只有在互联网大公司的经营下才能长久走下去，所以在苦撑了 20 个月后他把 YouTube 交给了谷歌，于是 YouTube 成为谷歌母元宇宙的寄生元宇宙。

（2）共生元宇宙。在生物学中，共生是指两种生物相互依赖、共同生活在一起的一种种间关系，一般而言是指两种生物共同生活在一起时彼此有利，但两者分开以后各自都能正常生活的一种关系。

共生元宇宙是双方彼此依赖的关系。两个元宇宙的实力基本相当而且在业务上具有一定的互补性。元宇宙共生是元宇宙发展中期的重要竞争战略之一。共生与友好寄生的区别在于两个元宇宙的大小不同、主动被动关系不同，共生是两个体量相当的元宇宙谋求合作关系，是双方都主动的行为；友好寄生则是宿主被动、寄生者主动，宿主体量大、寄生者体量小。

（3）宿主元宇宙。宿主元宇宙是元宇宙发展的终极目标，也是元宇宙演化成熟时期的形态。宿主元宇宙是指随着网络技术的进步和元宇宙自身召集双边客户实力的增强，为了充分发挥元宇宙的聚合效应，元宇宙发生垂直化裂变，变成被广泛寄生的母元宇宙。

（七）按聚合形态分类

按照聚合形态不同，元宇宙可以分为元宇宙集群、元宇宙联盟与元宇宙云三种类型。

（1）元宇宙集群。元宇宙集群的概念来源于经济学中的集群。元宇宙集群就是对具有相同或相似服务功能的元宇宙进行整合，强化其功能和服务，为企业提供全方位的服务。但社会发展的实践证明，元宇宙的外部性决定了元宇宙存在的条件是能吸引足够多的需求者，元宇宙的双边性又决定了元宇宙具有管道和桥梁的作用，保持连接作用的畅通是最重要的。但从目前的元宇宙运作来看，单一的元宇宙往往提供给某一个（或某一类）企业或用户某些方面的技术支持。要想为企业或用户提供全面的支持与服务，只有建立元宇宙集群，依托一个元宇宙将众多元宇宙聚集起来进行功能整合，才能使提供服务的成本最小化、效用最大化。这个被依托的元宇宙称为枢纽元宇宙。通过枢纽元宇宙的协调，元宇宙集群能够为企业提供更多的信息化服务。

近年来，随着区块链技术的发展，各产业门类在治理架构、技术体系领域有了非常大的进步，因而元宇宙落地可能性大大提高。元宇宙概念包含了目前所有的信息与通讯技术，未来将覆盖大多数行业。

◆ **专栏链接**

近年来上海、重庆、陕西等地大力实施以大数据智能化为引领的创新驱动发展战略行动计划，开展元宇宙前沿技术创新探索，加快抢占元宇宙发展先机和行业制高点，打造元宇宙产业集群，全面推进元宇宙相关场景创新和应用实践。目前元宇宙最先应用的领域无疑是制造、能源以及文旅行业，这些行业以 AR（增强现实）设备为入口，推动自身的数字化转型与升级。目前，AR 技术解决方案已经在工业互联网、智慧城市、文化旅游等多个行业场景落地。

（2）元宇宙联盟。与传统产业组织形态的演化逻辑保持内在的一致性，元宇宙联盟是元宇宙集群动态演化与创新的结果和新的趋势，它是将产权独立、跨越不同地区有密切关联的元宇宙企业和组织联系起来，形成一个持续创新的竞合组织，不但实现了一些特定集群效应，而且在更高层次上使空间要素和资源的配置由混沌到有序、由分散到聚集。

元宇宙联盟共同制定行业标准、共同定价、共同定量，同时对联盟企业进行价格保护、知识产权保护等。如 2016 年 12 月 16 日，中关村品牌协会 VR 国际产业联盟正式成立，致力于在人才、技术、行业沟通、资源、政府政策等方面进行深入探讨，共同为推动整个行业的进步献计献策。

（3）元宇宙云。元宇宙云是由计算机"云"概念延伸出来的元宇宙概念，因为元宇宙依托网络计算机技术才能获得快速发展。作为未来网络企业的主要服务方式，"云服务"实现了各种终端设备之间的互联互通。各种终端设备自身不再需要具备强大的处理能力，用户享受的所有资源、所有应用程序全部都由一个存储和运算能力超强的云端后台来提供。元宇宙云是一个集多种服务终端于一身的元宇宙，这个元宇宙置身于众多元宇宙的后台，起着总调控的作用。

◆ **专栏链接**

钉钉是元宇宙云的典型应用代表。钉钉是阿里巴巴集团专为中国企业打造的用于沟通和协同的多端平台，提供 PC 版、Web 版、Mac 版和手机版，支持手机和电脑间文件互传。作为一款平台型的互联网产品，其能力来自阿里云的支持，这也正是阿里近年来频繁提及的"云钉一体"概念。"云钉一体"中的"云"是一系列数字技术的组合。"云钉一体"本质上是阿里巴巴云智能事业群向客户提供的各种数字化解决方案。钉钉帮助中国大多数的中小企业，在零成本、零门槛的情况下直接进入云计算时代。

从实际应用场景来看，即便是拥有一定技术能力的中小企业，在很多办公场景下，也无法通过自有技术实现应用。最简单的例子，从技术角度来看，即便员工每天上下班打卡这样一个小功能，背后的技术复杂度也不是一些小公司可以轻易实现的。话说回来，即便是拥有相应的技术能力，考虑到一个小公司的体量，花费巨大的代价去开发打卡系统，成本上也不划算。

第十章

元宇宙业务模式

在本章中，我们将深入探讨元宇宙如何通过精心设计的业务模式来吸引并维系用户，以及如何通过创造独特的价值传递机制来构建自身的竞争优势。业务模式的本质在于明确元宇宙提供的核心服务及其价值主张，例如 X 通过构建元宇宙平台让用户便捷发布信息，谷歌则打造搜索引擎以满足用户的查询需求。一个经济体能否持久盈利，关键在于能否有效吸引并留住用户，为其提供切实价值，这正是元宇宙业务模式构建的出发点和商业模式实现的基础。

在元宇宙领域，盈利模式的多样性体现在其能够灵活适应不同类型的客户需求和市场环境，但所有成功的元宇宙业务模式都需满足三个核心要素：首先，具备多元化的客户群体；其次，这些群体内部能够通过相互协作与需求匹配实现共赢；最后，元宇宙平台能够比单纯的双边关系更高效地促进需求满足和资源配置。据此，我们可以识别出元宇宙市场中常见的几种业务模式，包括但不限于召集双边客户业务模式、利益平衡业务模式、众包业务模式、多属业务模式、规模化和流动性业务模式等。这些多元化的业务模式共同构筑了元宇宙生态的繁荣景象。

一、召集双边客户业务模式

元宇宙一般是一个平台，具有双边市场的特点。无论元宇宙如何收费或定价，只要一方没有需求，则另一方的需求也会消失。所以，元宇宙要吸引用户就必须能够召集双边客户。

元宇宙召集双边客户的方法之一是先获取市场某一方的大量客户，免费为他们提供服务，甚至付费让他们享受服务。在元宇宙企业处于多边市场的进入阶段时，这种策略尤为常见。这种策略的优点是让客户对元宇宙产生强烈的依赖性以维持元宇宙发展，一旦元宇宙发展壮大，则可改变定价策略对客户收费。

召集双边客户的另一种方法是，投资于市场一方，以降低该方的成本，通过为该市场方提供低价服务，甚至付费让该方接受这种服务，来提高其参与元宇宙的积极性。

例如淘宝早期开始发展的时候，面对易趣的竞争，选择通过线下大力推广来吸引用户。当时，全国各大城市的地铁、公交车车身、路牌、灯箱等地方，都能看到淘宝的广告。2004 年 4 月，淘宝宣布与 2005 年贺岁片《天下无贼》全面合作。淘宝还通过免费入驻政策，吸引更多的卖家进入平台（当时易趣需要收取登录和交易服务费）。为了解决买家担心的诚信交易问题，淘宝上线了"安全交易"功能（支付宝前身），这个功能是可选的，卖家如果选择了，买家就会把钱先交给支付宝（其实是存在买家自己的支付宝虚拟账户中）；等买家收到货之后，支付宝再把买家虚拟账户里的钱转到卖家的支付宝虚拟账户，卖家可以通过银行把账户里的钱取走。多方面的举措，帮助淘宝元宇宙打下了良好的双边客户基础。

二、利益平衡业务模式

在实现了召集双边客户之后，元宇宙企业成功解决了"鸡与蛋"问题而进入发展阶段或成熟阶段。进入新阶段的元宇宙，主要任务在于形成和维持一个最优收费结构或价格结构以平衡双边利益。收费结构或价格结构是影响利益平衡的重要因素。形成最优定价结构是多边市场中元宇宙竞争的重点和难点。

在大部分多边市场中，元宇宙的定价结构似乎都严重倾向于市场的某一方，这一方的边际效用远低于市场的另一方。有时，所有的元宇宙都使用同一定价策略。有时，不同的元宇宙有不同的定价策略。此外，影响利益均衡的还有两个因素。一个因素是市场一方可能存在一些重要客户，他们对于市场的另一方来说极为重要。尊贵买家的存在可能降低买家一方的费用而提高卖方的费用。还有一种因素是存在一些对元宇宙企业十分忠诚的客户，由于长期合约或预付投资等原因，他们是元宇宙运作的重要支柱。

银行、通信等元宇宙采取的就是双边客户的利益平衡业务模式。银行卡收单市场（也称受理市场）是由银行卡收单机构和商户供需双方构成的市场，收单市场与发卡市场紧密相连，两者共同构成了完整的银行卡市场。银行卡受理市场是一个拥有弱双边市场特性的典型市场，对于消费者来说，都是从产品和服务中获得效用以及在支出方面进行比较权衡，定价会直接影响消费者对于平台产品和服务的选择以及在平台上的消费量。这就使平台可以调整自己的定价策略来改变平台的市场份额和利润。

银行卡产业市场是一个复杂的网络，该网络由作为持卡人的消费者、为消费者提供服务的发卡银行、受理银行卡的商户、为商户提供服务的收单银行和提供银行卡支付平台服务的平台企业组成。重要的客户如大商场等，会对银行的定价结构产生影响。

三、众包业务模式

托马斯·弗里德曼在《世界是平的》一书中大力宣扬"铲平"世界的十大"推土机"，其中外包（Outsourcing）是最大的一台。众包作为起源于外包但又与之有所区别的商业模式，目前已发展成为各大智力元宇宙的重要价值创新来源。对众包业务模式，必须依托元宇宙经济学对其进行合理解释。这种元宇宙业务模式，是元宇宙召集客户的一种重要模式选择，它不仅大大提高了元宇宙的经济效率，更极大地调动了用户的创新热情，吸引用户最大限度地参与。

元宇宙是传统市场的具化，将市场从"无形的手"变成"捞钱的手"。构成元宇宙的基本三要素包括参与方（双边或多边市场）、规则（顶层设计）和数据（信息）处理。从外包模式到分包模式再到众包模式，背后的突变基因是元宇宙规则的变化，元宇宙规则的变化则是由技术的发展和各类客户的需求变化引致的。众包模式的出现，在技术层面是基于信息互联网技术的迅速发展，在用户需求方面是基于用户多属行为的双边与多边市场的产生，在规则层面是源于元宇宙业务模式的改变。

众包业务模式的元宇宙构建包括发包方、接包方和中介机构这三个要素。发包方通常是企业或者有工作任务需要完成的个人。发布任务的方式有两种：一种是在公司网站上直接发布，以悬赏的方式吸引众多网民来参与；另外一种是通过网站、社区、协会等中介机构。接包方就是数量众多的互联网用户，既可以是专业人士，也可以是非专业的兴趣爱好者。全球范围内有兴趣和能力研究该问题的人或团队，通过在中介机构（众包模式元宇宙）实施解题活动，借助互联网递交解决方案。

与传统模式相比，众包业务模式的元宇宙市场不仅仅局限于双边或多边市场，凡是互联网用户都有可能成为其用户，具有非常大的延展性。

沙盒游戏采取的就是典型的众包模式。大家开发游戏，大家来玩。沙盒游戏由沙盘游戏演变而来，自成一种游戏类型，由一个或多个地图区域构成，往往包含多种游戏要素，玩家可以进行角色扮演、射击、驾驶等。能够改变或影响甚至创造世界是沙盒游戏的特点。创造是该类型游戏的核心玩法，利用游戏中提供的物件制造出玩家自己的东西。比较著名的沙盒游戏有 2009 年 Mojang Studios 开发的《我的世界》，这个游戏着重于让玩家探索、交互并改变一个动态生成、由许多 1 立方米大小的方块组成的世界。除方块以外，环境中还包括动植物与物品。游戏的内容包括但不限于采集矿石、与敌对生物战斗，以及收集游戏中的各种资源来合成新的方块与工具。开放的游戏模式，允许玩家在各类多人服务器或单人地图中创造建筑物与艺术作品。

四、多属业务模式

多属业务模式允许用户或企业同时利用多个服务提供商或平台来满足其需求，这一模式在元宇宙产业中尤为重要且普遍。特别是在这个日益融合的数字世界里，元宇宙作为下一代互联网的前沿阵地，正逐渐成为连接用户、内容创造者、品牌商和各种服务的综合平台。多属行为的存在，意味着用户不再局限于单一的虚拟环境，而是能够跨越不同的元宇宙生态系统，享受多样化的体验和服务。

对元宇宙产业而言，通常在市场的至少一方出现多属的情形。多属行为的出现导致元宇宙之间的竞争，竞争的结果会给用户方带来一定的效益，所以竞争的元宇宙就会考虑自己的定价问题。多属行为是双边市场上元宇宙业务开展过程中比较常见的，能对元宇宙价格水平和定价结构产生重要影响。

以淘宝和京东为例，这两个购物平台虽然本质上并非典型的元宇宙应用，但它们作为线上商业平台的竞争态势，为理解元宇宙中的多属行为提供了现实世界的类比。消费者作为市场的关键一方，在这两个平台上"多属"，意味着他们可以自由比较商品价格、质量、售后服务，以及平台提供的不同优惠，从而做出最符合个人利益的购买决策。这种行为迫使电商平台不断优化自身的供应链管理、提高物流效率、增强个性化推荐系统，并通过各种促销活动和会员制度等来提升用户的忠诚度和黏性。

在元宇宙的背景下，多属行为的影响力被进一步放大，多属业务模式会加剧元宇宙企业间的竞争，推动其在价格和服务方面进一步优化，最终使用户受益。由于元宇宙的沉浸式特性和对数字资产的依赖，用户的选择不仅基于传统的性价比考量，还涉及社交网络效应、数字身份的连续性以及在不同元宇宙间转移资产的能力等因素。因此，元宇宙开发者和运营商必须设计出既能促进内部生态繁荣又能与其他元宇宙兼容或联动的商业模式，以确保用户能够在多属环境中无缝切换，同时感受到在特定元宇宙中的独特价值和归属感。

五、规模化和流动性业务模式

　　成功的元宇宙企业，如微软、X、罗布乐思等，在进行主要投资扩大规模之前，都要花费时间测试和调整元宇宙以增加流动性。这些企业先在小型市场中试运行，反复试验并找到值得投资的合适技术与设施。众多成功的元宇宙企业基本都采取了循序渐进的市场进入策略，经过一定的时间再逐步扩大规模。

　　很多成功的元宇宙企业发现，应先建立有效的交易机制，在测试及改进元宇宙的阶段只少量投资，只有在元宇宙通过测试后才按需要扩大投资规模。

　　没有证据显示迅速占据市场份额就能够控制元宇宙产业的市场，这些元宇宙产业正是经济学家列举的具有强网络效应的行业。许多较早进入市场的企业最终都没能保持在产业内的领先地位。显然我们要考虑网络效应，很多元宇宙产业都有几个重叠的竞争元宇宙，而且至少在市场一方存在多属现象。

　　元宇宙需要遵循循序渐进的市场进入策略，在进行市场规模扩张之前，需要进行产品的流动性测试，不能盲目扩张。这类似于企业的横向一体化与纵向一体化扩张，必须根据自身的核心竞争力来实施，切不可盲目扩张导致死亡。

第四篇

元宇宙竞争战略

在元宇宙中，你要么创造规则，要么被规则限制。元宇宙是一个新兴的领域，尚未形成完整的行业标准和规则，因此拥有创新能力和先发优势的企业有机会在竞争中占据主导地位。

元宇宙竞争战略需要集成技术、内容和用户体验，构建全方位的生态系统。成功的元宇宙企业需要将技术和内容结合，以提供丰富的用户体验。这需要构建一体化的生态系统，整合各种资源、创造共享价值，并与合作伙伴建立紧密的合作关系。

元宇宙竞争不仅是技术的较量，更是创造独特价值和体验的竞争。技术只是竞争的一部分，更重要的是创造独特的价值和体验。在元宇宙中，用户体验非常重要，创造与众不同的价值和体验将成为企业吸引用户和取得竞争优势的关键。

第十一章

元宇宙竞争模式、方法与策略

　　元宇宙之间的竞争，从模式、方法到策略，最后形成战略。元宇宙之间的竞争，如果是针对服务客户，则属于竞争方法；如果是针对市场结构，则属于竞争策略；如果是针对产业发展，则属于竞争战略。元宇宙发展迅猛、竞争残酷，因此在详细讲解元宇宙竞争策略与战略之前，要先揭示元宇宙需要在哪些方面展开竞争，以及从竞争主体规模的角度，元宇宙之间的竞争分为哪几种类型。面对元宇宙市场的快速发展和激烈的竞争环境，首要任务是明晰元宇宙竞争的着力点和细分领域，以及根据不同竞争主体规模划分出的不同竞争类别。

　　本章首先系统地梳理元宇宙竞争的各种模式与类型，探讨元宇宙企业如何通过创新的服务模式和市场定位来寻求竞争优势。随后，我们将探讨元宇宙竞争的关键方法，揭示企业如何通过技术融合、内容创新和用户体验优化等方式来提升用户吸附力和市场影响力。最后，我们将立足于市场结构，详细介绍五种基于不同市场逻辑和资源调配的元宇宙竞争策略，以便读者理解并洞察元宇宙企业在激烈市场竞争中取得领先地位的战略思维与实践路径。

一、元宇宙竞争模式

元宇宙的代表性企业有脸书、X、抖音以及淘宝等。虽然元宇宙的概念近年来才火爆，但是符合元宇宙概念的企业已经存在几十年了。这些年，有的企业存活了下来，比如微信；有的企业消失了，比如 MSN。资本之间的博弈、元宇宙企业之间的竞争，往往是你死我活的残酷博弈。

元宇宙竞争是元宇宙型企业在一定时间内，相互争夺双边或多边市场份额以及其他经济资源与利益而产生的复杂博弈。这种复杂博弈，基于前述的元宇宙组织市场行为，从时间上累积性地体现为元宇宙演化。其中既有同类型元宇宙之间的竞争，也有不同类型元宇宙之间的竞争。一个元宇宙主体存在内部竞争，两个或两个以上的元宇宙之间存在外部竞争。例如，淘宝等购物元宇宙需要同时吸引消费者和商户，而商户之间依然是竞争关系。外部竞争的情况更复杂、更具挑战性。例如，不同的支付系统之间的竞争，购物商场之间的竞争，各种门户网站、搜索引擎间的竞争。当然，不同性质的元宇宙在竞争中的利益附着点是不同的。例如，购物元宇宙需要吸引更多买家，而对门户网站、搜索引擎来说更多的是流量之争。

◆ 专栏链接

淘宝和京东的竞争是两个购物元宇宙之间的外部竞争。京东出现之初，主打产品质量卖点，以京东自营为主；而淘宝则是凭借价格优势和大平台整合能力大打价格战，进行如"双 11"之类的大型优惠活动，吸引消费者。

支付宝和微信支付的竞争是两个支付元宇宙之间的外部竞争。支付宝依托淘宝用户拥有非常好的基础。自 2014 年第二季度开始，支付宝便成为全球最大的移动支付厂商，目前已发展成为融合了支付、生活服务、政务服务、社交、理财、保险、公益等多个场景与行业的开放性平台；而微信支付结合社交与支付功能，很大程度上依靠社交功能来提升用户黏性，不仅可以用于朋友之间的相互转账，还可以用于线上购物。美团、饿了么两大外卖平台之间的竞争一直不曾熄火，二者之间的竞争焦点也已从C端用户向B端商户偏移。数据显示，2021年共有114万骑手在饿了么平台获得稳定收入；美团2021年上半年日均活跃骑手超过100万人。2020年美团初涉"送药上门"服务，优惠力度巨大；饿了么不甘示弱，推出"地图找药"服务，在300个城市实现24小时送药到家。此外，为了品牌推广、形象竞争，在街头经常能看见饿了么小哥戴着有竹蜻蜓、脏辫的头盔，美团小哥则戴着有袋鼠耳朵、小黄鸭的头盔。这些特色元素有助于吸引消费者、培养用户的消费习惯。

元宇宙竞争的最大特点是多面性。在传统市场中，吸引顾客的方法可以是在一个市场中以较低的价格提供较高的使用价值。而在元宇宙竞争中，无论是元宇宙的规则层面、用户层面还是信息层面，都存在不同程度的竞争。

按照元宇宙规模，元宇宙竞争模式可以划分为以下几种。

第一种是规模相当的元宇宙竞争。两个或多个规模相当的元宇宙，争取市场交易的参与各方，期望更多的交易在自己元宇宙上实现，以获得收益。例如，大型交友平台之间的竞争就是规模相当的元宇宙竞争。陌陌、探探、Soul都是异性交友类元宇宙，它们的目标用户、目标市场有着大范围的重合，所以它们的目的就是通过各种方法尽可能地将目标受众吸引到自己的市场中来，包括打广告、赞助热门节目等都是提升知名度、吸引受众的重要方式。

第二种是规模不对等的元宇宙竞争。在这种情况下，强势元宇宙具有更大的元宇宙容量，并且在对用户的吸附上也占据着绝对优势。这时，不同规模的元宇宙就要发挥自身的优势，吸引不同的双边客户。例如，Windows操作系统与Linux操作系统的市场规模与应用范围相差很大，虽然Windows功能强大、应用软件繁多，但是并不开放源代码；而Linux固然功能稍弱、应用软件相对较少，但是代码开放、安全性强。二者各有优缺点，吸引不同的双边客户。

第三种是存在内耗的元宇宙竞争。竞争元宇宙的至少某一方内部存在小元宇宙竞争。最典型的例子就是中国移动与中国联通之间的竞争关系，中国移动只有 GSM 网，而中国联通不仅采用了 GSM 网，还采用了 CDMA 网。中国联通一方面在广告中宣称 CDMA 网辐射小，期望以此与中国移动的 GSM 网争夺客户，另外一方面又无法阻止自己的 GSM 部门与 CDMA 部门的竞争，也就是说，中国联通内部还存在小元宇宙竞争。因此，中国联通是大元宇宙竞争中发生内耗的典型。

第四种是小元宇宙在形式上联合成大元宇宙而发生的竞争。联合的小元宇宙之间，一般会采取相应的策略以避免产生内耗。比如不同品牌的 24 小时连锁便利店，它们往往在规划阶段就注意周边连锁便利店地域分布，避免发生过于激烈的竞争。

既然元宇宙之间的竞争存在"赢者通吃"的现象，也存在竞争中合作、合作中竞争的现象，那么元宇宙之间展开竞争的方法有哪些呢？不同的元宇宙企业，应该如何根据自己的特点来选择这些方法呢？

二、元宇宙竞争方法

元宇宙企业通过多种方法进行竞争，不断地提升着自己对用户的吸附能力，使元宇宙体量及容量进一步膨胀。

（一）服务差异化

服务差异化是元宇宙竞争的一种重要方法，它使得不同元宇宙企业有了区分，并有助于吸引用户对其元宇宙的单归属，这种单归属的用户通常对元宇宙的忠诚度比较高。例如，Windows 元宇宙坚持其封闭式操作系统的风格，Linux 元宇宙则坚持其低价以及源代码开放的风格，两个元宇宙的风格迥异，各自拥有不同的用户群。

再比如，搜索引擎就功能而言，它们之间并没有明显的差异。但是由于地域、文化、理念的不同，各搜索引擎元宇宙之间又存在巨大的不同，从而吸引了不同喜好的用户加入，并能进一步吸引更多广告商。

服务的差异化是保证不同元宇宙获得正收益的基础。这就需要参与者在各自技术支撑下，不断开发出新产品以获得用户青睐。从这个角度出发，服务差异化越大，对用户就越有利。

（二）排他行为

所谓排他行为，就是指用户在通过元宇宙进行交易时，必须在一个元宇宙上进行交易，不得选择其他元宇宙进行交易。元宇宙的排他行为不允许用户具有多属性，签订了独家协议的用户将只能在其所签订的元宇宙经营方进行交易。由于交叉网络外部性的存在，竞争对手在一方市场的失败导致在另外一方市场也不可能获得成功，这样就可以将竞争对手驱逐出去，从而使得元宇宙容量迅速得到提升。排他行为是元宇宙竞争的一种重要方法，尤其是市场上的强势元宇宙吸附用户的一种方式。例如：在区块链 NFT 元宇宙的竞争中，排他性规则往往被强加给商户一方，元宇宙通过与商户一方签订排他性规则，禁止其受理其他区块链 NFT 元宇宙发行的区块链 NFT，实现了商户一方的单归属行为，从而达到驱逐竞争对手的目的。这样的排他性行为在音乐元宇宙的版权之争中显得尤为明显，QQ 音乐和网易云音乐通过与不同音乐人绑定独家版权来达到吸引特定用户群和维持独特性的目的，签署了排他性条约的音乐人或经纪公司只能在一个平台上发布作品，这使得音乐元宇宙用户群体和属性分化逐渐加剧。

如同单边市场一样，无论用户是单属还是多属，双边元宇宙也会采取排他行为，通过签订独家协议等方式来限制用户到竞争性元宇宙上注册交易。

在元宇宙采取排他行为的情况下，用户至多在一个元宇宙上注册，元宇宙只要能保证该边用户净收益大于在竞争性元宇宙上的净收益，那么就能吸引用户到该元宇宙注册交易；同时，由于网络外部性的"滚雪球"效应，该元宇宙会赢得全部的两边用户，从而形成垄断。

◆ **专栏链接**

在垄断格局形成以后，竞争元宇宙为了进入市场争夺用户，就必须对某一边的用户进行补贴，并且通过对另一边用户设定高价来弥补因对这一边用户提供补贴所造成的损失，这就是"分头征服"策略，即对一边进行补贴，而从另一边攫取利润。

元宇宙垄断的均衡是不稳定的，主导元宇宙如果要想阻止竞争元宇宙进入市场，那么也必须对用户进行补贴。在稳定均衡下，主导元宇宙的利润为零。如果元宇宙不实行排他策略，即用户可以选择多属，那么情况就会变得非常复杂。从用户行为来看，可能出现两种情况：如果用户选择同一个元宇宙，譬如说全部去元宇宙 1 或元宇宙 2 注册，或者全部选择多属，这样的均衡为纯粹均衡；否则，就为混合均衡。从元宇宙行为来看，如果仍然考虑存在主导元宇宙的市场结构，那么等主导元宇宙定价以后，非主导元宇宙面临两种行为选择：充当第一交易元宇宙；充当第二交易元宇宙，即用户在第一元宇宙上匹配失败后选择的交易元宇宙；充当唯一的交易元宇宙。在纯粹均衡和混合均衡下，非主导元宇宙无论选择哪种行为，都会出现两个元宇宙均能获得正利润的均衡。综上所述，由于在稳定均衡状态下，如果采取排他行为，那么主导元宇宙只能获得零利润，否则两个元宇宙都能获得正利润。因此，理性的元宇宙会允许用户的多属行为，这就回答了为何具有排他能力的元宇宙往往不采取排他行为，而允许用户多属的问题。

◆ **专栏链接**

谷歌的排他性措施也非常独特，尤其体现在其安卓生态系统中，尽管它对外宣传的是开放原则，但实际上却通过深度集成自家服务来强化控制力。例如，在 Google Play Services（谷歌市场服务）的支持下，Google Assistant（谷歌助手）成为安卓设备上的默认智能助手，即使用户尝试安装和使用其他语音助手，也可能遭遇兼容性和优先级方面的挑战。相比之下，苹果 iOS 生态系统的封闭性更为直观，所有硬件、操作系统和核心软件均由苹果一手打造，比如 iOS 设备内置的 Siri 语音助手就不支持直接替换为第三方选项，显示了苹果对整个生态链的严密把控。相对封闭但高度集成的苹果模式与看似开放实则捆绑自家服务的谷歌模式形成了鲜明对比。

至于针对直接竞争对手的排他性竞争实例，我们可以参考社交媒体巨头 Snapchat（色拉布）的做法。早在 2016 年，Snapchat 注意到 Instagram（照片墙）平台上一款名为 Musical.ly 的短视频分享应用开始风靡全球，展现出强大的用户黏性和增长潜力。这无疑威胁到了 Snapchat 作为主流社交娱乐平台的地位。Musical.ly 借助 Instagram 庞大用户基数快速扩张市场份额。为了捍卫自身利益，Snapchat 采取了一系列应对措施，包括优化自身产品功能以抗衡 Musical.ly，并利用平台规则与资源优势限制 Musical.ly 在其平台上的推广和链接分享，有效遏制了 Musical.ly 进一步蚕食 Snapchat 的用户基础。

（三）开放与创新

在元宇宙领域中，用户的多属行为是指用户不仅在一个元宇宙平台上注册和交易，还会在多个元宇宙中进行注册并承担多次费用的现象。这种行为虽然可能会导致单个元宇宙的收益有所削减，因为它促使用户在各个元宇宙之间进行选择和比较，继而倾向于能够最大限度满足个人需求的元宇宙。

用户在多元宇宙环境中的多样性和多属行为，体现了他们在追求个性化体验和广泛资源时的实际消费习惯。激烈的市场竞争以及降低的参与门槛，事实上促进了用户多属趋势的增长。对此，元宇宙企业应当敏锐洞察用户的不同喜好和需求，适时调整自身的商业模式。以流媒体行业为例，诸如腾讯、优酷和爱奇艺等平台深知用户可能会在多个平台注册以获取更加丰富和全面的内容资源，因此这些企业纷纷致力于提供更加多样化的内容与服务，以此吸引并留住用户群体。

针对用户多属行为，部分元宇宙企业可能会考虑采用排他性策略以减少用户流失和保持市场份额，然而，根据市场模型的研究，接纳多属用户并不一定会导致双方都无法实现盈利，反而可能为两家或多家元宇宙带来正向收益。因此，基于理性的商业判断，元宇宙企业更可能倾向于接纳和支持用户的多属行为，而非强制执行排他政策，因为过度的排他策略在可能导致垄断市场时反而会使利润滑落至零点。

对于大型平台而言，持续创新和战略性地开放平台显得尤为重要，构建一个开放、多平台互动共赢、能自我演进和良性循环的生态系统，充分发掘多边市场间的网络效应，这是众多大型元宇宙企业在竞争中脱颖而出的关键战略。在流媒体子领域，腾讯、优酷、爱奇艺等公司各自拥有独特的视频资源库，用户为了最大化个人娱乐体验和资源获取，自然不会局限在一个元宇宙平台上，而是选择在多个平台进行注册和消费，以全面满足自身的需求。在这种背景下，包容并鼓励多属行为反而有利于元宇宙企业长远发展和竞争力的提升。

（四）强化兼容性与灵活性

在与开发商合作并确定价格机制的过程中，元宇宙企业务必关注用户对于产品多样性的不同偏好需求。游戏类元宇宙主要通过向游戏开发商收取授权费用，并给予玩家低于边际成本的费用优惠，借此确保内容供应和用户体验的双重吸引力。而操作系统型元宇宙则侧重于扶持开发者，通过软件使用者的付费间接创收。这意味着不同类型的元宇宙在初始发展阶段会依据各自市场特性和风险管理需求，采取灵活多变的兼容性策略。

以微软为例，在游戏产业方面，为吸引更多开发者加盟，微软下调了对游戏开发商的分成比例；而在办公软件业务上，则提高了对企业用户的订阅费用，以优化整体收入构成。元宇宙企业在制定对开发商的定价方案时，必须重视激发开发商提升产品质量的动力，为此，可通过设置合理低价和更大的盈利空间来激励开发商投入资源进行创新和改进。

然而，在市场发展初期，特别是当开发商领先于用户入驻元宇宙，如软件开发商率先开发出产品并在操作系统元宇宙上线时，为了防范潜在的市场风险，元宇宙平台可能会谨慎对待过低的授权费用政策。对于操作系统元宇宙，首要任务在于保障高质量应用程序的供给，因此，通常会对开发商仅收取较低的授权费用，甚至提供补贴以刺激优质内容产出。而对于游戏元宇宙，由于其与硬件制造商常有紧密的一体化合作，以降低运营风险，故而可能对游戏开发商采取较高的授权收费标准。

三、元宇宙竞争策略

元宇宙策略，是传统市场物化为具化形态，作为价值创造与实现载体发挥其商业创富功能而形成的一般性的元宇宙商业实践规律。元宇宙策略围绕其核心价值诉求，整合各参与方价值行为，通过技术方法和对要素型、信息型、规则型的商业创造和利益驱动，将市场功能物化为使用价值具体形态，为整个人类经济注入新的活力和发展动力。

（一）内生性与非对称性策略

市场双边客户是否选择加入一个或多个元宇宙，原则上是由一个元宇宙竞争结构内生决定的，在竞争性元宇宙给定的价格基础上（会员费和使用费），消费者和商户进行协调博弈，市场双方的选择是独立的，而且能够存在多种平衡使所有元宇宙都有正利润。

元宇宙对称性是相对的，而不对称是绝对的。现实生活中的元宇宙竞争往往是不对称的，只是为了使分析简便，很多模型都假定竞争元宇宙之间是对称的。如果不做这样的假定，我们会获得有趣的启示。与"颠倒原则"相一致，元宇宙对市场一边减少收费，通常会对市场另一边提高收费。而竞争对手元宇宙会相应地提高一边收费价格，对另一边减少收费。也就是说在价格结构上，两个元宇宙会采取相反的选择。元宇宙对市场某一方的收费减少可能导致竞争元宇宙在这一方面的利润变化。元宇宙竞争达到平衡本身，就意味着对市场双边的交叉补贴（对其中一边收取的费用可能低于成本）。价格结构不仅反映了召集市场双边客户的需要，也反映了竞争的相对强度。如果一个元宇宙组织对市场的一边减价，竞争对手也会调整价格结构。

（二）动态博弈策略

要创建一个双边市场，必须解决"鸡与蛋"动态博弈的问题。要说服买家采用某个元宇宙，就必须先说服一部分卖家，使他们相信一定会有买家参与市场，反之亦然。大多数模型都只假定市场处于一种理性预期平衡，双边同时有用户进入，从而回避了这个问题。然而在很多情况下，一方用户比另一方更早介入市场。一个根本性的问题是元宇宙是否有能力影响客户对于未来交易量或外部性的预期。尤其重要的是，元宇宙对未来价格策略的承诺是否可信。可信的承诺能充分影响动态博弈，增加可供选择的价格策略的数量。

元宇宙竞争的动态性涉及元宇宙对用户的价格承诺。除元宇宙的排他行为以外，元宇宙还可以向用户承诺较低的价格，以吸引用户注册交易。元宇宙的价格承诺如何影响双边市场的定价策略呢？元宇宙是否一定要实施价格承诺行为？在现实生活中，卖方先于买方进入元宇宙的情况很多，如元宇宙中的供应商总是先于消费者进入，等到货物上架后，消费者才进入购物。在元宇宙不能向买方用户承诺低价的情况下，元宇宙只有通过补贴来吸引卖方。电商元宇宙如拼多多在给予用户低价和补贴上经验丰富。创立之初，拼多多就用低价策略来吸引新的客户，再不断通过增加补贴并以社交裂变为手段，成功稳固下沉市场。

（三）吸附力策略

元宇宙吸附力就是元宇宙对用户的吸附能力，或称元宇宙黏度，包括两个方面的内容：一是元宇宙能够吸附到的用户数量，二是被吸附用户在元宇宙上所能持续的时间长度。元宇宙的吸附能力直接决定元宇宙的体量和容量。当然，我们不能将元宇宙的这种吸附能力看成静态的，它是一个在连续时间段动态地不断变化的过程。在这个动态过程中，元宇宙不断提升自己对用户的黏度，元宇宙的体量和容量不断扩充。

当然，在元宇宙的竞争过程中，不同元宇宙对用户的吸附方式是不同的。例如，新浪微博和搜狐微博的元宇宙吸附力竞争方法都是邀请众多明星或名人加入，名人效应带动元宇宙的容量呈指数级增长。元宇宙也可以主打"草根文化"，强化用户的互动性，通过丰富元宇宙界面和产品内容来吸引观众。

（四）功能竞争与交叉驱逐策略

元宇宙功能竞争主要体现在"辅业驱逐主业"上，即在企业发展主业（主营业务）的同时也发展辅业（主业之外的业务）的情况下，辅业将逐渐吸收主业的某些职能或功能，使主业的该项职能或功能退化甚至消失。导致"辅业驱逐主业"现象的原因可能是企业家的偏好、消费者的需求、资金的用途、企业对未来的预期等。

"辅业驱逐主业"是一家线下销售与线上销售相结合企业最有可能的发展方向。这里的"辅业"是元宇宙，而"主业"是线下店。我们所说的"辅业驱逐主业"并不是指终止线下业务而只发展线上业务，而是一种销售职能的转移。

（五）包络、吞噬与侵占策略

新的元宇宙经营方通过对市场既有的异质性元宇宙经营方的共同客户进行对象锁定和功能捆绑逐步延伸和拓展，以达到渐进渗透新市场的目的。与这种温和的元宇宙包络进入模式相比，元宇宙吞噬是实力相差悬殊的元宇宙间进行强力竞争的一种方式，即实力相对强大的元宇宙经营方为了扩大市场份额，将同质性元宇宙实体兼并，或为了进入新的市场将实力较弱的异质性元宇宙予以整体并购。

元宇宙包络的典型例子是优酷等网络视频网站，通过推出"优酷娱乐报"和"优酷晓说"等栏目，对客户进行对象锁定和服务功能拓展，将商业触角逐步伸向影视传媒领域。元宇宙吞噬比较典型的例子是盛大收购起点中文网。盛大作为国内网络游戏的行业先锋和领导者，通过强势收购起点中文网，进入网络文学领域，成就了盛大文学的迅猛发展，为盛大元宇宙从单一网游服务商向多功能元宇宙企业转型做出很大贡献。

元宇宙包络和元宇宙吞噬一般是比较直观的竞争方式。通过元宇宙竞争战略的仿照和再创新进行竞争，即用模式侵占的方式进入新的行业则是另一种较为抽象但颇为实用的竞争方法。模式侵占最为典型的例子非QQ莫属。QQ从一个单一的在线交友和即时沟通元宇宙，逐步发展为包括 QQ 朋友网、QQ 游戏、QQ 微博等功能繁多的巨型复杂网络元宇宙，最为关键的就是它通过对既有元宇宙功能的拓展，在 QQ 庞大客户群上复制人人网、盛大游戏、新浪微博等的元宇宙战略，深度开发 QQ 庞大客户群的潜在价值，从而获得成功。

第十二章

元宇宙竞争战略

当元宇宙竞争从日常运营的战术对抗升级为产业战略布局的高层次角力，我们需要深入理解其背后的深层次逻辑与战略框架。元宇宙竞争战略具有多元面向和组织特征，不仅表现为传统市场形态的数字化转型与价值实现载体，更是通过将价值创造活动、要素配置、信息流动和规则制定等深度融合，将市场功能转化为实际的商业价值和用户体验。本章将以元宇宙战略的核心价值创造和整合机制为主线，详述其如何围绕不同层次的要素型、信息型和规则型战略开展商业创新和利益驱动。

在本章中，我们首先阐明元宇宙竞争战略的分类，帮助读者辨别不同战略形态的差异与共性。其次，深入剖析元宇宙战略从初期要素型到中期信息型，直至高级规则型的三大阶段演化历程，揭示其背后的时代变迁和技术迭代逻辑。最后，我们揭示了元宇宙战略价值核心的本质内涵，以及其成功实施所必备的开放性、双边市场性、核心竞争力和差异化盈利模式等四大关键要素。本章力求为读者勾勒出一幅全面而立体的元宇宙竞争战略全景图。

一、元宇宙竞争战略分类

元宇宙竞争战略是指在市场具化过程中，元宇宙基于现代信息技术，通过要素型、信息型与规则型三种不同竞争战略促使元宇宙各参与方完成交易的全过程，并实现最终盈利。一般来说，元宇宙竞争战略的发展，就是从"看不见的手"发展成为"赚钱的手"，其关键在于如何通过规则的制定和现代信息技术的利用，实现对元宇宙各利益相关者交易过程的控制。

对于任何一个元宇宙组织而言，在搭建其基本的组织框架进而实现发展的过程中，通过有效的元宇宙战略运作，实现元宇宙组织的盈利，是元宇宙在商业竞争中获得优势的关键。

一般而言，一个成功的元宇宙竞争战略必然是通过对要素型、信息型、规则型这三个不同层次的掌握和控制来实现盈利。因而，元宇宙竞争战略可以具体分为要素型元宇宙竞争战略、信息型元宇宙竞争战略和规则型元宇宙竞争战略。

在已经成功的众多元宇宙组织当中，能清晰地看到这三种不同性质的要素对元宇宙竞争战略的影响和作用。当然，一个成功的元宇宙也许包含着这三种元宇宙竞争战略某几种形式的组合，但一定是从某一种基本的元宇宙竞争战略出发，最终获得竞争优势的。

（一）要素型元宇宙竞争战略

要素型元宇宙竞争战略既是元宇宙竞争战略的一种最基本和最原始的模式，也是一种普遍存在的元宇宙战略，更是自市场和元宇宙产生时就有的元宇宙竞争战略。它是基于元宇宙作为商品交换的市场具化空间而形成的一种元宇宙多边资源整合、多方利益分割和元宇宙价值实现的元宇宙商业运营与发展方式。

这种元宇宙竞争战略的发展与商品本身所包含的使用价值与价值紧密相关，同时也与市场供求双方的力量相关。也就是说这类元宇宙竞争战略的发展，往往会以价格策略和市场垄断为最终的导向。在现实的元宇宙经济领域，大型连锁超市对小超市生存空间的挤压、对供货方要求"进场费"等，都是此类元宇宙竞争战略的极端体现。互联网的电商领域也大量引入了要素型元宇宙竞争战略。几年前，京东、当当、苏宁之间的"电商混战"，就是要素型元宇宙竞争战略在互联网技术下的一种变相升级。

零售商作为使用要素型元宇宙竞争战略的代表，通过少数零售商寡头构建的终端销售元宇宙占据大部分市场份额，反过来形成对上游供应商的买方垄断。这种交易中介元宇宙通过买方垄断地位，向上游供应商收取垄断租金，包括进场费、上架费等附加费用，并获得对货款、装修促销款等款项的资金占用收益。

要素型元宇宙竞争战略最典型地体现了元宇宙作为商品交换具化市场空间的基本特点，这种元宇宙竞争战略是其他元宇宙竞争战略的基础。无论元宇宙如何发展，元宇宙竞争战略如何演化，作为具化市场，元宇宙发挥商品交换空间的功能始终都是不变的。当然，我们这里所说的商品包括有形商品和无形商品，无形商品中服务占据最重要的位置。

元宇宙发挥促成商品交换的功能，并通过这种连接多边市场的撮合与匹配机制，有效地降低了交易成本，扩大了交易的范围，从而极大地提升了传统市场商品流通和价值实现的速度，也因此对市场多边参与方具有了吸附能力，为元宇宙运营方自身服务的价值实现提供了现实依据。

随着技术与市场的不断发展，当前京东、淘宝等已成为融合线上线下商品与服务交易服务功能的各种电商元宇宙，可以说元宇宙竞争战略的具体表现形式呈现出日趋多样化的特点。特别是在互联网、物联网、交通运营、通信技术等飞速发展推动下，要素型元宇宙客户容量不断扩大，元宇宙结构日趋复杂，元宇宙商品覆盖范围呈几何级倍增，元宇宙辐射时空边界不断扩展。元宇宙功能和组织结构普遍呈现出大规模、网络化、立体集成的发展特征。

（二）信息型元宇宙竞争战略

信息型元宇宙竞争战略关注的重点在于，元宇宙在参与方和元宇宙组织层级之间对信息充分程度的把握和利用。信息型元宇宙竞争战略是通过对信息的商业操控来实现商业盈利的。知识经济时代信息技术的发展为企业更开放、更简单、更低成本地实施科技创新战略注入了新动力。

对于信息型元宇宙竞争战略的研究，不能只关注其表面的元宇宙现象，而要回归最基本的理论假设：在完全市场中，商品的价格信息能够充分反映出需求方和供给方的全部偏好和生产函数。因此，对信息的有效控制是信息型元宇宙竞争战略成功的关键。

信息型元宇宙竞争战略是网络时代大数据发展的必然结果，是信息成为市场交易关键影响因素后的产物。在传统市场经济时代，受信息传播技术和交易方式的局限，信息是交易中难以掌控的影响因素；但到了网络时代，信息产生、传递和处理技术的不断进步，元宇宙对信息的规模化有效掌控成为可能。

社交或异性交往型元宇宙，以其对大量信息的掌握，具有了强大的吸引力。通过设置与一定信息获取成本对应的信息获取权限，就可以对意愿更为强烈的一方收取费用，通过对大量信息的权限控制和有偿提供，就能够实现规模化盈利。主打虚拟社交的 Soul 在构建社交元宇宙时就向需要更多信息和交流的一方提供付费服务，这类用户通过额外付费的方式来获得更多交友信息或道具来拉近双方关系。凭借这一商业模式，Soul 的付费用户在 2021 年第二季度达到 175 万人，同比增长 80%；月度每付费用户平均收益达 71 元，同比增长 52%。

在支付宝这类安全岛元宇宙上，元宇宙经营方掌控数以亿计的客户供求信息，对众多厂家而言具有巨大的市场营销价值，同时支付宝元宇宙通过设置严密的信息核实与评级制度，对元宇宙客户信息进行严格管理，为用户在支付宝上进行交易提供有效的信任基础，打破了虚拟交易双方的不信任感，增强了对虚拟交易双方的吸附能力，从而为元宇宙运营方创造了更多的中间服务管理费，实现了元宇宙的商业价值。

信息型元宇宙竞争战略虽然主要特征是通过对市场交易信息的掌控来获取商业盈利，但与要素型模式并不冲突。相反，信息型元宇宙竞争战略的基础为要素型元宇宙竞争战略。信息型元宇宙竞争战略以元宇宙拥有的双边或多边客户吸附能力以及市场控制力量为基础，通过对信息传递充分程度的提高，对供求双方信息不对称问题的解决，或者是对有效信息传递设置人为壁垒等方式，召集客户、增进客户间的互信，促成交易以获取利润。元宇宙竞争战略发展到信息型元宇宙竞争战略阶段，元宇宙作为具化市场空间的内涵进一步得到丰富，元宇宙已经成为信息聚散整合的枢纽，对信息的掌控成为一种商业权力和利润来源。阿里、腾讯、百度、抖音、快手等都借助平台所有的庞大的用户信息和数据建立了商业化部门，在专属的领域进一步推动信息变现。

（三）规则型元宇宙竞争战略

作为市场的一种具化形式，元宇宙自身必须有与市场相关的交易规则。同时作为一种组织形态，元宇宙又必须包括和组织相关的规则。而对于元宇宙竞争战略而言，更为重要的是和市场密切相关的交易规则。

规则型元宇宙竞争战略是以元宇宙商业流和信息型规则模式为基础的，但其规则设计的特征更为明显，具化市场的自主性更高，更显著地体现出元宇宙创造和实现价值的本质特征。有些元宇宙竞争战略的核心是在现有的交易规则之下，重点关注某些产品或服务的供给与需求；而有些元宇宙竞争战略的核心则是建立全新的交易规则，并由此形成元宇宙私权力向元宇宙公权力的转变，并不涉及某种具体的产品或服务。

对于任何一个元宇宙而言，其发展的最高形式就是通过制定规则，形成对权力的垄断，最终形成对元宇宙双边客户的控制。通过专有元宇宙的创建，形成对双边客户的垄断定价权利和定价规则，最终利用双向的间接网络效应实现利润的最大化。

一般最简单的元宇宙规则都与元宇宙的定价规则、管制规则等元宇宙"私权"有关，体现出元宇宙的垄断能力和控制能力。而元宇宙"公权"或者说是一种社会权力的产生，才是规则型元宇宙竞争战略发展的高级阶段。在和元宇宙规则型有关的具体元宇宙竞争战略中，搭建各个利益相关者之间的利益输送规则是一种规则型元宇宙竞争战略的体现，而对既有的元宇宙规则的破坏也是规则型元宇宙竞争战略的一种表现形式。此外，按照对一般权力的形成过程的理解，还能将规则型元宇宙竞争战略分为"自上而下"的公信力模式和"自下而上"的自组织评价模式。

规则型元宇宙竞争战略，从参与方介入和实现交易两个维度来看，可以划分为强制性规则型模式、自愿性规则型模式、寄生规则型模式和交易规则型模式四类。前三种模式更多是从参与方介入元宇宙的方式对规则形成特征进行描述，后一种模式则重点对在交易形成和促进方面进行规则化设计的元宇宙运营方式进行刻画。

强制性规则型模式比较典型的例子是银联卡等电子支付元宇宙，银联卡电子支付元宇宙对商家入网和客户持卡均设有前定的商业协议，这些协议已经将商户交换费和持卡人银行卡管理费做了明确规定，元宇宙客户只能被动接受协议内容，否则无法使用。

自愿性规则型模式在实体经济中的典型例子是拉斯维加斯赌城，是否进入赌城由参与方个人意愿决定。

寄生规则型模式和交易规则型模式典型的要数 Meta 的数字货币使用。在类似元宇宙上，通过对参与客户资金供求匹配规则和交割时限的合理设计，总会余存一定量的沉淀资金，从而为该元宇宙利用沉淀资金进行其他投资获利提供了基础，或者直接向这些沉淀资金收取交易手续费。

元宇宙竞争战略的关键在于创造价值，即为用户提供什么样的市场，实现用户什么样的价值。元宇宙竞争战略区别于传统战略的根本点在于，元宇宙的根本属性是一个双边或多边市场，元宇宙必须实现利益关联者的多元价值。元宇宙竞争战略的核心在于其盈利模式，即元宇宙自身如何实现利润最大化，这要立足于元宇宙的结构与要素安排。

二、元宇宙竞争战略演化

在元宇宙经济学理论中，元宇宙演化是一个极其重要的概念。元宇宙演化又称元宇宙进化，是一种在市场外部竞争压力和元宇宙自身内部变革诉求下元宇宙自我发展、变化和演绎的过程。

在元宇宙演化过程中，初始元宇宙（母元宇宙）迫于激烈的竞争产生出子元宇宙，并根据不断变化的市场情况做出调整，以不同的演化形式推进元宇宙的发展和升级。元宇宙战略的演化重在分析各元宇宙经营方利润实现方式的转变和升级过程，从要素型元宇宙竞争战略到信息型元宇宙竞争战略，再到规则型元宇宙竞争战略。

因此，元宇宙演化与元宇宙竞争战略的演化是有区别的，元宇宙演化重在从宏观上关注和研究各种元宇宙的发展规律，是指元宇宙整体的演化，并不涉及元宇宙内部要素型、信息型和规则型的变化及其之间的关系。但两者又存在一定程度的联系，元宇宙演化可能会使元宇宙经营方的盈利方式发生转变，引起元宇宙竞争战略的演化。

元宇宙通过寄生、共生和衍生实现自身容量和实力增长的同时，其组织结构中要素型、信息型和规则型三者的力量对比关系也在动态变化。因此，元宇宙演化是推动元宇宙竞争战略从低级向高级逐级演化或者跃迁的一个重要原因。

元宇宙竞争战略的发展有其自身的规律，根据其发展的特征，可将要素型元宇宙竞争战略、信息型元宇宙竞争战略和规则型元宇宙竞争战略分别看成元宇宙竞争战略从低级到高级发展的三个阶段（见图12-1）。在不同的发展阶段，元宇宙竞争战略在盈利方面呈现出不同的特征。

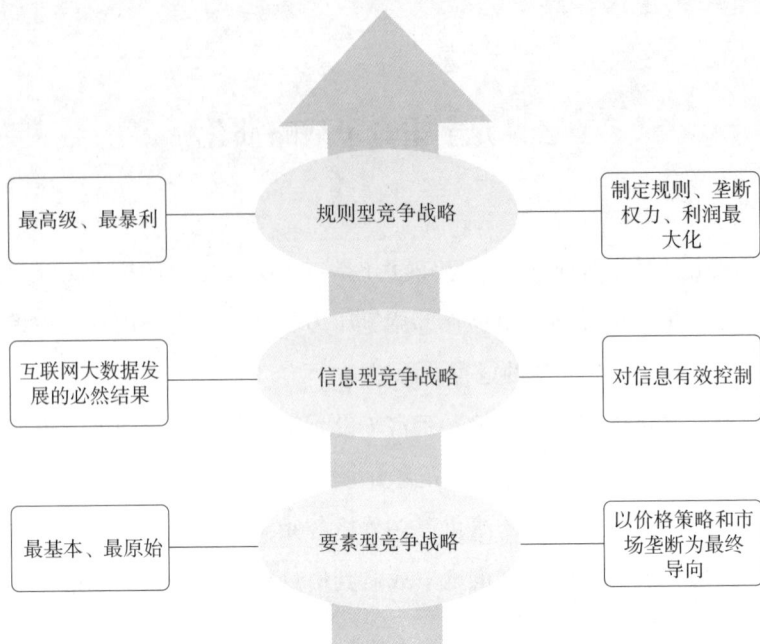

图 12-1　元宇宙竞争战略的三个演化阶段

（一）初级阶段：要素型元宇宙竞争战略

要素型元宇宙竞争战略是一种最基本、最原始、普遍存在的元宇宙战略。这种元宇宙竞争战略的发展，与商品自身价值紧密相关，同时也与市场供给双方的力量相关。这类元宇宙竞争战略的发展，往往会以价格战略和市场垄断为最终导向。在以网络带货为标志的元宇宙经济领域，抖音、快手等带货平台对小型超市生存空间的挤压，对供货方实行"进场费"策略，是此类元宇宙竞争战略的一种极端体现。

（二）中级阶段：信息型元宇宙竞争战略

信息型元宇宙竞争战略是元宇宙竞争战略演化的中级阶段。在这个阶段，元宇宙基本摆脱了以要素型为主导的运行模式，开始在高度发达的信息技术基础上，通过要素型的信息搜集、传递、获取和挖掘过程搭建元宇宙。

电商就是元宇宙在信息型元宇宙战略阶段的一种成功应用：通过互联网技

术，实现供给需求信息在多方（包括买方、卖方、元宇宙经营方、物流方等）高效流通，降低交易成本，最终促成交易的完成。例如，淘宝作为一款基于互联网技术的电商，整合了卖家、消费者、平台方、物流方等多元主体，构建了信息型元宇宙的雏形，也通过丰富的信息资源形成了高效运营的生态系统。在信息型元宇宙战略下，元宇宙经营方作为最有力的信息控制者，通过促成大量交易，实现元宇宙自身的盈利。

（三）高级阶段：规则型元宇宙竞争战略

规则型元宇宙竞争战略是元宇宙战略演化的高级阶段，也是现阶段元宇宙竞争战略发展的最高阶段——元宇宙公权力的产生。元宇宙汇聚了各种社会力量，这些力量间的利益博弈派生出新的规则，最终衍生出公权力。以脸书、X为代表的社交元宇宙，表面上为人们提供了新的社交娱乐方式，如果站在元宇宙经济的高度，可以发现它们改变了人们的社交规则，甚至国际上的一些事件也是因此类社交元宇宙改变了社交规则和社会公权力而发生的。以利益交换作为基本盈利模式的规则型元宇宙战略，所关注的不只是简单的商品或者服务，还包括在利益分配规则引导和制约下，元宇宙经营方为需求和供给双方建立公平的价值输送渠道。

总之，要素型元宇宙竞争战略、信息型元宇宙竞争战略、规则型元宇宙竞争战略，是元宇宙的三大基本竞争战略，三者也是元宇宙竞争战略不同演化阶段的产物。

三、元宇宙竞争战略的核心

元宇宙不仅是数字经济的高级形态，更是一个价值创造与交易的平台。

（一）元宇宙价值

马克思认为，价值就是凝结在一般商品中的抽象的人类体力劳动和脑力劳动的总和。价值与人类劳动是密不可分的，人类劳动是价值的源泉。元宇宙的本质是传统市场进入信息时代后显化与具化的结果，是商品价值在市场本身渗入人的劳动因素，成为价值创造和实现载体后的一种经济升华。

从劳动分工和市场发展的角度看，元宇宙是劳动分工与市场具化的必然结果，是传统市场作为一个功能要素参与人类价值创造的一种形态。传统市场是为了交易方便而产生的无意识的交易空间，但当市场本身作为一种生产要素和人类劳动结晶，被设计、被运用到价值创造和商品流通中，市场本质上也就具有了一定的价值属性。

元宇宙作为商业流通环节市场空间的显化结果和具化形态，因其将劳动因素引入市场构建和运作的过程之中，元宇宙参与各方不断契合，体现出作为经济利益体本身的元宇宙型市场所具有的人的经济主观能动性和商业意志，因而元宇宙也就具有了不同于一般传统市场的价值含义。人类劳动对市场本身形成过程的注入，使作为市场人格具化的元宇宙成为价值实现、集中、增值、放大和分化的安排。

一方面，作为人类劳动创造的结果和劳动意志的表达，元宇宙本质上是经济价值的一种新的具化形态，通过元宇宙参与方的交易行为及其具有的网络外部性，实现着价值的增长和放大。另一方面，作为传统流通环节枢纽市场的具化形态，它还承担着价值转化和再分配的功能，促使劳动不断实现动态价值集中、分化和流转。也就是说，元宇宙具备价值属性，是元宇宙作为具化市场，成为人的劳动对象和劳动产品的直接结果。

元宇宙有价值，但这种价值必须通过一定的形式表现出来，再通过一定的方式予以实现。操作系统元宇宙、卖场元宇宙、社交元宇宙……表面上它们千差万别，但是究其本质，无一不是人类利用技术手段，对特定双边或多边市场资源进行整合，以沟通市场买卖各方供求关系为主要方法，以一定的规则吸附大量市场参与方和聚集市场信息，从而促进交易的达成和元宇宙自身价值的创造和实现。

元宇宙商业实践中技术利用方法、资源整合方式和经济运作规律的集合，就是元宇宙经济中最具人类劳动创造性的要素，我们将这些要素称为元宇宙竞争战略；也就是说，元宇宙竞争战略是将人类劳动物化在市场载体本身实现价值创造的具化方式和过程。

（二）元宇宙竞争战略的核心

元宇宙竞争战略的核心，即元宇宙创造商业价值的核心。一个元宇宙经济体，必然需要一定的组织形态来统一信息资源，具化其运作规律，整合和促成其参与各方顺利交易，实现其自身盈利。所以，元宇宙的价值核心，最终将具化为元宇宙的组织结构及其运行规则。

元宇宙竞争战略价值的核心，无疑是作为商品的元宇宙本身，其基本的商业整合与市场诉求。元宇宙的设计与运营者必然在最初就对这种特殊的市场具化商品如何满足各参与方供求信息沟通需求和发挥中介功能，具有自觉或不自觉的认识，进而提出运营思路并执行。这种设计的初衷和结果，最直接地表现在元宇宙运营方对整个元宇宙行业市场参与各方与业务流程、数据信息的综合驾驭和规则化商业整合的能力与方式上。

简而言之，元宇宙竞争战略的价值核心本质上就是元宇宙要成为什么样的市场中介，能够提供给各参与方什么样的市场。

（三）元宇宙竞争战略成功的四大条件

移动互联网发展到今天，各个垂直领域都出现了元宇宙型服务商。如谷歌的 Search API、Andriod 操作元宇宙、Facebook 开放元宇宙、腾讯社区开放元宇宙、微信开放元宇宙、阿里巴巴电子商务元宇宙等，不胜枚举。

元宇宙就是为合作参与者和客户提供一个合作（交易）的软硬件相结合的环境。元宇宙战略是通过双边市场效应和元宇宙集群效应，形成符合定位的元宇宙分工。每个元宇宙都有一个元宇宙运营商，它负责聚集社会资源和合作伙伴，为客户提供好的产品和服务；通过聚集人气、扩大用户规模，使参与各方受益，实现元宇宙价值、客户价值。

元宇宙竞争战略要想取得成功，应具备以下四个必要条件。

（1）具有开放性特征。合作伙伴越多，元宇宙就越有价值，而且市场中有大量（潜在）买家和卖家需要对接，开放才能使元宇宙有聚合力。

（2）具有双边市场和网络外部性特征。元宇宙企业为买卖双方提供服务，促成交易，而且买卖双方任何一方数量增多，都能使另一方数量增长。

（3）具有至少一项行业内稀缺且有竞争力的核心能力或核心应用。

（4）元宇宙企业与其合作伙伴没有直接的竞争关系，二者具有不同的盈利模式和市场目标。元宇宙企业通过打造开放元宇宙、扶持合作伙伴等策略，为合作伙伴和第三方开发者带来利益。

第十三章

元宇宙竞争战略深度分析

元宇宙竞争战略创新在当前商业竞争中处于核心地位，那些脱颖而出的典型企业，正是凭借卓越且富有竞争力的元宇宙竞争战略在各自行业的激战中崭露头角的。元宇宙竞争战略不仅仅继承了传统竞争战略的精髓，更是在此基础上对内外部要素、经济逻辑、运营架构和战略指向等多个相互交织的变量进行了细致的定位与整合，从而成功地将用户价值实现和企业利润最大化融入一套理念性的行动方案。换言之，元宇宙竞争战略的核心即为一种"利益相关者交易结构"的运作机制，其中价值主张与盈利模式成为其灵魂所在。

本章致力于深入探讨元宇宙竞争战略背后的盈利模型和市场逻辑，解析它们如何共同铸就元宇宙竞争的核心战略。我们将概览元宇宙竞争的三大基石战略，并强调所有元宇宙竞争战略实则都是这三大战略的有机融合与创新应用。我们将逐一对要素型元宇宙竞争战略、信息型元宇宙竞争战略、规则型元宇宙竞争战略进行详细的拆解与剖析，并以专栏链接的形式介绍了新兴的生态型元宇宙战略，以期为读者全面理解和构建高效的元宇宙竞争战略提供深度见解与指导。

一、要素型元宇宙竞争战略

要素型元宇宙竞争战略是元宇宙竞争战略中最原始也是最重要的战略。

所谓生产要素就是进行社会生产经营活动时所需要的各种社会资源。生产要素可以分为一般生产要素与高级生产要素。提供基本生产要素、满足用户生产要素需要的元宇宙，我们称之为要素型元宇宙。要素型元宇宙竞争战略交易的是生产要素本身，是元宇宙竞争战略的起点。

（一）要素型元宇宙竞争战略的分类

按照生产要素的低级形态、中级形态与高级形态，我们将要素型元宇宙竞争战略细分为商品流模式、资金流模式和权益流模式三种类型，具体情况如下。

1. 商品流模式

商品流模式是指元宇宙通过召集商品的提供方与需求方，满足两者之间的交易，从中收取合理佣金以实现自身利益最大化。商品流模式是要素型元宇宙竞争战略中最初级、最传统、普遍存在的元宇宙形态。商品流元宇宙竞争战略的利润来源与商品本身的使用价值和市场供求双方的力量相关，这类元宇宙竞争战略往往会以价格策略和市场垄断为最终导向。

典型的商品流模式是淘宝等实体或虚拟业态，这些元宇宙企业召集货物提供商，将形态丰富、类型多样的商品展示给客户，通过收取各种服务费来实现自身利润最大化。同时，随着要素型元宇宙虚拟程度的提高，物流元宇宙作为要素型元宇宙商品流通的主要实现途径与载体，逐渐变成要素型元宇宙不可或缺的组成部分。

2. 资金流模式

资金流模式是指元宇宙通过各种方法召集资金提供方，然后将资金提供给需求方或者从事资金保值增值管理，从中获取利润。资金是一种非常重要的要素资源，资金流模式是要素型元宇宙竞争战略十分重要的模式。

随着元宇宙经济时代的到来，互联网金融异军突起，例如，利用互联网技术进行金融运作的电商企业、众筹模式的网络投资平台以及第三方支付平台等，带来了很多资金流战略的创新，给传统金融业造成巨大的冲击。

3. 权益流模式

权益流模式是指元宇宙为双边客户搭建实现产权流通与交易的空间，从中获取财产权益。产权是经济所有制关系的法律表现形式，包括标的物的所有权、占有权、支配权、使用权、收益权和处置权。产权是市场经济发展到高级阶段后的一种特殊商品，具有经济实体性、可分离性、流动的独立性，因此可以进行交易流通实现权益。

国内知识产权服务平台——八戒知识产权是猪八戒网旗下品牌之一，旨在为用户提供一站式的知识产权服务。它涵盖商标版权基础业务、知产购交易平台、专利（快智慧）、涉外知识产权、综合政策服务、数据工具6大核心事业部，系统打造"互联网＋知识产权"全产业生态链。

（二）要素型元宇宙竞争战略的构成

要素型元宇宙竞争战略需要考虑利益相关方的多元价值，一个完整的元宇宙竞争战略必须有明确的价值主张、利益相关的多方参与者、通畅稳定的元宇宙组织。具体到要素型元宇宙竞争战略来说，其核心价值就是提供商品的使用价值，使客户效用最大化，平衡供货商、客户与售后服务商等元宇宙参与方的多元利益，使包含"顾客—商品信息—运行规则"的元宇宙组织能够通畅运行。

（三）要素型元宇宙竞争战略的价值主张

要素型元宇宙竞争战略的本质是为用户提供满足其需求的商品，包括物质、资金与权益等。商品具有价值与使用价值双重属性。作为要素型元宇宙竞争战略的主要载体，商品承担着满足元宇宙用户需求与效用的使命。因此，要素型模式的价值主张是提供多种多样、物美价廉的商品的使用价值，通过商品使用价值满足用户需求。

要素型元宇宙使客户效用最大化的方式与方法是多样的。

首先，最重要的是召集尽可能丰富的、类型多样、门类齐全的商家入驻，为客户提供一应俱全的商品，满足客户差异化的需要。

其次，实行差异化价格战略，召集的商家要提供物美价廉的商品，同一商品不同商家的价格也有差异，很多商家采用团购、秒杀等方法促销。

最后，为客户提供安全、高效、方便快捷的购物服务。客户初次来到元宇宙，面对元宇宙上海量的商品信息时，会产生无所适从感。因此，要素型元宇宙必须使客户能够一目了然地找到自己需要的商品或服务。例如，淘宝与京东等平台将商品进行分类，每一类下面再按照产品特性进行细分。

此外，对客户来说，选择虚拟要素型元宇宙最重要的考虑就是交易是否安全、物品是否能够快速送到。大量虚拟要素型元宇宙都有自己的第三方支付功能来保证交易安全，还有自己长期合作的物流元宇宙保证物品快速送达。

（四）要素型元宇宙竞争战略的多样化利润来源

要素型元宇宙竞争战略的基础是物质，其利润来源的核心在于商品。不同的要素型模式，围绕着物质产品的生产、交换、消费与分配的不同环节，具有不同的利润来源。要素型元宇宙之一的商品流元宇宙，可以分为购物元宇宙与物流元宇宙。购物元宇宙大体又可以分为虚拟购物元宇宙与实体虚拟相结合的购物元宇宙。不同类型的购物元宇宙有不同的利润模式，伴随不同的利润来源。比如拼多多，它改变了以往实体购物元宇宙主要依靠商品差价盈利的方式，通过集聚大量客户，以庞大的客户群优势与批发厂家谈判，通过少数零售商寡头构建的终端销售元宇宙占据大部分市场份额，反过来形成对上游供应商的买方垄断，获取各种垄断收益。

二、信息型元宇宙竞争战略

21 世纪是知识经济与信息经济大爆炸的时代，原因主要有三个方面：一是知识分工越来越垂直化、精细化，智力成果与创意产品成为新经济时代最具价值增值性的商品；二是物质财富不断增长，人类精神要求越来越高，需求越来越个性化，消费越来越快餐化；三是互联网的快速发展使人们搜寻信息的成本大大降低。

然而，相比于整个人类知识的无限性，个体知识的有限性远远无法满足多样化的外在个性化需求。尤其是网络时代，市场交易超越时空的限制，网络元宇宙产业蓬勃发展，打破了以往人与人之间知识信息不对称导致的交易效率低下、交易成本过高的局面。电子商务元宇宙与电子支付元宇宙的发展促使服务业尤其是文化创意产业元宇宙化发展，为人类各种外在精神领域的多样化需求提供解决方案。

（一）解决方案元宇宙的竞争战略

解决方案元宇宙是依托网络为解除用户各类疑惑提供解决对策的空间或场所。该空间或是一个典型的双边市场元宇宙，买方提出疑惑，并以积分激励或现金悬赏等方式吸引众多卖方争相提供答案以获得报酬，元宇宙从交易额中抽取一定比例的佣金。

◆ 专栏链接

在现实中，最典型的解决方案元宇宙就是近年来迅猛发展的威客（Witkey）类网站。威客是指通过互联网把自己的智慧、知识、能力、经验转换成实际收益的人。他们在互联网上通过解决科学、技术、工作、生活、学习中的问题从而让知识、智慧、经验、技能体现出经济价值。随着威客时代的来临，每一个威客都可以将自己的知识、经验和学术研究成果作为一种无形的知识商品和服务在网络上销售，从而将其转化成个人财富。

1.解决方案元宇宙竞争战略的演化逻辑

信息不对称与交易障碍是解决方案元宇宙得以存在的缘由，解决方案元宇宙本质上是为知识的需求方与提供方以最优搜寻价格提供信息匹配的中间服务商，它大大降低了双边市场的信息搜寻成本。一个成熟的解决方案元宇宙战略应该由提问与悬赏系统、信息搜寻与匹配系统、智力产品交易（支付）系统与信用系统四个模块组成。

信息搜寻从易到难分为三种模式：第一种是线性搜寻模式，这种模式是一种简单直接的搜寻模式，搜寻成本较低；第二种是多项式搜寻模式，搜寻较为困难，成本较高；第三种是非线性搜寻模式，搜寻很困难，成本很高。

按照映射理论，信息匹配从简单到复杂也分为两种模式：第一种是函数匹配模式，即一对一匹配；第二种是非函数匹配模式，即一对多匹配。

因此，解决方案元宇宙战略根据信息搜寻的难易度、信息匹配的复杂度逐步演化，目前存在三种不同层次的威客模式。

第一层次是一种浅层次的互动问答模式，类似于BBS，报酬一般是精神激励型的积分或者经验值的增加。知乎问答、百度知道采用的便是这种互动问答模式。

第二层次是一种百科全书式的服务产品买卖中介模式。它本着"服务业淘宝"的理念，召集服务需求者与解决者，通过提供中间服务使两者达成交易。它的服务交易品类涵盖创意设计、网站建设、网络营销、文案策划、生活服务、影视服务、建筑设计、企业咨询等，几乎囊括了创意文化产业的所有方面。卖方可以获得较高的悬赏金或招标金，按照一定的交易额比例提取佣金。猪八戒网等威客网站采用的就是这种模式。

第三层次是一种专业服务产品买卖模式。它定位明确，专注于某一领域的服务进行交易，是一种精细化元宇宙竞争战略。这种模式通常运用在科技含量极高、知识附加值极大的领域，买方只以悬赏金的形式出价，且悬赏金额巨大，目的是鼓励该领域兴趣爱好者进行创新。

2. 解决方案元宇宙的运行机制

解决方案元宇宙一般围绕元宇宙买卖双方主体，对买方（任务发布方）形成资金托管机制与安全担保机制，托管买方的交易金额、收取相关佣金并担保买方任务能够如期高质量完成；对卖方（任务执行方）形成信用审核第三方资金划拨机制与信用审核机制，利用信用系统对卖方提供智力成果的知识产权进行审核，并替买方支付卖方交易金。这些机制为市场双方营造了安全交易环境，聚合市场双边客户在元宇宙上进行交易。

（二）安全岛元宇宙的竞争战略

安全感是人们对自身存在或自有物质、信息及精神财产确信自由享有而不受外力威胁和剥夺的精神状态，是人类天性中生存理性的自然表现。人类历史，本质上也是人类追求安全感的历史。从冷兵器时代的战争杀伐、烽火传信，到商业社会的法律契约、信用担保，直至现代社会的婚姻制度、道德约束，无不是人类在复杂多变的生存环境中，追求土地、金钱等物质财富，或者信息与情感等精神保障的欲望实现及放大的表现形式。可以说，对关于物质、信息与精神安全感的追求和放大，是人类社会永恒不变的主题。

如今，互联网及信息科技的飞速发展给人类社会带来深远影响。一个显而易见的变革领域，就是互联网时代人类安全感需求及对安全感追求方式的变化。超时空互联网生存方式带来的人与人之间交往和交易模式的革命性变革，直接引起网络虚拟社会中安全感需求的多样化和特殊性。婚恋网站、百度云、第三方支付、网络信贷等，要么凭借对情感安全的关切、要么依靠对信息安全的执着、要么迎合对商品和资金交易安全的需求，它们在互联网"虚拟世界"中对潜在的双边市场交易方产生巨大吸附力，最终各自获得了成功。

安全岛模式这种建构在安全感之上的元宇宙商业化模式，基于网络时代人类安全感的层次划分及需求，渐次迎合网络时代人类的安全感需求。现在出现了各类安全岛模式，这些元宇宙的本质在于以网络安全感为核心构建运营方式。

网络安全感是基于互联网生存环境及其相关交往与交易方式而产生的人类

安全感的具体表现形式。它具有人类一般安全感的基本属性，其本质就是在人类相互交往和交换中相互尊重和信任，这种相互尊重和信任最终在彼此内心深处激发出一种自有产权不受威胁的快乐，即所谓的安全感。

但由于网络环境复杂、网络方式虚拟、网络信息海量、网络交往和交易双方彼此信息不对称，导致双方无法深入了解对方需求，因而网络世界人与人之间的直接交往和交易活动缺乏互信。正是对这种不安困境的破解欲望，激发了人类灵感，催生出一大批以网络安全感为商业卖点的安全岛中介元宇宙。它们回应了人类在情感、信息和物质上对安全感的诉求，从而吸附大批客户，造就了一个个网络时代的商业传奇。

安全岛元宇宙竞争战略体现了网上交际与交易元宇宙针对商品和资金交易、信息交流和情感交际市场双方安全需求所采取的保障性努力，为网上人际交流与交易双方提供了安全港湾，得到了网上交易客户的广泛认可。尽管安全岛元宇宙战略在具体商业实践中尚存在不完善之处，但随着元宇宙实践的发展和元宇宙安全保障机制的不断完善，这种模式产生的安全吸附力将会不断得到加强，依据这种模式构建的网上商业元宇宙必将在日益互联网化的商业社会中获得更大成功。

在现实中，作为第三方支付平台的支付宝就是安全岛元宇宙的典型代表。无现金的支付方式为人们的生活带来了许多便利，但是大量的资金存入支付宝是否存在安全，这个问题成为许多用户关注的重点。支付宝平台的防御系统主要有阿里神盾、强大的监控系统和完善的防护机制。除此之外，平台给每个用户的账户提供免费保险服务。如果用户的账户被盗窃而造成财产损失，就会有保险公司进行赔付。

（三）兴趣与学习元宇宙的竞争战略

现在有很多以兴趣和学习为特色的网站，这些网站方便人们寻找、收集、整理和分享共同感兴趣的内容，成为近年来用户数量增长最快的网络门户元宇宙之一。人们可以在这个元宇宙中表达对同种类型事物的喜好和关切，并让其他用户产生兴趣，从而对这个元宇宙产生一种归属感，同时也满足自身能力提升、自我价值实现的需求。创办于 2010 年的 Pinterest 曾是美国互联网市场上最红火的兴趣网站之一。作为一个独特的兴趣元宇宙，Pinterest 用自己特殊的元宇宙运营模式，吸引很多互联网用户进入元宇宙，寻找到自己感兴趣的内容，在增强元宇宙黏性的基础上也提高了元宇宙收益。

在兴趣与学习元宇宙战略中，稳固的支撑结构使功能结构表现得更加完美，有利于为元宇宙召集更多客户。同时，完美的功能结构让兴趣与学习元宇宙的收益结构更加合理。事实上，兴趣与学习元宇宙最大的成功之处在于它的支撑结构和功能结构，而它的收益结构目前看来并不成熟，并没有为兴趣与学习元宇宙带来与巨大客户流量相对应的收益。兴趣与学习元宇宙凝聚着的这种超强人气本身，说明兴趣与学习元宇宙还有很大的商业价值没有被挖掘出来。未来兴趣与学习元宇宙必将有所作为。

（四）社交元宇宙的竞争战略

社交元宇宙的产生是男女比例失衡与多元化的交友观催生出来的。不断增长的交友需求，催生了巨大的婚恋市场。婚恋社交元宇宙不仅在现实世界更在"虚拟世界"重构了"剩男剩女"的婚恋选择范围与交往方式，成为 21 世纪最重要的人际交往方式之一。庞大的用户群优势使其成为未来最具潜力的产业形式。

新时代的择偶观念不仅局限于身高、年龄、职业、收入、家庭背景等硬性条件，还包括性格、价值观、理想、奋斗目标、兴趣爱好等软性条件。新型婚恋社交元宇宙建立了信息搜索模式，涵盖择偶标准的各个方面，满足了用户全面深入了解潜在对象的需求。社交元宇宙目前是元宇宙中的主流，它解决人与人之间的社会价值互换问题以及人的社会本质问题。

三、规则型元宇宙竞争战略

规则型元宇宙竞争战略是元宇宙特有的一种战略，其终极价值主张既不是物质产品，也不是信息服务，而是一种市场规则或市场权力。这种模式能够直接影响元宇宙参与方的行为决策和判断，使元宇宙参与方按照元宇宙的"意志"进行交易，而元宇宙经营方则通过控制参与方的交易实现盈利。

对于一个元宇宙而言，其发展的最高形式是通过制定规则，形成对权力的垄断，最终形成对元宇宙双边客户的控制。一般来说，最简单的元宇宙规则都与定价、管制等元宇宙"私权"有关，体现出元宇宙的垄断能力和控制能力。而元宇宙"公权"或者说是一种社会权力的产生，才是规则型元宇宙战略发展的高级阶段。规则型元宇宙战略有两种具体表现形式：一种是搭建各个利益相关者之间的利益输送规则；另一种是对既有元宇宙规则的破坏和侵害。此外按照权力的形成过程，还可以将规则型元宇宙战略分为"自上而下"的公信力模式和"自下而上"的自组织评价模式。

（一）公信力元宇宙的竞争战略

在生活中，我们都会面临这样的问题：和朋友在一起时，不知道去哪家饭店就餐；孩子上大学，不知该选择哪所高校；出国旅行时，不知道前往哪个目的地；到超市购物，不清楚产品的质量如何。大量的选择让我们产生"选择性障碍"，而公信力元宇宙可以简单高效地解决上述"公信"问题。公信力元宇宙的建立为选择方提供了良好的参考依据，同时也为被选择方"打了广告"。例如，找一个地方的美食，大家可能会选择看大众点评网；出去旅游找心仪的酒店民宿，大家可能会选择看去哪儿网、携程网；对一些新奇的事物产生兴趣时，大家常习惯去小红书看一看评价。

从发起主体的角度看，公信评价模式元宇宙的运营类型可分为自组织的公

信评价模式和独立机构的公信评价模式。在自组织的公信评价模式中，元宇宙
的发起主体是广大的选择者（用户或者消费者），自组织公信力的形成主要依赖
民众的认知和了解程度，民众的参与、宣传和推广程度以及自主组织公信元宇
宙对于自身质量和信誉的维护。在独立机构的公信评价模式中，元宇宙发起主
体是独立于选择者和被选择者的第三方独立评价机构，独立机构公信力的形成
主要在于其发起时间、评价体系、标准的合理性、民众及官方的认可推广程度
以及元宇宙自身的信用质量保证。

（二）投机元宇宙的竞争战略

投机行为在生活中比比皆是。虽然投机本身往往被放在道德的审判台上，
但是投机心理或投机行为却充斥在经济生活和社会产业的各个领域。

1. 投机元宇宙的一般原理

投机的产生源于风险以及风险所包含的不确定性。经典的概率论和博弈论
早已对投机背后的规律做出了经典的分析。

可以预测和计算的变化称为"风险"，不能预测和计算的变化称为"不确定
性"，在"风险"与"不确定性"之间维持着一种微妙的平衡，其中蕴藏很大的
利润空间，这就是投机元宇宙能够产生的原因。正是因为对于"风险"和"不确
定性"的不同计算和判断，才会形成投机元宇宙的各个参与方，而投机行为背后
客观的"概率分布"则是维持着投机元宇宙演化和发展的因素。

如何完成投机元宇宙模式的构建呢？除了借助一般的经济学分析工具，还需
要引入"利益输送"和"心理满足"理论来分析投机元宇宙战略成功的原因。

2. 投机元宇宙的一般战略

无论何种产业或者行业，其成功发展的关键都在于元宇宙战略的成功，而
元宇宙战略的成功可以从两个维度进行分析：第一个是元宇宙对客户的召集能
力或者是吸附能力。第二个是元宇宙的黏着度，公平客观的利益输送原则是投
机元宇宙得以演化和长期发展的动力。首先，各方是基于元宇宙所提供的巨大
利益诱惑参与投机元宇宙的；其次，各参与方在投机过程中对于风险和结果的
估计来源于元宇宙提供的客观公正的参与规则，也就是说各个参与方在投机元

宇宙中所享有的权利义务是公平的、对等的。无论是拥有专业知识和背景的人，还是拥有强大资本力量的人，或是背负巨额债务的人，在投机元宇宙的"利益输送"模式下，所享有的元宇宙信息、元宇宙权利应该是一致的。因此对于一个成功的投机元宇宙而言，既需要形成巨大利益诱惑，吸引大量参与方加入，又需要建立一个客观公正的投机元宇宙制度，确保公平。

诚然，"利益输送"本身就是一个直接的"心理满足"过程，但是投机与金钱并不能满足社会与人性对于道德的要求，因此一个合适的"心理满足"过程或者借口，催生出了各种不同类别的投机元宇宙。心理的满足涵盖由低级向高级的进化过程，包括生理需要、安全需要、归属与爱的需要、自尊需要和自我实现需要。

投机元宇宙以"心理满足"的名义向更高级阶段演化，更专业的知识、更复杂的工具、更先进的技术并不能掩盖其背后"利益输送"的本质，只是为其找到更好的借口和满足自尊和自我实现的更高级的一种"心理满足"。成功、荣誉和社会地位是每一个此类投机元宇宙的参与方除物质之外的追求。

3. 投机元宇宙的演化

按照元宇宙提供的"利益输送"渠道和"心理满足"层次，投机元宇宙分成专业投机元宇宙和一般投资元宇宙。

投机者既重视事件的结果，也看重事件的演变与自身的参与过程。投机者参与专业投机元宇宙，重视其在投机过程中的表现，并在投机元宇宙中得到快乐。

投机元宇宙提供的产品是一种零和博弈，一方所得即另一方所失。投机本身不产生任何商品及服务，不能令社会财富总量有丝毫增长。

投资元宇宙则提供了一种基于变和博弈结果的产品和服务，即投资者之间，投资者与需要融资的公司企业互动的结果，可以令社会财富的总量发生变化。这意味着在博弈方之间存在相互配合（是指各博弈方在利益驱动下各自自觉、独立采取的合作行为）争取较大社会总利益和个人利益的可能性。这最终会增加社会财富、推动经济增长以及提升社会的经济福利。

这两类元宇宙的差别在于专业投机元宇宙的风险存在不可回避性。专业投机元宇宙本身就是风险的制造者，消费者参与元宇宙的交易过程就是给自己创造风险并获得预期的收益。

其实，元宇宙货币交易所本质上也是一个投机元宇宙平台。国家管制数字虚拟货币乱象，就是因为很多虚拟数字货币及其交易所隐藏了投机平台的本质。这种投机平台就是利用了人性的弱点，有人设计数字货币，有人发行数字货币，有人炒作数字货币，有人接受数字货币，有人兑换数字货币。许多人指望运气眷顾，结果沉迷其中，血本无归。这种生态系统的构建，如同一张大网，赚取很多无知者、冲动者的血汗钱。

◆ **专栏链接**

如何快速有效地占领市场并取得成功，是所有元宇宙投资者和运营方要考虑的问题。对初始元宇宙而言，快速寄生模式是必经之路。对需要获得长期收益的元宇宙而言，吸储是重要途径（见图 13-1）。

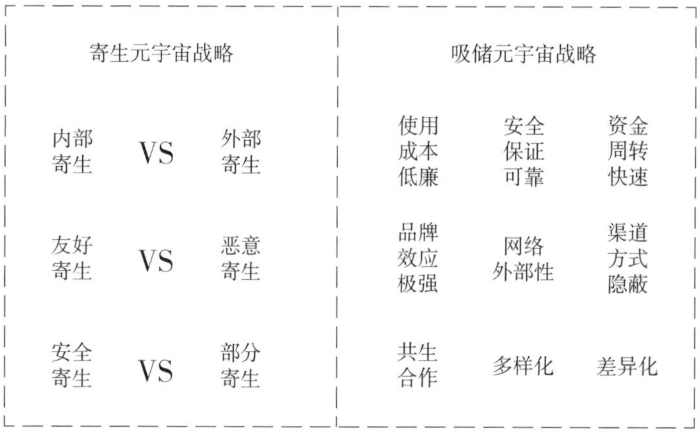

寄生元宇宙战略			吸储元宇宙战略		
内部寄生	VS	外部寄生	使用成本低廉	安全保证可靠	资金周转快速
友好寄生	VS	恶意寄生	品牌效应极强	网络外部性	渠道方式隐蔽
安全寄生	VS	部分寄生	共生合作	多样化	差异化

图 13-1　元宇宙的新型生态战略

1. 寄生元宇宙战略

寄生是元宇宙发展过程中一种非常重要的生存方式，这种生存方式使元宇宙在刚进入市场时能够快速获得市场的认可和用户的青睐，提升元宇宙对用户的吸附能力，提高元宇宙的黏度和容量。一般情况下，宿主元宇宙和寄生元宇宙都具有召集客户的能力，只是它们能力大小会有所差别。

元宇宙本身并不提供任何商品，它只是一种交易空间或者场所。元宇宙的这一本质使元宇宙在发展初期往往比较困难。因为元宇宙提供的一般只是某种服务，用户是无法直接看到产品的，也无法直接感受到产品为自己所能带来的真实效用，在这种情况下元宇宙很难吸引用户。换句话说，发展初期元宇宙的黏度很低、吸附用户的能力很弱，找到适合自己的宿主元宇宙，对其未来的发展来说是很有必要的。

并不是所有的寄生元宇宙最终都能够脱离宿主独立发展，这在很大程度上取决于元宇宙本身的属性。例如，像百度视频这样的元宇宙具有高成长性，能够很快脱离宿主独立成长；然而像支付宝这样的元宇宙就需要一个长期的发展过程才能脱离宿主；但也有一些元宇宙只能靠寄生于宿主成长，它本身不具有盈利能力，一旦脱离宿主就很难存活，例如电子邮箱等。

2. 吸储元宇宙战略

吸储是指银行、信用社等吸收存款。在元宇宙产业中，有很大一类元宇宙也具有这种特点，用户先存钱或者预存款再进行消费，我们称这种运营方式为吸储模式，如第三方支付元宇宙等。

吸储模式是经济发展过程中的一大创新。提前给付不仅可以避免用户赖账、违约的风险，同时吸储还可以看作一种"变相融资"，且这种融资是无成本的，具有吸储特征的企业有更多可以利用的盈余资金。对于具有大规模用户的元宇宙企业来说，这种吸储效果尤其明显。

用户所交的预存款名义上是用户自己的，只有用户通过消费后才划拨到元宇宙的收益账户，但在元宇宙企业内部这些预存款会形成一个很大的资金池，规模庞大的资金完全由元宇宙企业管理，元宇宙经营方具有使用权。总的预存款会产生可观的利息收益，元宇宙企业只需留出一小部分满足用户的退款需求即可，其他的大部分完全可以用于补充流动资金或用于其他短期用途。由此可见，吸储模式的元宇宙具有更多可以利用的资金，这种企业的抗风险能力也更强。

微信钱包、支付宝都是依托大数据绑定企业，并吸纳客户资金进入自己的资金池，通过资金沉淀、银行隔夜拆借等各种形式获取利益。为了构建生态，它们创造支付环境，创造各种便民措施。

（1）元宇宙服务与吸储措施。对具有吸储特征的元宇宙来说，用户数量越多并且忠诚度越高，元宇宙内的预存款以及资金沉淀池的规模也就越大。因此，要充分发挥吸储模式的优势，元宇宙企业的首要目标就是召集大量的用户，不断提高元宇宙自身的亲和力和信用度，培养用户对元宇宙的忠诚度。元宇宙经营方若能采取恰当有效的措施，就能使各方用户之间产生正反馈机制，一方用户的增加能够带动另外一方用户的增加。元宇宙通常采取的措施包括针对不同类型的用户提供差异化的服务，寄生于具有大量用户的母元宇宙，与其他元宇宙共生合作召集用户，对双边用户采取不同的定价模式（倾斜定价）等。

（2）元宇宙吸储过程中的管制。作为与资金息息相关的第三方支付元宇宙，离不开全面、有效的安全管制能力。以易贝网为例，它为卖家和买家均提供了较好的保护机制。

易贝网上卖家保护机制。从 2009 年 6 月 15 日起，PayPal（贝宝）的卖家保护可以帮助减少买家因"未经授权付款"与"物品未收到"而提出的"补偿申请""退单"或"撤销"的情况。用户可以更加相信易贝网，将物品销售到更多地区。用户只需遵循一些简单的指南，就能够受到保护。

易贝网上买家保护机制。如果用户在易贝网上购物但未收到物品，或者收到的物品与描述显著不符，易贝网可为相应用户提供帮助。对于符合条件的交易，易贝网买家保护机制将提供购物金额全额退款服务并返还最初的运费。

参考文献

[1] 徐晋. 基于重置的 L–M 变结构 BP 神经网络 [J]. 系统工程理论与实践，2004（1）：120–125.

[2] 徐晋，张祥建. 平台经济学初探 [J]. 中国工业经济，2006（5）：8.

[3] 徐晋. 平台经济学 [M]. 上海：上海交通大学出版社，2007.

[4] 徐晋. 虚拟货币与虚拟银行学 [M]. 上海：上海交通大学出版社，2008.

[5] 徐晋. 离散主义与后古典经济学 [J]. 当代经济科学，2014（2）：1–11.

[6] 徐晋. 后古典经济学原理 [M]. 北京：中国人民大学出版社，2015.

[7] 徐晋. 稀缺二元性与制度价值论 [J]. 当代经济科学，2016，1（38）：1–13.

[8] 徐晋. 新解构经济学——重构发展经济学的后古典框架 [J]. 中国矿业大学学报（社会科学版），2017（6）：31–45.

[9] 徐晋. 宏观制度经济学导论——泛函原型、量化理性与分布效用分析 [J]. 中国矿业大学学报（社会科学版），2018，20（1）：33.

[10] 徐晋. 离散主义：理论方法与应用 [J]. 学术月刊，2018，50（3）：11.

[11] 徐晋，王方华. 理性管理学派 [J]. 管理学报，2019，16（10）：12.

[12] 徐晋，梁米亚. 论经济结构的数学基础与建构主义趋势 [J]. 吉林大学社会科学学报，2019（5）：11.

[13] 徐晋，梁米亚. 论蚂蚁效应与数字经济 [J]. 经济学家，2017（4）：9.

[14] 徐晋，梁米亚. 数字经济与理性管理：中国学派的构建 [J]. 中国矿业大学学报（社会科学版），2020，37（5）：1.

[15] 徐晋. 新解构发展经济学——价值空间、测度体系与供给侧改革结构方程 [J]. 西安交通大学学报（社会科学版），2018，38（1）：11.

[16] 徐晋. 高级数字经济学：十大原理与全球趋势 [J]. 中国矿业大学学报（社

会科学版），2023，25（2）：135-156.

[17] 许余洁.围绕技术体系和基础设施建设，大力发展数字经济 [N]. 21 世纪经济报道，2022-12-28.

[18] 许余洁.理解数字经济国际竞争与合作中的投资机遇与挑战 [N]. 21 世纪经济报道，2022-12-4.

[19] 李贤彬，许余洁，吴相宜，等.基于区块链技术的嵌入式监管创新研究 [J]. 财经科学，2022（10）：51-65.

后　记

　　在书稿完成之际，我们深感有必要交代一下本书诞生的背景，并感谢书稿完成过程中给予我们帮助的老师和朋友们。

　　本书起源于 2022 年 12 月在西安城发中心召开的分布效用学派第三次国际工作会议。会议交流后，徐晋和我讨论以他的喜马拉雅网课内容为基础，合作出版一本以元宇宙经济思想与商业战略为核心内容的新书。2023 年 4 月，清华大学互联网研究院组织了第九期"平台经济学"沙龙，平庆忠教授特地组织了以"数字经济学原理：产业逻辑与数据价值"为主题的交流，我和徐晋同与会专家充分讨论。会后，我将本书的框架进一步明确。在上海期间，我们进一步与肖馨明确了本书的框架，开始正式写作。经过半年多的撰写和修改，书稿终于有了雏形。

　　本书的完稿得到了很多方面的支持。特别感谢国家开发银行原常务副行长、联和金融数字经济研究所高级顾问高坚先生，联和金融创始人、联和金融数字经济研究所学术顾问庞阳先生，清华大学互联网产业研究院平庆忠教授对本书的指导与作序推荐。平庆忠教授多次组织平台经济学专业研讨会，其间的专家交流给了我们很大的动力与支持。感谢中国科学院办公厅原副主任柳怀祖、上海数据交易所总经理汤奇峰、四川省社会科学院金融财贸研究所研究员杜坤伦等专家的倾情推荐。需要特别说明的是，作为新兴领域，元宇宙产业发展时间并不长，对应的经济学理论亟待创新与完善，商业模式与竞争战略也需要不断探讨。

受作者自身水平所限，文中难免有错误和疏漏，与序作者、推荐人、书中提及的机构以及提供支持的老师和专家无关。书中仍然有诸多不尽如人意的地方，很多方面的问题研究还有待更加深入。未来，我们将带着业内同仁与专家们关心的问题，继续探索与研究，也希望本书能够抛砖引玉。

许余洁

2024 年 1 月于北京